자연과 빛이 있는 생각하는 공간 만들기

: 레지오 환경 원리의 적용

김은희 지음

창지사

본서는 2006년 2학기 한양여자대학 교내 연구비 지원으로 연구되었음

머리말

공간은 실제로 말을 한다. 공간은 그 속에 관련된 유아 · 교사 · 부모의 학습에 대해 알게 하고 또한 학습을 자극하는 힘이 있다. 사람과 공간이 상호 영향을 주고받는다는 것을 알면서부터 우리는 환경을 바꾸기 시작했다. 우리의 가르치기와 배우기는 적절한 환경이 지원될 때 상승작용을 이루기 때문이다. 레지오 학교의 환경 원리를 적용하여 우리 색깔이 있는 공간을 만듦으로써 유아 · 교사 · 부모를 위한 학습을 효과적으로 지원하고자 노력해 온 공동체 기관들과의 현재까지 변형 여정과 내용을 소개한다. 이러한 되돌아보기는 「레지오 에밀리아 접근법의 적용과 변형 유아교육과정」에 이어 공간과 매체가 교사와 유아의 가르치기와 배우기에 미치는 영향을 반성하고 재고하는 기회가 될 것이다.

적용과 변형의 수준을 만일 실체론적, 기능론적, 구조론적, 상징론적 수준의 척도로 본다면, 이 책을 위한 기록과 자료들을 정리하기 시작할 때만 해도 10여 년간 우리네 기관 환경의 적용과 변형 수준은 겨우 개념을 실체로 옮기는 실체론적 단계를 벗어나지 못하고 있다고 생각했었다. 그러나 거의 2년간에 걸쳐 몇 차례 원고 다시보기를 하면서 기능론적 단계에 임하고 있다는 생각을 감히 해본다. 우리 나름의 환경에 대한 철학이나 가치가 생긴 것일까?

나라마다 서로 다른 지리 조건, 기후 풍토, 종교, 역사 등의 차이는 기본적으로 건축의 공간개념을 서로 다르게 만들어 왔다. 특히 이탈리아와 우리나라는 기본적으로 내부와 외부 공간을 한정하는 경계의 방법, 그 존재에 부여하는 의미, 공간을 한정하는 영역에 대한 생각이 사뭇 다르다. 일본의 대 건축가인 Ashihara Yohnobu는 이탈리아 광장을 처음 보았을 때 단단한 석조 벽으로 둘러싸인 광장의 외부 공간이 마치 지붕 없는 실내 공간처럼 느껴졌다고 하였다. 여기에는 안과 밖의 구분이 없이 조화를 이루는 게슈탈트 질을 중요하게 생각하는 이탈리아식 사고방식이 반영된 것이다. 이탈리아에서 만나는 건축 전통과 뛰어난 예술성은 세계 건축가들에게 강한 영향을 주었다. 이러한 전통과 예술성은 현대적이고 기능적인 시각으로 레지오 에밀리아의 유아학교에 반영되었다.

우리가 연차적으로 방문하였던 미국과 상해에서 만난 레지오에 영감을 받은 유아학교들은 또 그렇게 나름의 색채를 띠고 있었다. 이제 우리는 다른 나라들과 정보를 교환하면서 우리의 문화와 역사가 살아 있고 우리 고유의 인간미와 정체성이 느껴지는 의미 있는 환경이 필요함을 공감한다. 그것은 독립이나 분리를 의미하는 것이 아니라 우리를 중심으로 하는 새로운 사고방식이며, 인간을 중심에 둔 환경에 대한 사고방식이라 생각한다.

본서에서는 환경디자인에서 인간을 위한 공간을 디자인할 때 흔히 말하는 인간공학(interior ergonomics)이나 인간 요소(human factors)에 준한 유아교육 환경에 초점을 두지는 않았다. 유아교육기관의 환경을 디자인할 때는 위생, 안전, 기능, 쾌적함, 심미적 즐거움 등과 같은 요소들이 중요하게 고려되어야 하며, 인간이 기능하는 이상적인 환경 조건을 위한 빛, 색, 음향, 온열, 가구 환경을 '왜', '어떻게' 만족시킬 것인가 하는 심리학적이고 생리학적인 부분이 심도 있게 다루어져야 한다. 그럼에도 불구하고 본 저자의 식견은 제한되고 부족하므로 이에 대해서는 가장 기초적인 내용들만을 다루었다. 이 중요한 부분은 환경 디자인 전문가들의 몫으로 돌린다.

이 책의 1장에서는 레지오를 만나면서 환경뿐 아니라 교육전반에 있어 우리가 빠질 수 있는 함정을 짚어보았다. 2장에서는 레지오 학교의 환경원리를 우리의 언어로 해석하였다. 이와 함께 실내 환경 구성의 요소, 보육공간의 지침, 공간구성의 원리 등에 대한 기초 수준의 Tip을 더하였다. 3장은 학습과 표상을 위한 다매체 활용을 위해 생각해 보아야 할 내용들을 다루었다. 4장은 학습공동체 기관들과 좀처럼 변화되지 않는 환경을 변형하기 위해 그 동안 우리가 해온 시도들을 순차적으로 정리하였다. 5장에서는 공간과 매체 활용으로 나누어 현재까지의 변형 내용을 분석하였다. 6장은 학교전체를 피아자, 교실, 아뜰리에 공간으로 구분하여 영역별 공간 만들기와 매체 활용하기를 소개하였다.

책 속에 자리하고 있는 사진 한 장, 한 장은 그저 이루어진 것은 없으며, 그 환경 속에 생활하고 있는 유아 · 교사 · 부모의 생각이 가시화되고 의미가 구성되는 과정이 내재돼 있다. 서울과 경남지역의 탄현, 한신, 색동, 한신혜원, 열린, 동문한우리, 아람, 다솜, 양지, 길벗유치원, 또래, 사슴, 품속, 상록, 정한, 둥근마음, 은초록, 성모, 마포, 신이화어린이집 등 그 외 많은 공동체 기관들의 연구와 변형 시도의 기록이다. 현장 변화에 좋은 모델이 되었던 한양여대 레지오 모형교실의 영역 곳곳에 아직도 남아 있는 예비교사인 유아교육과 학생들의 연구와 협력의 흔적도 내게는 가슴 뭉클하게 소중하다. 항상 배우는 자세로 복잡한 자료를 열심히 분류하고 정리해 준 차정희 선생의 수고도 잊을 수 없다. 적지 않은 분량의 방대한 원고를 오랜 기간 다듬고 편집해 준 창지사 관계자 분들에게 감사드린다.

2007년 11월
이후 우리네 공간은 더 많은 변형이 있을 것이라 믿으며
저자

차례

01 Chapter

「레지오 만나기」의 함정과 벗어나기

동그라미 S어린이집, 1세

자석놀이를 하면서 아이들은 여러 모양 중에서 동그라미에 관심을 가지기 시작했다. 현균이는 동그라미를 보며 '바퀴'라고 이야기하기도 하고, 네모 밑에 동그라미를 놓으며, '엄마차' 또는 '기차'라고 이야기한다. 훌라후프를 가져다 그 위를 뛰기도 하고 통과하기도 하며 노래에 맞춰 놀이하기도 한다.

그 뒤론 동그라미를 길을 가다가도 찾고, 교실 안에서도 찾아와 교사에게 보여 주곤 한다. 그리고는 손으로 동그라미를 해보이고 '동…' 하고 이야기한다. 얘들아 동그라미 어디 있니? 달려가 동그라미 모양을 찾는다. 우리 주변에는 동그라미 모양을 갖고 있는 것들이 참 많다.

이건 무슨 모양이야?
동그래미.
동그라미.

소꿉놀이 뚜껑도

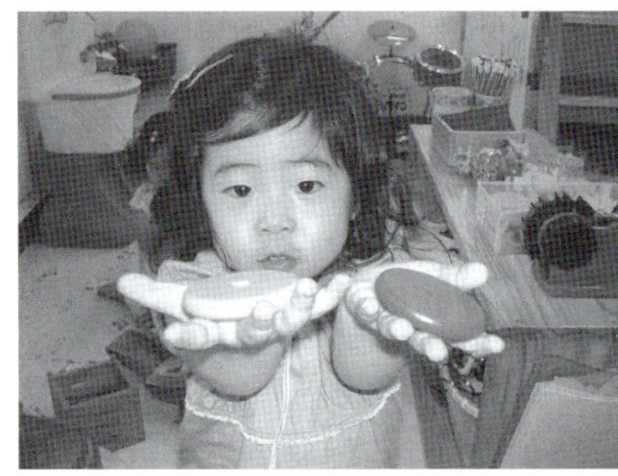

실꿰기 장난감도

훌라후프도

길에 있는 맨홀 뚜껑

동그란 마크

글씨의 'o'

바퀴에도 동그라미가 있어요.

2차원과 3차원 매체로 표상하는 기차 G어린이집, 2세

기차에 관심을 보인 친구가 있어 아이들과 기차 박물관에 다녀왔다.

종진이는 선반 위에 플라스틱 사인펜 뚜껑을 가져와 길게 길게 연결한다.

길어지지?

와~ 멋지다! 다 된 거니?
아니…. 바퀴가 있어야 돼요.
바퀴는 뭘로 할 건데?
색연필.

색연필로 아래에 동그라미를 그린다.

색연필… 그려… 이렇게.
바퀴는 이렇게 있고.

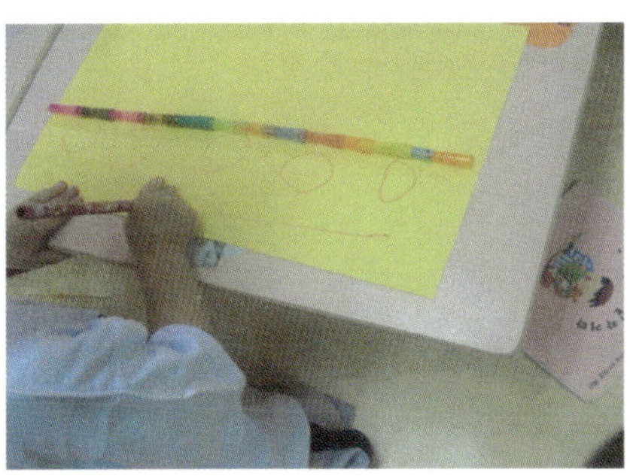

아래에 직선을 그린다.

이건 기찻길이야.

유아들은 주변 환경과 매체를 한계 없이 활용하고, 탐색한다.

예시한 상황에서 우리는 레지오 에밀리아 접근법(이하 레지오 접근, 레지오 교육, 레지오 등으로 사용)에서 이야기하는 다큐멘테이션, 제3의 교사인 환경, 생각하게 하는 매체, 프로제타지오네 등과 같은 용어들을 말한다. 이러한 개념들은 기존에 우리가 다루어 왔던 것과는 새로운 개념, 새로운 패러다임을 요구한다. 기술하기만 어려운 것이 아니라 이전의 어떤 경험이나 메타포로도 들어맞지 않는 새로운 고안물이다. 새로운 패러다임을 이해하고자 할 때 자신이 믿고 있던 많은 부분을 덜어내 버려야만 하듯이, 우리가 지금까지 친숙하지 않던 개념들을 받아들일 수 있으려면 우리가 이해하고 있던 개념 중의 하나로 단순하게 빠져드는 것을 피해야 하며, 기존의 이해의 틀을 해체하고 새로운 지식을 구성할 수 있어야만 한다. 포스트모더니즘의 가치나 감성으로 접근해야 한다. ***레지오 경험들을 만나면서 흔히 빠질 수 있는 함정과 이를 벗어날 수 있는 레지오 방식의 생각하기*** 몇 가지를 다루고자 한다.

실험심리학적 결과보다는 실천 과정과 실제에

우선, 실험심리학에 익숙한 우리는 과학적인 이론을 토대로 개념을 정의하고 이를 실험하여 실제 나타나는 효과를 검증하는 데 익숙하지만, 레지오 교육은 2차 세계대전 종결 후 시작된 의미 있는 역사와 더불어 수십 년간 행해와 현재 34개 유아학교와 영유아센터에서 이루어지고 있는 실천 과정과 실제에 중점을 둔다. 수십 년에 걸쳐 레지오 교육자들이 현장 실천을 통해 성공적으로 일궈 낸 관례화된 일상들을 외부인들이 갑자기 덤벼들거나 혹은 이따금씩 찾아와 이러한 실제와 그 의미, 현장적용 방법들을 한꺼번에 알아 내기는 어렵다. 서서히 알아 가는 시간과 노력이 필요하다.

언어적 양식보다는 시각적 이미지와 은유를 사용한 사고

우리 문화는 흔히 언어적 양식으로 정보를 나타내는 방식을 선호하는 경향이 있으나 레지오는 주로 시각과 은유적인 이미지를 이용하여 사고하는 성향이 있다. 시각적이고 은유적인 표현은 언어적인 표현보다 경우에 따라 애매하고 우회적이며 덜 탈맥락적이어서 개념을 와전할 가능성이 있어 보이기도 한다. 그러나 레지오 교육자들은 기존의 개념과 표현들은 오히려 오해를 가져올 수 있으며, 은유적 언어는 좀 더 불확정하고 암시적이며 애매모호하지만, 유아를 포함하여 다수가 함께하는 집단 속에서 생겨날 때 특히 유용하다고 보며 새로운 개념과 이해를 위해 열려 있다는 이유 때문에 진정한 인지적 도구로 간주한다.

분석적인 접근보다 전체론적(holistic) 접근으로

우리에게 익숙한 개념화 방식은 분류하고, 보다 미세하게 구분하며, 구분지은 것을 관찰하고 알아 내려는 분석적인 경향을 띤다. 이에 반해 레지오 교육자들은 교수, 학습, 기록화, 평가, 개인학습과 집단학습 등 다양한 요소들을 구분짓는 것에 의구심을 가지며 전체론적으로 접근한다. 이러한 점이 우리가 레지오 방식을 이해할수록 의문이 더욱 많아지는 이유 중의 하나가 아닐까?

유아만이 아니라 성인도 함께 학습하기

오랫동안 피아제의 발생학적 인식론은, 성인은 유아의 논리 구조와 전혀 달라 성인과 유아는 서로 다른 방식으로 반응하고 행동한다고 하였다. 그러나 레지오 교육자들은 수많은 기록작업을 통해, 발생되는 문제와 해결해 가는 사람 간의 관계의 특성은 본질적으로 유사하여서 유아와 성인이 탐색하고 정의하고 가설을 세우는 데 사용하는 이론적, 윤리적 책략과 경험하는 정서적 몰입, 열정, 역설적인 느낌, 즐거움은 유사하다고 인식한다. 그러므로 학습 경험이란 성인, 유아 모두에게 교육적인 시도라고 본다.

교육자이기보다 연구를 실제에 통합시키는 예술가

레지오 교사들의 '실천' 은 연구를 미시적인 이야기들이나 실제 삶의 맥락과 통합시키는 '해석학적 이론' 이라 말한다. 교사는 동료와의 지속적인 협의와 지원 속에서 매일의 교실 경험과 가르치고 배우는 행위들을 만들어 나갈 뿐 아니라, 비평적으로 재검토하고 이론을 만들어 간다. 즉, 실제는 언제나 이론을 내포하며, 이론을 만들고, 이론에 의해 발생된다(Rinaldi, 2001).

수직적이 아니라 다면적이며 변형적인 대화

모든 사람들을 위한 동일한 규칙, 동일한 윤리, 미리 정해진 실천에 대한 정의를 가지고 행하는 '수직적' 인 대화 대신에, 레지오 학교에서는 유아와 성인 모두의 다면적인 갈등과 충돌이 내재된 맥락 속에서 학습하는 문제를 향해 성공적으로 투쟁을 벌이는 대화를 지향한다. 따라서 그러한 대화가 유아와 성인들의 관계를 변형시킬 수 있고, 성인의 전문가적인 집단 정체성까지 변형시킬 수 있는 새로운 이해를 추구한다.

이상의 양극적인 생각하기 방식은 환경, 매체뿐 아니라 학습, 기록, 관계 등 레지오 경험 전반에 해당된다. 우리는 실험적 혹은 실천적, 언어적 혹은 시각적 내지는 은유적, 분석적 혹은 전체론적, 가르치기 혹은 함께 학습하기, 교육자 혹은 예술가, 수직적 혹은 다면적, 그 어느 입장에서 시작하였든 양극의 느낌 모두를 경험할 수 있다. 그러나 우측으로 갈수록 레지오는 더 많이 보일 것이며 의문 또한 함께 커질 것이다. 이러한 조망으로 환경과 매체에 대한 레지오 학교 이야기와 우리의 이야기를 공유하고자 한다.

교사가 유아를 위해 구성하는 공간은 유아가 삶의 가치를 만들어 가는 환경이 된다. 그러므로 교사는 자신의 가치가 교실의 매체, 설비, 공간 배치에 어떠한 영향을 미치는지 신중히 생각해 보아야 한다. 흔히 교사들은 교실이나 학교 환경이 유아, 부모, 그 외 방문자에게 의사소통하는 메시지를 의식하지 못하는 경향이 있다. 기관을 방문하는 사람들은 유아의 표상물과 사진, 벽면 전시 내용, 색, 메시지를 보면서 해당 기관의 철학에 대해 많은 것을 알게 된다. ***공간은 실제로 말을 한다.***

유아가 의미 있는 활동에 참여하는 사진

기관이나 교실 벽면에 유아가 의미 있는 활동에 참여하는 사진이 있다면, 능동적 학습에 대한 메시지를 말한다.

교사와 유아가 함께 작업하는 사진

교사와 유아가 함께 작업하는 사진이 있을 때, 지식의 공동 구성자, 학습 지원자로서 교사의 이미지를 나타내 준다.

교사와 교직원을 소개하는 사진과 정보

교사와 교직원을 소개하는 사진과 정보는, 의사소통을 위해 개방되어 있음을 의미한다.

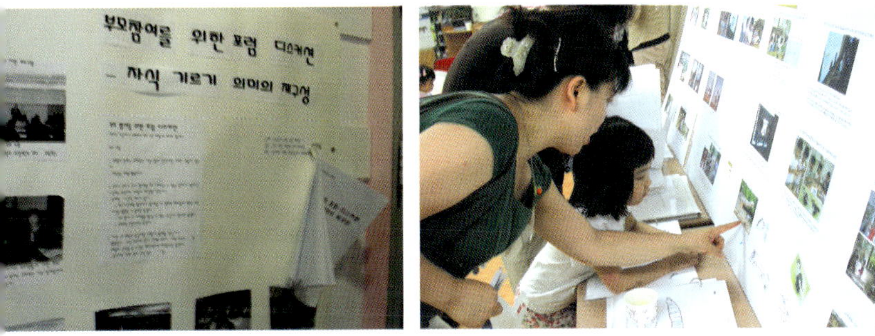

부모 참여의 기록과 사진

부모 참여의 기록과 사진은 가족에 대한 존중을 보여주는 것이며, 기관이 부모 참여를 희망함을 의미한다.

유아의 작품이 호감이 가도록 전시되어 있다면, 심미감을 중요하게 생각한다는 것이다.

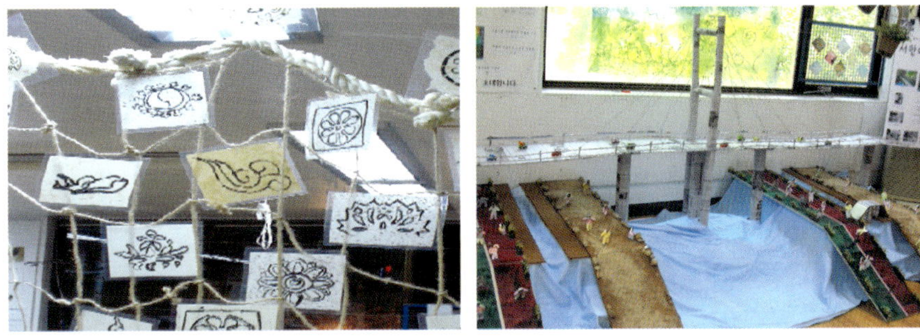

유아들이 고안한 전통 문양 전시

유아의 말과 질문 등이 신중히 기록되어 있다면, 이해와 답을 얻고 싶어 하는 유아의 욕구가 존중됨을 알 수 있다.

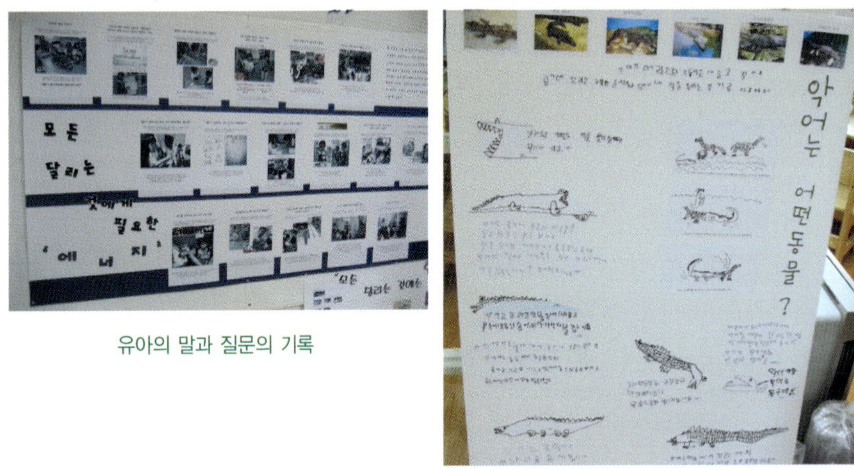

유아의 말과 질문의 기록

기록 작업은 부모와 교사로 하여금 유아의 성장을 지속적으로 지원하고 함께 노력하고 협력해야 함을 알게 한다. 레지오 에밀리아 학교 교육자가 환경을 '제3의 교사' 라고 하는 이유는, 환경은 교실이나 학교에서 일어나는 학습을 알게 하고 또한 학습을 자극하는 힘이 있기 때문이다.

02
Chapter

자연과 빛이 있는 말하는 공간
레지오 학교의 환경 원리

레지오에서는 물리적 환경이 사람 간의 관계를 촉진시키고, 또 다른 환경을 창조하는 변화를 불러오며, 선택과 활동을 촉진하는 힘을 가질 뿐 아니라 사회적, 정서적, 인지적 학습을 가능하게 하는 잠재력이 있기 때문에 **제3의 교사로서 공간**을 중요시한다. 이러한 환경은 유아, 교사, 부모에게 행복과 안정감을 느끼게 한다. 따라서 ***공간은 그 안에 살고 있는 사람들의 생각, 가치, 태도, 문화를 반영하는 수족관*** (Malaguzzi, 1996)이라고 말한다. 이러한 레지오 학교의 환경 원리는 다음과 같다.

자연과 빛이 있는 말하는 공간

01 미 학(Aesthetics)

레지오 에밀리아 학교는 미학적 인식에 높은 가치를 둔다. 환경 설계의 기본 도구인 관계를 위한 ***구조, 빛, 색, 자료, 냄새, 소리, 분위기 등 모두에 심미감이 내재해 있다.*** 레지오 학교의 미적 요소는 학습과 관계를 구성하는 본질적 특성이다. Rinaldi(1998)는 즐거움, 미학, 놀이를 학습과 지식을 구성해 가는 데 있어 중요한 요소로 본다. 학습은 즐겁고 매력적이고 재미있어야 하므로 미적 특성은 학교와 교육 공간의 특성이 된다.

정문, G유치원

현관, A유치원

테라스, G유치원

복도, D어린이집

1. 교실, D어린이집 5세
2. 자연물과 빛, G유치원
3. 3차원 바닥, T유치원
4. 천장, T유치원
5. 창, G유치원
6. 벽, T유치원
7. 창, T유치원
8. 복도, G유치원

이러한 강조는 이탈리아 문화 전반에서 나타나는 미학의 가치를 반영한다. 레지오 학교에는 바닥, 천장, 창, 벽, 복도 어느 곳이든 유아에게 심미적이고 자극적인 환경을 제공하기 위한 관심을 반영하여 아름다운 주변 물건, 화분에 심은 식물, 꽃이 담긴 병 등이 선반과 테이블 위에 진열되어 있다. 빛은 실내 어디에서나 빛나고 여기저기의 거울에서 반사된다. 교실에서 나타나는 아름다움은 유아의 시각적 인식에 영감을 주고, 아름다운 표상을 창조하도록 자극한다. 교실 벽의 게시판에 전시된 기록 패널에는 유아들의 말, 사진, 활동의 예가 포함되어 학습 진행 과정을 보여준다. 학습이나 표상과 관련된 유아들의 미술적 감성과 능력을 지원하기 위한 의도적인 분위기와 환경을 구성하는 것은 레지오 아이디어의 특징이다. 이러한 미학은 유아의 정체성과 인성을 발달시키므로 환경 설계 시 반드시 고려되어야 한다고 믿는다.

실내 환경 구성의 1차적 요소

건축의 공간 면에서 볼 때, 건물이란 지붕이나 외벽에 의해 자연으로부터 분리 독립되어 이루어진 내부 공간을 갖는 실체를 말한다.

바 닥

건축공간을 한정하는 3요소는 바닥 · 벽 · 천장이다. 서구의 건축은 벽을 주체로 하는 건축이라 정의하고 우리의 건축은 바닥을 주체로 하는 건축이라 할 수 있다. 서구사람들은 집의 안과 밖에 대한 공간을 동일시하는 경향이 있으며 집 안에서나 밖에서 신을 신은 채 생활하고 있다. 이에 비해 우리나라 전통에서는 견고한 벽의 존재에 대해서는 그다지 배려하지 않는 대신, 방바닥으로 대표되는 '청결한 바닥'에 대한 충분한 배려가 있었으며, 내부 공간에 대한 공간질서로서의 우위성을 인정하여 집 안에서는 신을 벗고 생활해 왔다. 모든 생활이 바닥에서 이루어져 온 우리 고유의 문화와 청결한 바닥의 개념에 따라 바닥은 자연재해, 동물, 곤충 등으로부터의 피해를 방지하고, 난방설비와 효과를 극대화하면서도 먼지를 방지하는 마감재를 선호한다. 설계상 현관, 발코니를 비롯하여 물과 관련이 있는 세탁실, 화장실 공간은 필수적으로 단 차이를 둔다. 이와 같이 바닥은 천장과 함께 공간 영역을 조정해 준다.

천 장

천장을 만드는 이유는 첫째, 설비, 구조, 감지기, 스피커 등 천장의 지저분함을 가린다. 둘째, 외부적으로는 2중 차단이 되므로 냉 · 난방, 방음, 방습에 유리하다. 셋째, 팬던트나 매입 등 조명 유형의 선택이 가능하며 페인트 외 마감재 선택의 융통성이 생긴다. 넷째, 건축자재 및 외부로부터의 유해물질을 막고 먼지 발생을 감소시킨다.

천장은 어느 구성요소보다도 조형적으로 가장 자유롭다.

1 설비를 위한 천장
2 높여진 천장
3 아늑함을 위해 내려진 천장
4 지루함을 방지하고 유지 · 관리가 용이하도록 다양하게 할 수 있는 천장면의 패턴
5 분위기 조성을 위한 조명으로서의 천장
7 최상층인 경우 다락방을 구성하거나 지붕으로서의 천장
8 이동식 칸막이, 스크린 장치, 모빌 등 매달림을 위한 천장이 될 수도 있다.

벽

동선, 공간의 성격, 목적, 기능을 결정하며 수직적 요소로서 눈높이에 가로막고 있으므로 가장 눈에 띄기 쉬운 요소이다. 시공 기술의 발달로 임의 각도나 재미있는 형태도 가능하다. 벽은 상징적 경계, 시각적 차단, 프라이버시 공간으로서의 칸막이 역할을 한다. 그러나 실내 공간에는 유리벽 등을 활용하여 공간을 분할하고 냄새, 소리는 차단하지만 시각적으로 개방되도록 한다.

최근 도시 환경 미화에 대한 노력이 행정당국이나 주민에 의해 점차 실시되어 학교가 지역사회와 유기적인 관계를 유지하기 위해 담장이 개선되고 있다. 유서 있는 흙담이나 나무향기 드높은 판자울타리라면 모르겠으나 두꺼운 콘크리트 담이나 블록 담은 도로와 학교를 비정하게 차단할 뿐 아니라 지역 환경의 미화를 크게 저해하고 있다. 그러나 담을 완전히 폐지하는 것도 프라이버시 유지상 곤란할 것이다. 일단 부지에 다소라도 여유가 있다면 담을 도로로부터 1내지 2미터 정도 후퇴시키고 담장을 울타리로 바꾸면서 그 부분을 녹화하고 가로등을 달아 지역 환경 미화에 공헌하면 어떨까? 전망이 좋아져 교통안전에도 기여할 수 있을 것이며 특히 밤에는 녹화된 나무 아래의 조명이 부근 지역 사람들을 모이게 할 것이다. 유치원, 학교 공원 등과 같은 공공장소에 이런 방법을 효과적으로 응용함으로서 커뮤니티와 프라이버시를 함께 충족할 수 있다. 담장 밖 외부 공간에 돌출된 현란한 부착물과 간판을 자제하고 지역사회와의 커뮤니티적 요소가 활성화되도록 외부 공간을 내부처럼 미화하는 방안을 연구해 보자.

기둥과 보

기둥과 보는 지붕, 천장, 보, 층, 바닥을 떠받치기 위해 사용된다. 기둥은 실내 공간의 핸디캡이 될 수도 있지만 역으로 개구부를 강조하거나, 그래픽 처리, 조명 처리 등으로 활용할 수 있다. 예를 들어 송풍구 등도 보호색으로 처리하여 소극적으로 대처하기보다

대담한 디자인 처리나 부대시설로 활용하는 등 적극적으로 대처할 수 있다.

창

창은 건물의 채광, 조망, 환기, 통풍 역할을 담당한다. 흔히 벽에 위치하지만 천장에 위치하는 천창을 낼 수도 있다. 창의 크기, 형태, 위치, 개수는 실의 성격, 방위, 크기, 기후, 디자인에 따라 다르게 설계한다.

1 창은 열고 닫고 잠그기가 용이하며 안팎을 청소하기 쉬워야 한다.
2 창은 내적인 요구에 의해 생긴 것으로 내부 공간의 역할에 충실하되, 외부의 미관과 안정성을 고려하여 실내 · 외를 연결시킨다.
3 내부 공간은 실의 성격, 사용자, 가구 배치에 따라 언제나 변할 수 있다. 또한 창이 위치하는 벽은 내력벽인 경우가 많으므로 아래위층의 창의 위치와 크기는 통일시키는 것이 일반적이다. 창을 신설하는 것은 정밀한 구조진단이 뒤따라야 하지만 되도록 주어진 여건을 최대한 활용한다.
4 공간감의 극대화를 위해 외벽 쪽으로 설치한다.
5 고창은 항시 열어 놓아도 프라이버시에 상관없는 곳에 설치한다.
6 천창은 작아도 효과가 크다. 너무 크면 여름에 더우며 유지관리가 힘들다.

문

1 열고 닫고 잠그기가 용이하며 사람과 가구의 출입이 용이하도록 한다.
2 최소 폭은 600이 되어야 하고 기본 문짝 크기는 900 x 2100㎝가 일반적이다.
3 밖의 날씨와 무관하게 내부 환경을 유지할 수 있도록 한다.
4 방음, 방화, 통풍에 유의한다.
5 미닫이문이 통유리인 경우 닫혀 있는가, 열려 있는가가 쉽게 식별될 수 있어야 한다.
6 휠체어가 통과할 충분한 크기를 갖추어야 하며, 비상문의 경우 노약자도 쉽게 작동할 수 있도록 한다.
7 비상시를 위해 이용시설과 계단실의 문이 열리는 방향을 고려한다.
8 화장실을 포함하여 문이 열리는 방향은 실 내부를 향한다.

통로

계 단

1 계단 높이와 각도를 고려한다.
2 공간을 낭비하지 않고 사용자에게 적절하게 한다.
3 사람과 가구가 통과할 수 있도록 한다.
4 단의 수를 가능한 줄여 에너지를 절약하고 스트레스를 최소화한다.
5 핸드레일은 성인과 아동 모두에게 적절하게 한다.

복도, 통로

1 사람과 가구의 통과 용량에 맞도록 한다.
2 붐빌 때, 병목현상, 교차 등을 고려하여 휘지 않고 똑 바르게 한다.
3 벽 아래에 사람이 올라설 수 있는 단을 만들지 않는다.
4 바닥이 미끄럽지 않게 한다.
5 복도 끝이 너무 밝아 눈부심이 생기지 않게 한다.

02 존 중(Respect)

환경에 반영되는 ***존중의 개념은 다른 사람의 말에 귀 기울이며 존중하는 타인에 대한 수용성을 의미한다. 공간은 보다 부드럽고, 경직되지 않으며, 형식적인 틀을 벗어나 다목적성이 공존***한다. 내부와 외부, 물질과 정신을 혼합한다. 개인은 집단의 부분이지만 혼자 쉴 수 있는 공간도 필요로 한다. 서비스 영역, 유아와 성인의 작업 영역, 교실과 사무실 모두 중요하며 다른 사람과 공유한다. 프로젝트 활동이나 기록화를 위한 공간 또한 갖추어져 있다. 학교 전체가 사용하는 아뜰리에, 교실에 부속한 미니 아뜰리에는 일과에 방해를 주거나 받지 않고 프로젝트, 표상활동, 기록을 기능적으로 수행하게 한다. 이러한 다양한 공간은 수직적이지 않고 민주적으로 기능하도록 배열된다. 또한 좀 더 심화된 학습 기회를 위해 새롭게 구성되는 공간과 여러 다른 공간의 통합성에도 관심을 둔다.

내부와 외부

실외의 눈과 같은 벚꽃

실내에서의 2차원 극화

벚꽃 표상

▶ 물질과 정신

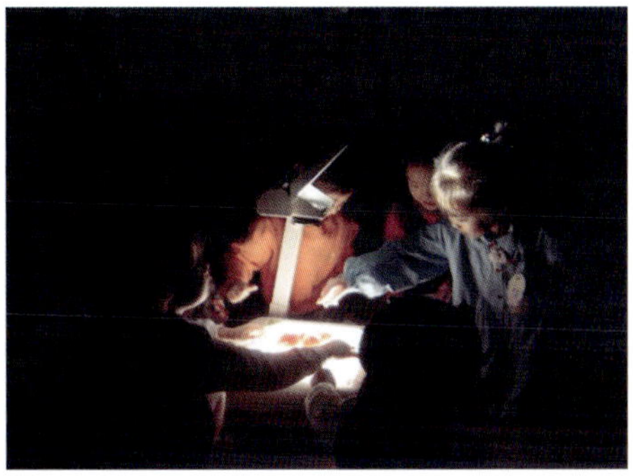

▶ 개인과 집단

▶ 서비스 영역과 작업 영역

휴식 공간, G유치원

작업 공간, G유치원

▶ 교실과 사무실

교실, H유치원

사무실, D어린이집

▶ 프로젝트와 기록

포도 받침대 만들기

포도 받침대 디자인

▶ 아뜰리에와 미니 아뜰리에

아뜰리에, G유치원

미니 아뜰리에, T유치원

레지오 에밀리아 교육자들이 유아에게 보여주는 존중과 유아를 풍부하고 강하고 능력 있는 존재로 이해하는 이미지는 과거에 유아가 할 수 있다고 믿었던 수준을 능가하는 표상을 창조하도록 하는 환경 구성에서 나타난다. 교사들은 매력적이고 접근하기 쉬운 방식으로 미술가가 사용하는 것과 같은 질의 매체를 제공함으로써 유아들의 능력에 대한 존중을 보여준다. 유아들의 학습과 표상은 그 수행 과정을 자세하게 기록하여 전시한다.

즉, 학교 공간은 **유아**가 자신의 잠재력, 능력, 호기심을 표현하도록, 혼자 또는 또래, 성인과 탐색하고 연구하도록, 스스로를 프로젝트의 구성자로 인식하도록, 정체성, 자율성, 안정감을 강화하도록, 타인과 활동하고 의사소통하도록, 자신의 정체성과 프라이버시가 존중됨을 알도록 구성, 조직한다.

교사가 유아나 부모와의 관계를 지원하고 통합할 수 있도록, 동료, 부모, 다른 성인과의 만남이 용이한 공간과 가구가 갖추어지도록, 프라이버시가 충족되도록, 학습과 전문적 발달 과정이 지원되도록 공간을 구성 · 조직한다.

부모의 목소리가 반영되고 정보를 제공받도록, 진정한 협력과 의사소통을 촉진하는 다양한 기회와 방식이 이루어지도록, 다른 부모나 교사를 만날 수 있는 공간이 구성 · 조직된다.

이러한 과정 지향적인 공간 구성은 의사소통을 촉진하고, 그 자체가 의사소통이다(Rinaldi, 1998).

보육공간에서의 실내 디자인 지침

아동보육 공간의 실내 디자인 지침 내용 분석표

	차원 / 공간명	행동의 용이성 f	%	생리적 유지 f	%	지각적 유지 f	%	사회적 용이성 f	%	계 f	%	
1	전체 공간	56	50.9	41	37.3	13	11.8	0	10.0	110	100.0	7.1
2	어린이집 가장자리 영역	8	40.0	1	5.0	4	20.0	7	35.0	20	100.0	1.3
3	부모-아동 전이 공간	9	64.3	1	7.14	4	28.6	0	0.0	14	100.0	0.9
4	현관 앞 공간	15	60.0	4	16.0	5	20.0	1	.4.0	25	100.0	1.6
5	현관 홀	5	25.0	3	15.0	7	35.0	5	25.0	20	100.0	1.3
6	실내외 공간 관계	6	50.0	3	25.0	2	16.7	1	8.3	12	100.0	0.8
7	원장실	4	44.4	3	33.3	0	0.0	2	22.2	9	100.0	0.6
8	사무 행정 직원 공간	13	61.9	3	14.3	2	9.5	3	14.3	21	100.0	1.4
9	교사 공간	32	84.2	5	13.2	0	0.0	1	2.6	38	100.0	2.4
10	자료실	16	100.0	0	0.0	0	0.0	0	0.0	16	100.0	1.0
11	방문객을 위한 공간	2	100.0	0	0.0	0	0.0	0	0.0	2	100.0	0.1
12	접객 공간	7	63.6	2	18.2	0	0.0	2	18.2	11	100.0	0.7
13	회의 공간	15	65.2	2	8.7	2	8.7	4	17.4	23	100.0	1.5
14	방문객, 접객, 회의 공간	2	50.0	0	0.0	0	0.0	2	50.0	4	100.0	0.3
15	관찰실	18	72.0	1	4.0	0	0.0	6	24.0	25	100.0	1.6
16	사회 서비스 공간	20	76.9	2	7.7	2	7.7	2	7.7	26	100.0	1.7
17	전체 보육 공간	142	50.4	84	29.8	44	15.6	12	4.3	282	100.0	17.9
18	영아 공간	25	61.0	9	22.0	3	7.3	4	9.8	41	100.0	2.6
19	유아 초기 공간	29	78.4	6	16.2	1	2.7	1	2.7	37	100.0	2.4
20	유아 후기 공간	4	80.0	1	20.2	0	0.0	0	0.0	5	100.0	0.3
21	방과후 탁아	5	50.0	0	0.0	1	10.0	4	40.0	10	100.0	0.6
22	자유로운 놀이 공간	4	57.1	2	28.6	0	0.0	1	14.3	7	100.0	0.4
23	홈베이스 공간 일반	11	68.8	2	12.5	2	12.5	1	6.25	16	100.0	1.0
24	낮잠 공간	17	41.5	17	41.5	2	4.9	5	12.2	41	100.0	2.6
25	식사 공간	21	72.4	4	13.8	3	10.3	1	3.5	29	100.0	1.8
26	간이부엌(보육실 내)	7	100.0	0	0.0	0	0.0	0	0.0	7	100.0	0.4
27	기저귀 가는 공간	21	61.8	9	26.5	2	5.9	2	5.9	34	100.0	2.2
28	극놀이 공간	13	76.9	1	7.7	1	7.7	1	7.7	13	100.0	0.8
29	미술 공간	30	83.3	4	11.1	0	0.0	2	5.6	36	100.0	2.3
30	음악 공간	11	57.9	5	26.3	0	0.0	3	15.8	19	100.0	1.2
31	독서/청취 공간	13	50.0	5	19.2	5	19.2	3	11.5	26	100.0	1.7
32	쓰기 공간	4	57.1	2	28.6	0	0.0	1	14.3	7	100.0	0.4
33	듣기 공간	5	55.6	0	0.0	0	0.0	4	44.4	9	100.0	0.6
34	조작놀이 공간	7	70.0	0	0.0	0	0.0	3	30.0	10	100.0	0.6
35	물놀이 공간	21	67.7	7	22.6	1	3.2	2	6.5	31	100.0	2.0
36	모래/흙놀이 공간	14	82.4	2	11.8	1	5.9	0	0.0	17	100.0	1.1
37	자연 연구 공간	15	88.2	0	0.0	1	5.9	1	5.9	17	100.0	1.1
38	목공놀이 공간	8	53.3	5	33.3	0	0.0	2	13.3	15	100.0	1.0
39	적목놀이 공간	12	63.2	3	15.8	2	10.5	2	10.5	19	100.0	1.2
40	쌓기 공간	12	70.6	5	29.4	0	0.0	0	0.0	17	100.0	1.1
41	대근육 활동 공간	10	52.6	6	31.6	2	10.5	1	5.3	19	100.0	1.2
42	대집단 활동 공간	1	50.0	0	0.0	0	0.0	1	50.0	2	100.0	0.1
43	시청각실	9	90.1	1	10.0	0	0.0	0	0.0	10	100.0	0.6
44	지붕 있는 옥외놀이 공간	1	100.0	0	0.0	0	0.0	0	0.0	1	100.0	0.0
45	커비 공간	31	79.5	4	10.3	1	2.6	3	7.7	38	100.0	2.5
46	양호실	14	66.7	2	9.5	1	4.8	4	19.1	21	100.0	1.3
47	세탁실	16	72.7	4	18.2	0	0.0	2	9.0	22	100.0	1.4
48	부엌	24	66.7	8	22.2	1	2.8	3	8.3	36	100.0	2.3
49	화장실	58	63.7	19	20.9	9	9.9	5	5.5	91	100.0	5.8
50	교사 수납 공간	5	100.0	0	0.0	0	0.0	0	0.0	5	100.0	0.3
51	학습 영역	69	64.5	18	16.8	7	6.5	13	12.2	107	100.0	6.8
52	수 영역	9	81.8	0	0.0	0	0.0	2	18.2	11	100.0	0.7
53	조용히 쉴 수 있는 공간	4	15.4	1	3.9	0	0.0	21	80.8	26	100.0	1.7
54	정서적 안정 공간	3	50.0	0	0.0	0	0.0	3	50.0	6	100.0	0.4
55	어지러워지기 쉬운 공간	4	80.0	1	20.0	0	0.0	0	0.0	5	100.0	0.3
56	과학 영역	7	63.6	1	9.1	1	9.1	2	18.2	11	100.0	0.7
57	기타	14	29.8	23	48.9	8	17.0	2	4.3	47	100.0	3.0
	계	955	60.4	332	21.0	140	8.7	153	9.7	1580	100.0	100.0

이연숙(1997). 외국 어린이집 실내 환경 디자인 지침의 체계화, 삼성복지재단.

위의 표에서 볼 수 있듯이 영유아를 교육하고 보육하는 시설 내에 제공될 수 있는 공간의 종류는 57가지에 달한다. 그리고 그 각각의 공간마다 4가지 차원, 즉 행동의 용이성, 생리적 유지, 지각적 유지, 사회적 용이성 등이 서로 다른 비중으로 다루어지고 고려되어야 함을 보여준다. 1~6가지의 공간별 실내 디자인 지침을 체계적으로 제시해 보면 다음과 같다.

1. 전체 공간

1) 행동의 용이성

공간 특성

❶ 모든 실내 벽과 부속품의 표면은 청소가 용이한 것으로 배려되어 있는가.

❷ 모든 외부 문은 건물의 바깥쪽으로 열리도록 되어 있는가.

③ 모든 외부문은 아동이 쉽게 여닫을 수 있게 가벼운 무게의 재료로 디자인되어 있는가.
④ 바닥은 내구성 있는 재료로 되어 있는가.
⑤ 바닥은 탄력성이 있는 재료로 되어 있는가.
⑥ 센터의 어느 곳이든 가능한 한 융통성과 새로움을 제공하고 있는가.
⑦ 시간제 및 종일제 아동을 위한 하나의 주 출입구가 있는가.
⑧ 식사시간이나 놀이시간에 연령을 혼합시켜 상호작용을 시킬 수 있는 융통성이 배려되어 있는가.
⑨ 아동들이 자주 드나드는 출입 영역에는 이중문이 설치되어 있는가.
⑩ 아동을 위한 환경은 보육자들의 스트레스를 경감시키면서 영유아들이 안전하게 움직일 수 있고, 충분한 자유를 누리도록 계획되어 있는가.
⑪ 아동의 활동 특성에 따라 리놀륨, 카펫을 영역별로 적절히 이용했는가.
⑫ 아동 환경은 기능적으로 지원되도록 디자인되어 있는가.
⑬ 어린이집 전체의 재료나 환경이 아동들의 신체 치수에 맞게 되어 있는가.
⑭ 창문은 아동들이 바깥을 볼 수 있는 높이로 계획되어 있는가.
⑮ 보육시설 내의 공간 간의 관계는 프로그램을 융통성 있게 운영할 수 있도록 계획되어 있는가.
⑯ 보육시설 내의 공간 간의 관계는 감독, 관찰이 용이하게 계획되어 있는가.
⑰ 한 아동당 3.3m² 정도의 공간이 제공되어 있는가.
⑱ 바닥 면이 올라간 플랫폼을 사용해 수직 공간을 이용할 수 있도록 배려되었는가.
⑲ 바닥에는 단차를 두어 부드러운 바닥재나 바닥 쿠션을 이용해 바닥을 가구처럼 이용할 수 있게 계획되어 있는가.
⑳ 사생활 공간, 소그룹 활동과 대근육 운동을 위한 공간으로 사용되는 로프트(연단, 계단, 경사로, 미끄럼틀, 터널 등의 설치)가 있는가.
㉑ 진열할 수 있는 면, 붙박이 선반, 수납장, 창가에 마련된 앉는 자리처럼 벽을 가구처럼 사용할 수 있게 계획되어 있는가.
㉒ 실내활동 공간과 옥외활동 공간 사이의 경계를 최소화하기 위해 실내와 옥외활동 공간 사이에 불필요한 계단이나 경사로가 없도록 계획되었는가.

시설 설비 특성

① 모든 학습 영역에는 자연 채광이 제공되어 있는가.
② 내 외부 공간을 시각적으로 연결시키기 위해 일부 유리창을 옥외놀이 공간과 가깝게 설치했는가.
③ 실내활동 공간과 옥외활동 공간 사이의 경계를 최소화하기위해 아동이 내다볼 수 있도록 창문이 제공되어 있는가.
④ 아동이 활동 공간에서 외부를 직접 볼 수 있도록 낮은 창들이 제공되어 있는가.
⑤ 어떠한 방해도 받지 않고 실내를 볼 수 있는 높이로서 어른의 경우 150cm 정도, 아동의 경우 50~80cm 정도임을 고려해 현관이 디자인되어 있는가.
⑥ 아동들이 자유롭게 사용하고 독립성을 키울 수 있도록 조명 스위치, 문 손잡이 등이 아동의 스케일에 맞게 디자인되어 있는가.
⑦ 모든 학습 영역에는 인공조명이 제공되어 있는가.
⑧ 인공조명의 광색이 아동들에게 자극적이거나 차갑지 않은가.
⑨ 수명을 다하지 않은 광원이라도 규정된 조도가 유지되고 있는가.
⑩ 에어컨을 위한 적절한 배선 시설이 갖추어져 있는가.
⑪ 분전함은 교사가 조작하기 편리하게 되어 있는가.
⑫ 소화기는 접근하기 용이한 곳에 위치해 있나.
⑬ 아동들이 사용하는 손잡이, 난간, 핸들 등은 수리와 유지 관리가 용이하도록 디자인되어 있는가.
⑭ 아동들이 사용하는 손잡이, 난간, 핸들 등은 양방향에서 작동할 수 있도록 계획되어 있는가.
⑮ 아동들이 사용하는 손잡이, 난간, 핸들 등은 높이가 61~76cm 범위가 되도록 계획되어 있는가.
⑯ 아동들이 사용하는 손잡이, 난간, 핸들 등은 아동의 손에 맞게 충분히 작은 크기로 되어 있는가.
⑰ 아동의 작품들은 아동의 눈높이에 맞추어 전시되도록 배려되어 있는가.
⑱ 문 손잡이는 아동들이 쉽게 조작할 수 있는 형태로 되어 있는가.
⑲ 실내활동 공간과 옥외활동 공간 사이의 경계를 최소화하기위하여 아동이 열 수 있는 큰 문이 제공되어 있는가.

가구 설비 특성

① 교구와 교재를 편리하게 보관할 수 있는 공간이 옥내 외에 제공되고 있는가.

② 눈삽, 썰매, 물놀이 풀과 같이 한 계절만 사용하는 기구를 위한 수납공간은 주 공간에서 떨어져 배치되어 있는가.
③ 부엌에서 일하는 사람, 청소원들이 개인 소지품을 수납할 수 있는 시설이 되어 있는가.
④ 수납공간이 한 곳에 집중되어 있지 않도록 수납을 위한 창고 외에 출입구, 부엌, 교실, 회의실 등에 수납공간을 분산해 제공하고 있는가.
⑤ 수납장은 모든 공간에 설치되어 있는가.
⑥ 가구 설비는 다용도로 사용할 수 있도록 디자인되어 있는가.
⑦ 가구 설비는 어른과 아동의 치수에 맞도록 디자인되어 있는가.
⑧ 가구 설비는 융통성이 있으며 조절이 가능하도록 디자인되어 있는가.
⑨ 모든 가구들은 어른 한 명이 쉽게 움직일 수 있는 것이거나 아동들이 협력하여 움직일 수 있는 것으로 계획되어 있는가.
⑩ 아동들의 손이 닿지 않는 어른만을 위한 작업 공간이 마련되어 있는가.
⑪ 게시판은 더러워질 경우 쉽게 닦아 내거나 칠해질 수 있는 재료로 되어 있는가.

2) 생리적 유지

공간 특성

① 납이 함유된 페인트는 피하고 무독성, 반 광택의 수성 페인트를 사용했는가.
② 모든 창문에는 방충망 시설이 되어 있는가.
③ 모든 창문에는 아이들의 추락 방지를 위한 안전장치가 설치되어 있는가.
④ 바닥재는 아동들이 편안함을 느낄 수 있는 소재로 되어 있는가.
⑤ 어린이집 전체에 인공적인 장애물은 최소화되어 있는가.
⑥ 과도한 색채의 사용이나 눈에 거슬리는 색은 피했는가.
⑦ 출입구의 안전을 고려했는가.
⑧ 화재 예방에 대한 안전을 고려했는가.
⑨ 자연 채광을 받을 수 있도록 창문 앞에 플랫폼이 설치되어 있는가.

시설 설비 특성

① 실내에 충분한 자연광이 들어오도록 설계되어 있는가.
② 유리는 모두 안전유리(강화유리)를 사용하였는가.
③ 조명으로 인한 휘광, 눈부심이 생기지 않도록 등 기구에 루버나 커버가 고려되었는가.
④ 난방을 할 경우 상대습도가 50~55%로 유지되도록 했는가.
⑤ 변기, 세면대, 부엌은 적절한 배기장치를 갖추도록 계획되어 있는가.
⑥ 어린이집에 있는 모든 사람들에게 일인당 적어도 0.1m³/min 정도의 외부공기가 제공되도록 배려되어 있는가.
⑦ 통풍시설을 설치할 때 안전을 고려하였는가.
⑧ 바닥은 흡음성 있는 재료로 되어 있는가.
⑨ 실내 전체의 방음 상태가 심리적, 물리적으로 만족할 만한가.
⑩ 외부의 소음을 피할 수 없을 경우, 벽면에 방음재를 설치하고 소음원으로 부터 차단하기 위해 조경이 이루어지도록 계획하였는가.
⑪ 에어컨, 히터 등에 의한 소음 방지 설비가 제공되어 있는가.
⑫ 천장과 벽은 흡음재로 되어 있는가.
⑬ 방음벽은 조그마한 틈조차 없도록 완전히 밀폐되도록 계획되었는가.
⑭ 라디에이터와 파이프 등이 노출되지 않도록 덮개가 제공되었는가.
⑮ 모든 배관 설비에는 차단 밸브가 계획되었는가.
⑯ 배관 설치 시 안전을 고려하였는가.
⑰ ○○전기분전함은 아동들의 손이 닿지 않는 높이에 설치되었는가.
⑱ 화재감지기는 피아자와 교실 등을 포함해서 각 층의 천장에 설치하되 계단으로 가는 문 앞에 위치하고 모든 바닥의 복도에서 9m가 넘지 않는 간격으로 배열되어 있는가.
⑲ 모든 실내의 마감재는 불연, 난연재를 사용하였는가.
⑳ 전기기구와 콘센트 설치 시 안전을 고려하고 접지를 하였는가.
㉑ 아동들이 사용하는 손잡이, 난간, 핸들 등은 뾰족한 모서리와 위험한 돌기가 없도록 디자인되었는가.
㉒ 아동들이 사용해서는 안 되는 손잡이, 난간, 핸들은 아동들의 손이 닿지 않도록 계획되어 있는가.
㉓ 아동들이 사용해서는 안 되는 손잡이, 난간, 핸들은 양방향에서 작동할 수 있도록 디자인되어 있는가.
㉔ 외부 출입문에는 아동들이 조작할 수 없는 잠금장치가 설치되어 있는가.
㉕ 미끄러운 자기질 타일 바닥 등은 안전을 고려하여 피하고 거친 표면을 가진 바닥 타일을 사용하였는가.

가구 설비 특성

❶ 가구 설비는 충분히 견고하게 제작되어 있는가.
❷ 가구 설비는 쉽게 기울지 않으며 날카로운 모서리니 가장자리, 부서진 조각이 없고, 유독한 마감재로 표면이 처리되지 않은 것으로 계획되어 있는가.
❸ 침대, 간이침대, 베이비 배드, 유아용 안전놀이 거울 등은 아동의 연령과 크기에 맞게 제공되어 있는가.

3) 지각적 유지

공간 특성

❶ 차갑고 딱딱한 분위기를 내는 콘크리트나 철재보다 따뜻하고 친근하게 느낄 수 있도록 목재를 사용했는가.
❷ 안내판, 조경, 개방 구조물, 바닥차 변화로 통로를 찾기 쉽게 디자인했는가.
❸ 식물과 조경이 가정적인 분위기가 나도록 디자인되어 있는가.
❹ 난색 계열, 식물, 편안한 가구, 베개, 창턱의자, 동물 등을 사용해 집과 같은 포근함을 느낄 수 있도록 디자인되었는가.
❺ 꽃병에 꽂힌 아름다운 꽃 장식, 벽에 걸린 그림, 흥미로운 모빌의 색, 선, 형태를 이용해 아동의 시선을 끄는 요소들이 적절히 균형 있게 위치하고 있는가.
❻ 공간 전체에 제공된 패널은 충분히 밝은 색인가.
❼ 전체적인 디자인이 적절할 경우, 아동들이 시설을 통과하는 길을 안내할 수 있도록 벽과 바닥의 색과 질감을 이용한 그래픽을 사용하도록 계획되어 있는가.
❽ 지나친 장식으로 자칫 아동들에게 흥미나 관심을 감소시키지는 않는가.
❾ 벽을 흰색, 미색 등 밝은 색 계통으로 계획해 벽에 전시된 아동들의 작품이 돋보일 수 있도록 했는가.
❿ 아동의 환경은 아동의 감각과 미적인 감성과 창의력을 풍부하게 함양하도록 디자인되어 있는가.

가구 설비 특성

❶ 질감, 색, 부드러움을 주며 집을 연상케 하는 것으로 계획되어 있는가.
❷ 공간 전체에 사용된 가구나 재료는 부드럽고 따뜻한 소재인가.

2. 어린이집 가장자리 영역

1) 행동의 용이성

공간 특성

❶ 출입구는 도로면의 높이와 차이가 없도록 되어 있는가.
❷ 옆 건물과 공동으로 사용하는 외부 공간을 배려했는가.
❸ 건물의 앞뜰은 정문으로 직접 연결되도록 디자인했는가.

2) 지각적 유지

공간 특성

❶ 건물의 앞뜰은 이웃의 규모와 맞는가.
❷ 건물 외관이 집과 같고, 주변 지역사회 건물과 잘 조화를 이루도록 계획되었는가.

3) 사회적 용이성

공간 특성

❶ 어린이집에서 인근 지역의 흥미로운 공간이나 활동을 볼 수 있도록 계획되었는가.
❷ 건물에 접근할 때 창문을 통해 아이들의 활동을 볼 수 있도록 창문을 낮게 설치했는가.

3. 부모와 아동의 전이 공간

1) 행동의 용이성

공간 특성

❶ 부모들이 출입하고 대기하기 적당하게 출입구가 디자인되어 있는가.
❷ 아동들이 부모의 도움 없이도 혼자서 건물로 들어갈 수 있도록 진입로가 디자인되어 있는가.
❸ 부모가 아동의 활동 영역 쪽 출구와 통로를 좀 더 쉽게 사용할 수 있도록 명확한 통로를 계획했는가.
❹ 부모와 아동의 전이 공간은 아동을 데리고 오가는 것이 편리하도록 계획되어 있는가.
❺ 부모가 아동들을 차에서 내려 주고 들어가는 것을 관찰하는

동안 정차할 수 있는 공간이 제공되어 있는가.

⑥ 아동이 버스를 타고 오는 경우 다른 아동들의 통행에 불편을 주지 않으면서 정차할 수 있는 공간이 제공되어 있는가.

2) 생리적 유지

공간 특성

① 부모가 아동의 활동 공간 쪽 출구와 통로를 좀 더 쉽게 사용할 수 있도록, 어른 공간과 통로 사이의 시각적 연계성을 갖게 했는가.

② 통행 공간에 어른 높이의 전시물을 두어 부모가 통로를 따라갈 수 있도록 했는가.

시설 설비 특성

① 부모가 아동의 활동 공간 쪽 출구와 통로를 좀 더 쉽게 사용할 수 있도록 통로 쪽 출입구에 밝은 조명을 사용했는가.

4. 현관 앞 공간

1) 행동의 용이성

공간 특성

① 기관 정면에서 들어갈 수 있는 현관이 제공되어 있는가.

② 출입구 영역은 안전상 중앙에 위치하도록 했는가.

③ 현관 앞 외부 공간에 아동을 위한 놀이 공간이 제공되어 있는가.

④ 현관 앞의 자동차 대기 장소가 어린이집으로 향하는 보행자의 출입이나 주차장으로 가는 차를 방해하지 않도록 계획되었는가.

⑤ 직원, 부모, 방문객을 위한 주차장을 현관 앞 외부 공간 근처에 제공하고 있는가.

⑥ 현관 앞 외부 공간 영역에서 어린이집 실내 공간을 들여다볼 수 있게 계획되어 있는가.

⑦ 입구 위의 지붕은 2~4대의 차를 수용할 수 있도록 충분한 공간이 배려되었는가.

⑧ 부모와 아동이 진입할 때 혼동되지 않고 진입로를 쉽게 찾도록 디자인되어 있는가.

⑨ 부모와 아동을 위한 옥외 대기실로 포치나 데크 영역이 제공되어 있는가.

시설 설비 특성

① 비가 오거나 눈이 오는 경우를 위해 아동들이 차에서 내리는 곳부터 현관까지 연결되는 통로에 캐노피 시설이 되어 있는가.

② 현관 앞 외부 공간에 어른과 아동의 치수에 맞는 좌석을 제공하고 있는가.

③ 전이 공간이 어둡거나 겨울에 빛이 필요한 경우에는 접을 수 있는 차양을 설치했는가.

④ 출입문은 무거운 알루미늄제보다는 작은 창유리가 있는 목재를 사용했는가.

⑤ 출입문은 아동 크기에 맞는가.

2) 생리적 유지

공간 특성

① 남향 배치시 열과 눈부심을 줄일 수 있도록 전이 공간에 지붕을 만들도록 계획되어 있는가.

② 입구 위의 돌출 지붕은 보행자와 차를 타고 온 승객이 안전하게 들어오도록 계획되었는가.

시설 설비 특성

① 현관 앞 외부 공간에 기후, 특히 태양과 바람으로부터 부분적인 보호를 할 수 있는 시설이 제공되어 있는가.

가구 설비 특성

① 석고판을 벽에 사용했을 경우, 안전하게 고정되도록 했는가.

3) 지각적 유지

공간 특성

① 부모와 아동이 진입할 때 출입문을 혼동 없이 쉽게 찾을 수 있도록 디자인되었는가.

② 어린이집 정면에 있는 현관은 이웃을 환영하는 듯한 느낌을 주도록 디자인되어 있는가.

③ 센터의 입구는 분명하게 되어 있는가.

④ 어린이집의 입구라는 이미지를 제공할 수 있는 디자인으로 계획되어 있는가.

⑤ 현관 앞 외부 공간에 각종 정보를 알릴 수 있는 게시판이 제

공되어 있는가.

시설 설비 특성

① 출입문은 가정의 분위기가 나도록 디자인되어 있는가.

5. 현관 홀

1) 행동의 용이성

공간 특성

① 출입구의 바닥은 유지 관리하기에 용이한가.
② 홀과 같이 자주 사용되는 벽에는 비닐 벽이 설치되어 있는가.
③ 부모가 아동들과 작별 인사를 하거나 외투를 입고 벗을 때, 아동들에게 방해를 주지 않고 관찰할 수 있도록 주요 출입구는 넓게 계획되었는가.
④ 현관 홀을 더욱 유용하게 만들기 위해 코트 수납장과 공중전화를 쉽게 찾을 수 있도록 계획했는가.
⑤ 출입구는 아동과 부모의 출입이 불편하지 않도록 충분한 넓이로 계획되었는가.

2) 생리적 유지

공간 특성

① 출입구의 바닥은 눈이나 진흙에 의해 미끄럽지 않은 재료로 되어 있는가.

시설 설비 특성

① 출입구는 낯선 사람의 출입을 통제하고 아동들을 효율적으로 통제할 수 있도록 잠글 수 있게 되어 있는가.

가구 설비 특성

① 출입구 및 출입구의 데스크는 아동들의 눈높이에 맞추어져 있는가.

3) 지각적 유지

공간 특성

① 아동을 처음 맞아들이는 출입구 영역은 그림이나 장식물 등을 활용해 시각적으로 흥미롭고 아름답게 디자인되어 있는가.
② 출입구는 아동을 놀이 공간으로 유인할 수 있도록 매력적으로 디자인되어 있는가.
③ 출입구가 여러 개인 경우에도 모든 현관 홀은 내부 공간의 스타일과 조화되면서 환대감을 주도록 계획되었는가.
④ 현관 홀에서 보이는 전경이 친근하고 환대감을 받을 수 있도록 따뜻한 색, 밝은 액센트, 일반적으로 낮은 조도, 작업 조명, 질감, 식물, 안락한 가구 등을 이용하고 있는가.
⑤ 출입구는 카펫, 낮은 조도의 조명, 식물, 난색 계열 등 집에서 사용하는 요소로 디자인되어 있는가.

시설 설비 특성

① 사무실이 출입문 가까이에 위치하지 않은 경우, 방문객이 다른 곳보다 먼저 사무실에 들를 수 있도록 출입구에 명확한 이정표가 있는가.

4) 사회적 용이성

공간 특성

① 아동과 부모가 현관 홀에서 아동의 활동 공간을 어떠한 방해도 받지 않고 볼 수 있도록 계획되었는가.

시설 설비 특성

① 사무실에서 방문객을 확인할 수 없는 경우, 보안을 위해 잠김문과 초인종을 설치했는가.
② 아동과 부모가 현관 홀에서 내부활동을 볼 수 있도록 투명유리를 사용했는가.

가구 설비 특성

① 출입구 영역에는 부모들을 위한 게시판이 제공되어 있는가.

6. 실내놀이 공간과 옥외놀이 공간과의 관계

1) 행동의 용이성

공간 특성

① 실내 공간과 옥외 공간과의 자유로운 이동이 가능한가.

❷ 옥외놀이 공간은 실내놀이 공간과 직접 연결되도록 계획되었는가.
❸ 건물 전면의 뜰과 전면 포치는 전반적인 출구와 연계성 있게 계획되었는가.
❹ 포치는 내부활동 공간과 직접 연결되도록 계획되었는가.
❺ 포치 공간의 최소 폭 244~274㎝를 제공했는가.

2) 생리적 유지

공간 특성

❶ 포치가 건물의 외부에서 (비를 피하는 등) 가장 안전한 곳으로 계획되어 있는가.

시설 설비 특성

❶ 포치는 쉽게 비수와 건조가 되는 재료로 계획되었는가.
❷ 날씨로부터의 보호가 필요한 활동을 위해, 가장 빨리 건조되는 표면 재료를 건물의 가장 가까운 곳에 사용했는가.

3) 지각적 유지

공간 특성

❶ 포치나 천정이 씌워진 외부 공간이 전체 건물의 디자인과 통되어 계획되었는가.
❷ 옥외 공간과 내부 공간이 명확히 구분되는가.

4) 사회적 용이성

공간 특성

❶ 실내 공간과 옥외 공간은 시각적으로 연결되어 있는가.

자 연 과 빛 이 있 는 말 하 는 공 간

03 관 계(Relationship)

피아자, R유치원

공간이 사용되는 방식과 사람 간 관계는 환경에 의해 만들어진다. 다양한 활동이 수행되고 정보와 문화가 여과되어 공간 속에서 활성화되는 관련성이 가능하도록 한다. 사회적 관계를 중요시하는 원리가 학교 전체의 환경 설계에 반영된다.

학교 건물 내의 중앙에는 유럽의 문화를 반영하는 광장, 즉 **'피아자'**라 불리는 시의 광장과 같은 넓은 중앙 공간이 있어 모든 공간은 피아자를 향하고 있다. 피아자는 만남의 장소이며 광장과 같은 역할을 하는 공공장소이다. 피아자는 관계 형성을 지원하며 '관계의 교육'을 상징화한다. 이곳에서 만남이 일어나고 소집단 상호 활동, 이야기, 사회적 관계, 공공 정체성이 길러진다. 또한 피아자를 사용함으로써 복도의 필요성이 배제되며, 모든 공간은 피아자를 통해 연결되어 유아 스스로 활동 영역 선택을 가능하게 하고 교실과 학교의 다른 장소로 자유롭게 오갈 수 있도록 해준다. 유아들은 해당 교실에서만 놀 필

피아자, D유치원

요가 없고 이곳에서 다른 교실 유아들과 관계를 형성할 수 있다. Diana 학교의 경우, 중앙 공간을 중심으로 아뜰리에, 도서관, 자료실, 회의실, 부엌과 식당이 있고 3세, 4세, 5세 교실이 위치하고 있다.

피아자, 시장놀이 T유치원

하하하… 뭐 드릴까요?

달걀 10개 주세요

관계 형성 지원

피아자를 지나가던 원장님께서

원장님: 와아. 여기 커다란 호박이 있네. 이 호박 하나 얼맙니까?

주　인: 하나에 만 원입니다.

원장님: 네? 무슨 호박이 이렇게 비쌉니까? 너무 비싸다.

주　인: 그럼… 두 개에 만 원 가져가세요.

원장님: 두 개는 너무 많은데….

주　인: 그럼 하나를 싸게 드릴게요. 6천 원.

원장님이 다녀가신 이후로 많은 아이들이 모여들고 장사는 더 잘되었다.

건물의 모든 부분이 특정한 목적을 달성하도록 공간을 신중하게 구성한다. 블록으로 구조물을 만드는 교실의 단, 천장에 모빌을 매달아 공간과 공간을 분리하는 투명 커튼, 대집단 유아와 교사가 만나 이야기하고 일상의 계획을 하는 교실의 낮은 계단 등 Malaguzzi는 상호작용의 중요성을 강조하면서 "나는 관계를 형성하지 않고는 어떤 것도 존재할 수 없다고 생각한다. **관계는 삶의 필요조건이다** (Kaufman, 1998)"라고 하였다. 레지오 교사들이 흔히 말하듯이, 프로그램의 다양한 측면은 복잡하게 연결된 체제여서, 전체에 영향을 미치지 않고 한 측면만으로 기능하는 것은 불가능하다.

블록으로 구조물 만드는 교실의 단, T유치원

공간과 공간을 분리하는 투명 커튼

교실의 낮은 계단

이탈리아의 광장 문화

이탈리아 시에나의 캄포 광장

이탈리아 하면 광장(廣長), 광장이라면 이탈리아라 할 정도로 이탈리아의 각 도시에는 광장이 많으며 거리의 중심이 되고 있다. 시에나의 캄포 광장(Piazza del Campo), 베네치아의 산 마르코 광장(Piazza San Marco), 로마의 캄피도리오 광장(Piazza del Campidoglio) 등 그 수를 헤아릴 수 없을 정도다.

레지오 에밀리아 시 광장

광장은 경계선으로부터 구심적으로 수렴하는 '안 모서리' 공간이며(그림 B 참조) 경계선이 명료하지 않으면 수렴성이 약해진다(그림 A 참조). 또한 만일 경계선이 존재하지 않으면 원심적으로 발산하는 공간이 되어 자연 그대로의 들판이나 자연공원 같은 공간이 된다. 이러한 안 모서리 공간은 실제로 광장을 영역적으로

그림 A, 바깥 모서리

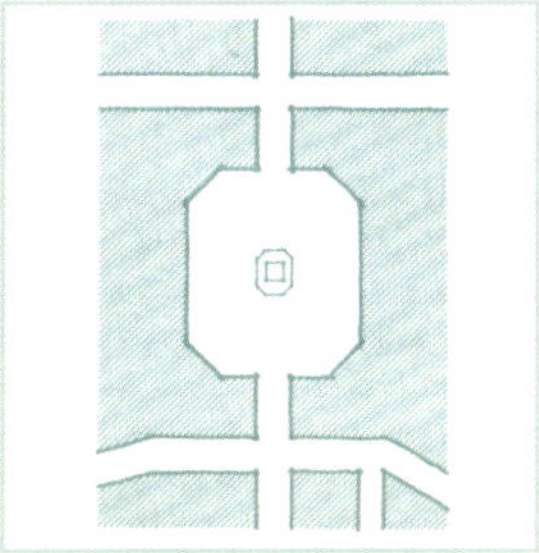

그림 B, 안 모서리

둘러싸며 안쪽으로 안아 들이고 있다. 그런 장소에는 물의 흐름이 그 구부러진 곳에서 머물듯이 사람들이 모여든다. 유럽에는 모서리가 유지된 이러한 공간이 도시의 자랑거리이자 매력으로서 사람들을 유혹한다.

광장은 건축의 외벽이 광장의 내벽이 되는 성질을 갖고 있다. 건축의 외벽에는 창문, 출입구 등의 개구부가 있으며, 건물 내부와 광장은 공간적으로 상호관입되어 있다. 석조 건축에 둘러싸인 광장에는 게슈탈트 심리학의 안과 밖의 구분이 없는 조화를 이루는 시각의 법칙인 이탈리아식 사물에 대한, 건축에 대한 사고방식이 잘 드러난다. 사적인 내적 질서의 일부가 책을 본다든지, 바람을 쐬는 형태로 도로의 공공적인 외적 질서 속에 침투하고 있다. 따라서 광장은 시민의 생활의 場이며 번화함이 살아 있는 공간이다. 광장 안을 마음대로 거니는 것은 그야말로 유쾌하며, 이는 인간을 우선하며, 관계를 중요시하는 공간의 좋은 예라 하겠다(Yoshnobu Ashihara, 1992).

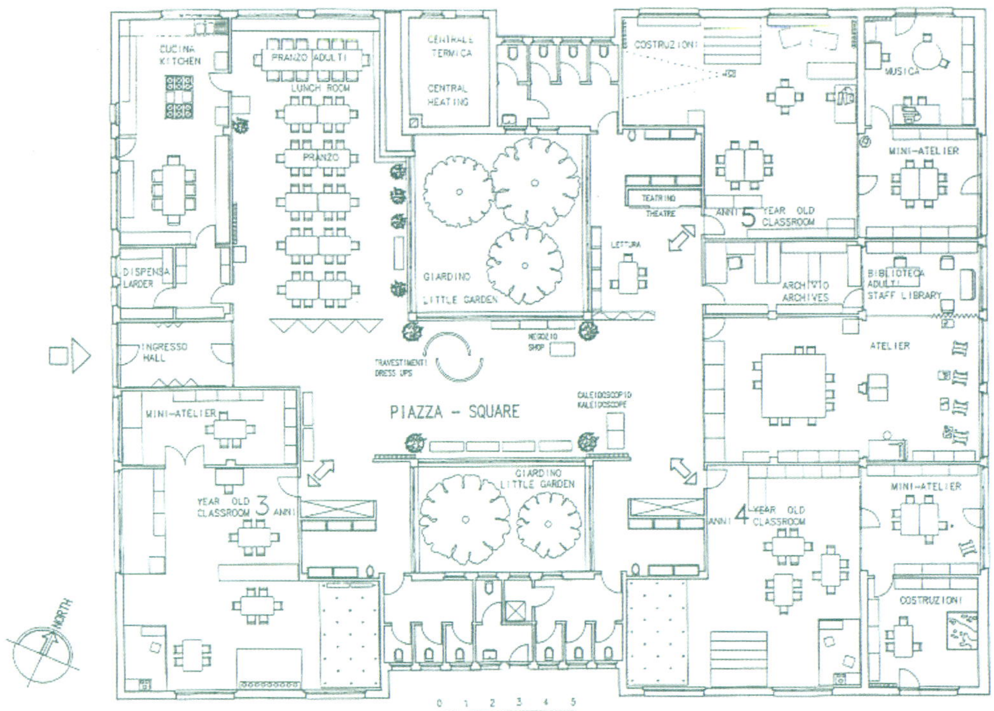

광장이 중심이 되는 이탈리아 다이애나 학교 평면도

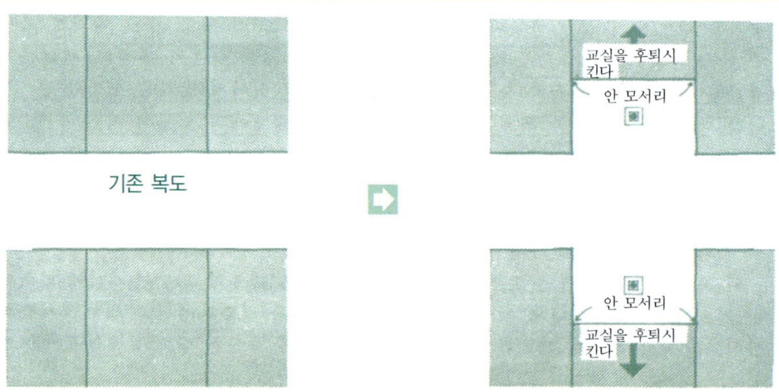

그림 C, 기존 시설에서 광장의 재구성

이러한 공간의 미학을 학교로 끌어들여 학교마다 광장이 있다. 현재 우리나라에서 각 교실이 병렬형으로 위치하고 있는 학교 공간에 이러한 광장 공간을 만들고자 한다면 그림 C와 같이 만들 수도 있다. 복도에 면한 교실의 앞면을 크게 뒤로 후퇴시킨다. 될 수만 있다면 그 건너편 교실도 마찬가지로 후퇴시킨다. 그리고 이곳에 생긴 공간을 광장으로 활용할 수 있다.

04 일상성(Osmosis)

학교 일상은 작은 사회 세계이므로 유아 학교에는 지역사회와 생활 속에서 일어나는 많은 활동 요소들이 혼합되어 공간에 녹아 있다. **학습 공간은 주변 세계를 받아들이는 수용적 공간**으로 도시와 학교 간에 풍부한 정보를 교환하고 정보는 유아에게 스며든다. 전통적 관점의 학교가 아니라, 독특한 정체성이 있는 새로운 일상의 언어들을 수용하여 분명한 교육적 분위기를 창조해 내는 새로운 정체성을 의미한다. 미리 예정되고 형식적으로 한정된 상황이 아니라, 의식적으로 가능한 모순과 갈등을 만들어 내는 일상성이다.

우리 주변의 봄, 여름, 가을, 겨울

봄

여름

가을

겨울

지역사회와 학교 간에 풍부한 정보 교환

학교와 지역사회의 밀접한 관계 형성이 레지오 학교의 근간이 된다. 학교의 건축 설계와 공간 배열에도 주변 지역사회의 심미적인 문화 환경과 조화를 이루는 연속성, 즉 일상성의 원리가 구체화된다. 학교 건물은 수업 이외 시간에는 교사회의, 교사-학부모를 위한 전문적 연수, 파티, 특별 행사, 부모 자문 회의, 지역 행사 등에 사용된다.

▶ 피아자에서 이루어지는 시장놀이

주인: 지금 문 닫을 시간인데….
손님: 요리할 때 감자가 필요해요.
빨리 사갈게요.
주인: 감자 5개는 3,000원입니다.

역할이 바뀌고 손님이 거의 없었다. 뒤에 있는 악기들을 흔들며…
주인: 싱싱한 과일 있어요~. 고추 사세요~.
호박사세요~. 홍보하기 시작

▶ 가게놀이 '다 있어 마트'

세일해서 싸게 파는 라면 구입하기

손님 기다리기

▶ 월드컵 행사가 이루어지는 피아자…

▶ 학부모 모임이 이루어지는 공간, G유치원

05 다감각성(Multisensoriality)

이젤

유아는 감각을 통해 현실을 탐색, 인식, 해석하는 능력을 갖고 태어난다. 학교는 유아의 이러한 능력을 발달시키고, 감각 지각을 지원하며 강화할 수 있어야 한다. 환경의 질은 공간의 형태, 기능, 색, 음향, 빛 등 많은 요인에 영향을 받는다. 개인에 따라서도 공간에 대한 기호가 다르기 때문에 **환경은 모두에게 표준이 되는 한 가지 공간이 아니라 다감각적 공간으로 구성한다.**

교실 환경은 생활하기에 좋은 장소라는 생각이 들게 한다. 낮은 탁자 옆의 선반, 이젤, 라이트 테이블, 책상 위의 다양한 매체들은 유아의 능동적인 학습을 자극한다. 그 외 소꿉놀이 매체, 게임 퍼즐 같은 일반 유아교육기관과 유사한 매체들이 많이 있지만 아뜰리에 공간은 독특하다. 영유아센터와 학교마다 아뜰리에가 있어 유아의 학습과 성인의 기록 작업을 지원하며 여러 가지 매체를 연구, 실험, 조작하는 공간으로 사용된다. 학교에는 아뜰리에리스타가 있어 학습과 창의적 활동을 관찰, 지원하며 교사들과 협력하여 일한다. 아뜰리에 개념은 각 학급의 '미니 아뜰리에'로 발전된다. 아뜰리에와 교실 벽의 기록은 학습뿐 아니라 유아와 교사의 탐색과 연구에 대한 과정을 보여준다. 레지오 학교의 환경은 전반적인 철학의 다원적 의미를 반영한다.

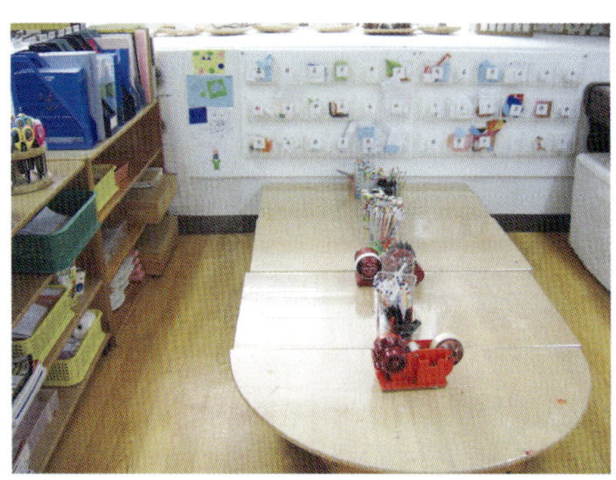

1 2 3 1. 2. 라이트 테이블과 다양한 매체
3. 낮은 탁자와 옆의 선반

아뜰리에, J유치원

책상 위의 다양한 매체들

아뜰리에, A유치원

교실에 부속한 미니 아뜰리에, T유치원

아뜰리에 벽면 기록, T유치원

실내 환경 구성의 2차적 요소

2차적 요소는 1차적 요소의 성격을 강하게 해주는 성질을 갖고 있다.

형태

내부 공간의 구조와 가구들은 형태를 가지고 있다. 가구에는 몸을 받쳐 주는 침대, 의자와 같은 인체계 가구, 물건을 올려놓는 탁자, 조리대, 카운터, 책상 등과 같은 준(準)인체계 가구, 물건을 넣어 두거나 공간을 구획하는 벽장, 옷장, 선반, 서랍 등의 건축계 가구가 있다. 이러한 가구와 공간 구조 등에서 느껴지는 형태는 공간의 이미지를 결정한다.

내부 공간에서 실제 활용되는 형태는 자연적 형태, 추상적 형태, 기하학적으로 형태를 자유롭게 만들 수 있는 인공적 형태가 있으며 직접 지각되는 정적 형태(positive form), 2차적으로 암시되는 부정적 형태(negative form) 등이 있다. 이러한 형태는 점, 선, 면, 입체, 질감 등의 요소에 따라 구성된다.

기능

내부 기능을 원활히 수행할 수 있도록 개개의 작업 장소와 개별 공간의 조합에 따른 평면 계획은 기능적인 공간을 만드는 데 중요하다. 개인 공간은 사람의 크기와 볼 수 있고 조정할 수 있는 능력을 기준으로 계획한다. 소그룹을 위한 공간은 바람직한 사회생활이 이루어질 수 있도록 계획한다. 전체를 위한 시설 공간의 계획은 주로 조직 구성원 간 상호작용의 효용성을 높이도록 구성한다. 큰 공간의 설계는 여러 단위 공간을 상호연관성에 따라 배치함으로서 전체기능의 흐름을 최대한 높일 수 있도록 한다. 이를 위해 다음을 고려한다.

〈표 1〉 한국인 인체표준 치수 사례의 例(0-5세) -산업자원부 기술표준원(www.standard.go.kr)

번호	측정항목	구분	0-3 개월	4-6 개월	7-9 개월	10-12 개월	13-18 개월	19-24 개월	2세	3세	4세	5세
1	키	남	57.3	63.8	68.6	74.6	78.2	84.3	91.8	99.6	105.0	108.9
		여	56.6	61.9	69.	76.4	78.2	83.9	91.1	98.9	104.4	110.3
2	눈높이	남	.	.	.	.	.	.	.	89.5	93.7	94.1
		여	.	.	.	.	.	.	.	88.6	93.5	99.3
3	어깨높이	남	43.2	48.1	52.4	57.4	59.5	65.3	70.0	76.6	80.5	87.4
		여	43.0	47.7	54.0	58.2	60.3	64.8	70.1	76.1	80.5	85.8
37	어깨너비	남	15.6	18.4	20.1	20.3	21.0	22.5	23.4	23.5	23.1	24.3
		여	15.4	17.8	20.5	21.3	21.0	22.6	23.4	23.4	22.9	24.0
70	앉은키	남	.	.	.	.	.	.	.	58.4	60.1	62.9
		여	.	.	.	.	.	.	.	56.9	59.2	61.6
75	앉은무릎높이	남	.	.	.	.	.	.	.	29.1	30.5	32.9
		여	.	.	.	.	.	.	.	28.9	30.5	32.5
76	앉은오금높이	남	.	.	.	.	.	.	.	23.8	25.0	26.9
		여	.	.	.	.	.	.	.	23.7	25.2	26.6
77	앉은넓적다리두께	남	.	.	.	.	.	.	.	7.9	8.0	8.9
		여	.	.	.	.	.	.	.	8.2	8.1	8.9
82	앉은엉덩이너비	남	.	.	.	.	.	.	.	20.3	20.8	21.8
		여	.	.	.	.	.	.	.	20.4	20.9	21.5
120	몸무게	남	5.1	7.2	8.4	9.5	10.3	11.9	13.7	15.7	17.0	19.7
		여	5.0	6.3	8.7	9.6	10.0	12.3	13.1	15.2	17.0	18.7

- 드러나는 공간 vs. 저장 공간
- 정적인 공간 vs. 역동적인 공간
- 고정된 공간 vs. 융통성 있는 공간
- 내부 공간 vs. 개방된 공간

스케일

인체측정학(Anthropometry)에서는 다양한 인체의 치수를 측정한다. 가구를 설계하거나 선택할 때 이 인체 치수에 관한 자료를 사용한다. 편안한 의자를 디자인하려면 여러 가지를 고려해야 한다. 그중 가장 중요한 것은 몸무게를 가능한 한 넓은 면적으로 확산시키는 것이다. 각 개인의 작업 장소를 설계할 때, 일반적으로 [illegible] 않도록 해 주는 것이다. 손을 움직이는 데 가장 편한 높이는 팔꿈치보다 약간 낮은 높이이다. 이 높이에다 인체측정학에서 측정한 치수를 더하면 앉을 때와 섰을 때 작업면의 높이와 의자의 높이가 결정된다. 공간에 설치되는 하드웨어는 공간의 규모, 크기, 척도, 인체 치수를 고려하여 기능적으로 구성되어야 한다.

색

색은 빛 환경의 중요한 요소이다. 하지만 서로 다른 색의 영향에 대한 분명한 연구는 많지 않다. 흔히 사람들은 자신이 가지고 있는 고정관념과 실제로 색이 주는 영향을 혼동하고 있다. 색에 대한 사람마다의 반응은 서로 다르기 때문이다. 색에 대한 가장 일반적인 연구는 색에 관한 사람의 선호도와 어떤 색이 사람에게 즐거움을 주는가에 관한 것이다. 색체심리에서는 흔히 색은 감정을 전달한다고들 한다.

실내의 각 요소 간 색채의 조화를 고려하고, 컨셉에 따라 계획적인 색채를 사용한다. 실내의 이미지 색상이 될 주조색의 계통을 정하고 주조색의 중간 명도를 실면적의 2/3 정도 차지하도록 하는 방법이 많이 쓰인다. 보조색은 주조색을 돋보이게 하는 색상을 골라야 하며 악센트 색은 주조색과 반대되는 보색을 고른다.

파리의 거리를 걸어 보면 보도 포장은 회색의 깔돌, 건물 외관 역시 회색 석조, 가로등 · 아파트 난간은 검은색 주철제품, 차양 · 조명 · 네온은 거의 백색이어서 온 거리의 색깔이 백색에서 검은색에 이르는 무채색 계열이며 플라타너스 가로수 등의 자연색이 그 속에 점재한다. 그런 길거리에서는 놀랍도록 아름다운 미인들을 많이 만난다. 그 밝은 색 머리칼, 밝은 색 의상들 또한 눈에 띄게 아름답다. 그 멋진 파리의 미인도 우리나라 번화가에서는 주위의 극채색에 압도되어 도저히 그 본연의 아름다움을 연출하지 못할 것이다. 그러나 우리 본래의 건축은 그 벽의 색깔이나 치장재 · 창호 등 어떤 색채라도 두드러지게 해줄 만큼 자연 그대로를 추구하여 왔다. 근대건축과 급속한 공업화는 아직 그 설계상의 방법도 교의도 충분히 확립되기 전에 이미 온 세계를 갖가지 잡다한 공업제품, 눈부신 유채색의 건축자재로 찬란하게 채색하고 말았다. 건물에 색을 입힌다면 두드러지지 않은 중간색으로 한다. 되도록 자연 그대로의 색을 살린다. 만일 유채색을 사용한다면 테이블, 의자, 조명기구 등과 같은 움직여지는 작은 부분에 사용한다. 그리고 움직이지 않는 부분에는 유채색을 사용하지 않는 것이 건축 본래의 기본 원칙일 것이다. 이 원칙은 공간 속에 존재하는 인간이 주역이며, 공간은 그것을 두드러지게 하는 배경이어야 한다는 배려이다. 우리나라 도시의 건축이나 가로처럼 그 자체가 주역이 되어서는 안 된다. 어디까지나 그 속에서 활동하는 인간이 주역이 되어야 한다. 사람이 아름다워 보이는 공간, 복장의 색깔을 연구하여 멋을 부려 보고 싶은 거리, 그런 도시의 색에 대한 고찰이 조금씩 필요해지는 풍요의 시대가 우리나라에도 찾아들고 있다고 하겠다. 그럼에도 불구하고 건축 개개의 아이덴티티가 강력히 요구되고 건축가의 자기주장이 강력하게 내세워지는 경향이 있다. 물론 그런 경향에도 일리는 있겠지만 인간 부재의 공간이나 거리는 언젠가는 사람들의 권태 속에 버려질 때가 온다는 자각과 반성도 필요하다.

빛과 조명

빛은 모든 디자인 기준에 잠재적으로 영향을 준다. 명시도는 조명면의 조도와 반사도에 관계한다. 인간이 사물을 볼 때, 사물의 크기, 주위와 대비되는 정도, 보는 시간의 길이, 자세히 보아야 하는 정도, 보는 사람의 나이나 시력, 명시도 등 여러 요소에 따라 보는 것이 달라진다. 눈부심은 기력을 저하시키거나 불편함의 원인이 될 수 있다. 그러나 여러 가지 조명장치를 사용함으로 미적으로 훌륭한 효과를 얻을 수 있다. 빛은 즐거움을 준다. 여러 가지 즐거움을 주는 빛은 다른 조명 시스템을 조합하여 구성함으로써 공간에 생명감을 주고 사물을 다른 시각에서 볼 수 있게 한다.

- 자연광 vs. 인공조명
- 기능적 조명 vs. 감성적 조명
- 직접, 간접, 반 직접, 반 간접조명
- 면광원, 점광원, 광색, 반사, 그림자

소 리

소음에 의한 문제가 증가하고 있다. 음향 설계를 통해 듣고 싶은 소리와 원하지 않는 소음 모두를 조절할 필요가 있다. 소음은 대화를 방해할 뿐 아니라 작업의 종류나 사람에 따라 많은 지장을 준다. 내외부의 소음원이 계획에서 다루어질 필요가 있다. 일반적인 실의 경우는 소음을 조절하고 흡음재나 반사재를 사용함으로써 소리를 잘 들을 수 있게 할 수 있다. 기관 전체 공간의 계획은 마감재에 의한 표면처리뿐만 아니라 개구부의 처리, 실의 형태와 크기를 고려하는 등 전문가의 조언이 필요하다.

재료 및 마감재

실내의 마감재료, 천장, 벽, 바닥의 재료와 마감 상태, 색채와 질감 등을 고려한다. 목재, 점토, 블록, 금속, 유리, 도료, 플라스틱, 그 밖에 재미있는 재료 등 자연적, 인공적 재료를 다양하게 연출하여 직접적인 체험이 되도록 한다.

시스템

건강과 위생에 좋으며 작업의 능률을 효율적으로 하며 쾌적함을 유지할 수 있는 요소들이 고려되어야 한다. 온도, 습도, 환기, 냄새 등을 조절하는 시스템이 필요하다. 자연 그대로의 상태가 쾌적한 경우도 있지만 내부 공간에서 이 쾌적함을 유지하고자 하는 것이 시스템 계획의 목표이다. 흔히 라디에이터, 에어컨, 공기청정기, 바닥 온열 시스템 등 구체적인 시스템이 필요하다.

자연 끌어들이기

최근의 도시화 현상 속에서 그토록 당연했던 공기나 빛조차도 대기오염, 배기가스 공해, 일조권 제한 등으로 크게 문제화되고 있다. 또 녹화나 물의 적절한 사용이 앞으로의 중요한 환경 과제가 되고 있음은 분명하다.

시각적으로 보아 녹음은 사람들에게 휴식과 편안함을 느끼게 하므로 건물 속에 녹음을 조성하는 것은 생태학적으로도 필요하다. 인간은 본래 파란 하늘과 푸른 나무들을 보면서 마음의 평화를 얻듯이 푸르름과 공생하는 숙명을 타고난 듯하다. 현대의 주거 환경은 지난날 맛볼 수 있었던 작은 자연이나 녹음과의 연대가 어렵다. 때문에 실내에 푸르름을 적극적으로 끌어들이는 사례가 최근 많아지고 있다.

분재나 화분 식물들은 내부화된 자연으로서 실내에 무엇인가를 제공해 준다. 규모가 작지만 실내 또는 실외에 정원 등의 공간을 꾸밀 수 있는 기관은 조그마한 실제 자연을 들여놓을 수 있을 것이다. 기관이나 교실에 아담하게 꾸며진 정원은 반쯤은 인공정원이라 하겠지만 외기와 접촉하여 비를 맞거나 햇빛을 접할 수도 있으므로 자연의 정원이라 할 수 있다. 봄이면 틀림없이 초록이 싹트고 가을이면 낙엽 지는 식물들의 모습을 볼 수 있다. 거기에서 인간 특유의 자연의 섭리를 느낀다. 계절의 흐름을 따라 땅에서 생각지도 않던 새싹이 돋아 자연 번식되는 것을 보면 참으로 많은 것을 보고 느낄 수 있다.

공간의 이미지를 결정하는 요소

1. Scale
2. Form
3. Balance
4. Direction
5. Face
6. Lighting
7. Sound
8. Air
9. Furniture
10. Sight
11. Traffic line

자연과 빛이 있는 말하는 공간

06 변 형(Transformation)

학교 환경은 고정되지 않고 변형 가능해야 한다. 필요에 따라, 유아와 교사가 실험하고 탐색하는 과정과 결과에 따라 계속적으로 변형되고 재설계되어 매일 변화되고 수정된다. 이러한 과정은 유아의 욕구를 만족시키고 발달을 돕는다. 가상과 현실을 표상하기 위한 인공적인 빛, 슬라이드 환등기, OHP 등이 학습을 자극하며 시각적 공간 구성에 활용된다.

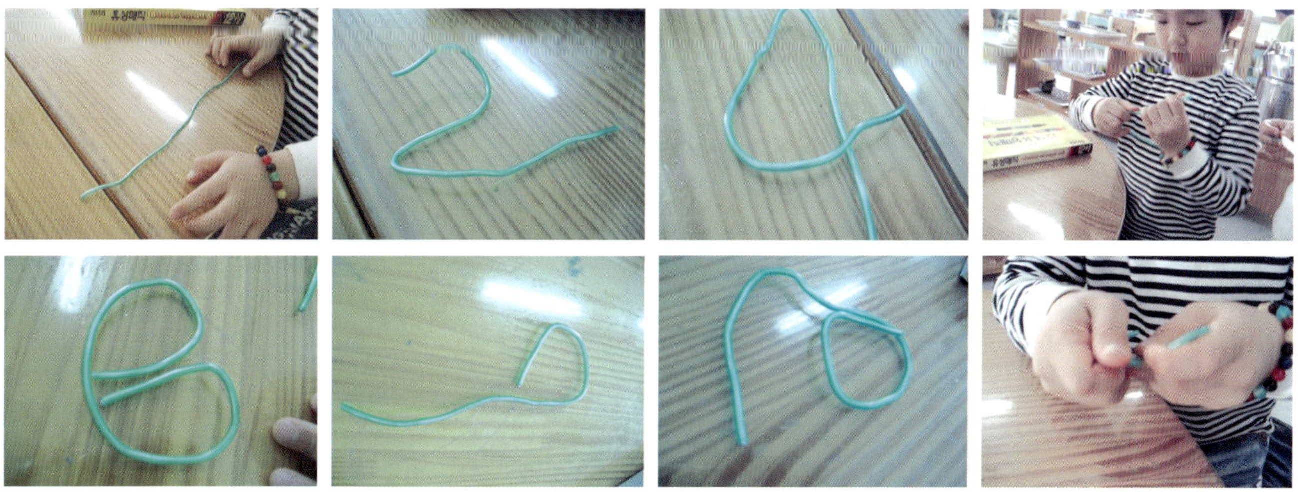

유아의 손에서 구부러지고 변형되는 철사

벽면에 투사된 배경

공간이 변형될 수 있도록 융통성을 부여하기 위해 분리대, 매체와 도구들을 담는 이동 가능한 가구, 이동 가능한 벽면 패널, 그림자놀이를 위한 스크린과 라이트 리플렉터, 이동 가능한 바퀴 달린 가구 등이 사용된다. 모빌, 벽화, 식물 등을 이용한 공간 구분, 아뜰리에, 교실, 학교 공간에 시간 경과에 따른 학습 과정을 구체적으로 기록한 벽면 등 무수히 활용될 수 있다.

다양한 상황놀이를 위한 커튼

매체와 도구를 담을 수 있는 이동 가능한 가구

필요할 때 내려서 사용하는 스크린

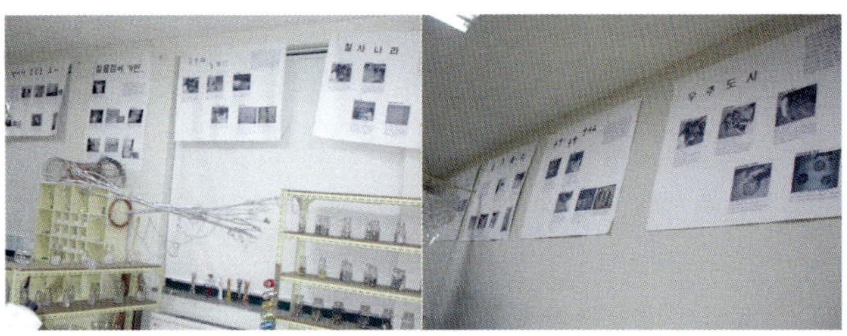

항상 변화되는 벽면 패널

벽화를 이용한 공간 구분

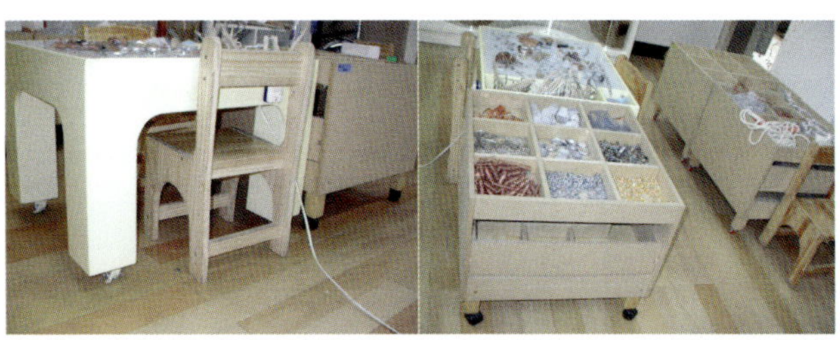

바퀴 달린 가구

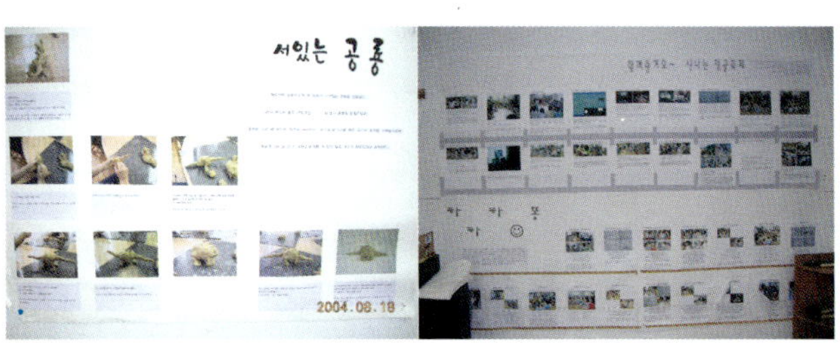

시간 경과에 따른 학습 과정을 구체적으로 기록한 벽면

모빌을 이용한 영역 구분

07 공동 구성(Co-Construction)

유아, 교사, 부모가 참여하여 공동의 가치관을 가지고 운영해 나가는 환경을 강조한다. 따라서 공간은 피아자를 중심으로 작업 장소, 주방, 아뜰리에, 화장실 등 어느 곳도 수직적인 위계가 없으며 수평성을 갖는다.

Cooking 활동 공간, D어린이집

아뜰리에 작업 장소, J유치원

주방, D어린이집

화장실, A유치원

피아자, R유치원

아뜰리에처럼 직접 탐구와 실험을 위해 특수하게 구성된 공간도 있지만, 학교 전체가 유아들이 **자율적으로 표상하고 작업해 가는 학습 공간**이 되는 근본 전제가 내재되어 있으며, 탐구와 표상을 위한 매체들로 가득하다. 학교의 개별 공간은 각각 고유의 특성이 있지만 유아가 항상 생활 속에서 실험실이나 작업 장소로 활용할 수 있도록 주방과 사무실까지를 포함하여 모두 개방된다.

학교 전체가 학습 공간, G유치원

개방된 사무실, G유치원

08 투영성(Transparency)

'투영성'은 레지오 에밀리아 학교에서 오랜 기간에 걸쳐 발전되어 온 개념이다. 투영성은 창, 피아자, 실내 정원 등에서 느낄 수 있는 가시성과 같은 기본 요소에 자연적 · 인공적인 빛을 사용하는 다양한 과학적 기술이 더해져 더욱 활성화되었다. 투영성의 개념은 공간적 수준에서 볼 때, 부분적으로만 볼 수 있었던 **공간과 공간을 시각적으로 들여다볼 수 있는 공간의 연속성**을 의미한다.

학교에는 투영성의 원리를 반영하여 선명한 자연광, 벽화, 투명 커튼, 거울이나 색유리를 통해 반사되는 빛을 공간 요소요소에 활용한다. 유리벽을 활용하여 공간을 분리하면서도 고립된 느낌을 주지 않고 공동체 의식을 갖게 하며, 교사의 관찰 또한 용이하게 한다. 이러한 기능성은 교사가 유아의 사고와 느낌을 계속적으로 관찰하도록 돕고, 관찰 내용을 공유하고 토론하기 위한 기록화를 용이하게 한다.

자연적인 빛을 이용한 투영성

OHP를 이용한 3차원 구성

선명한 자연광, T유치원

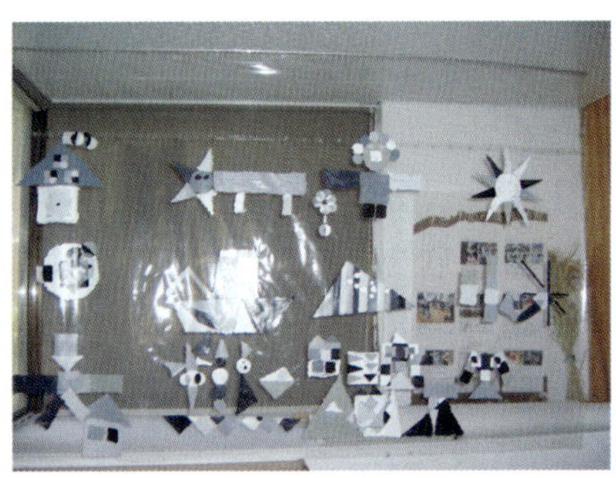

벽화, T유치원

투명 커튼, T유치원

유리벽을 사용한 가시성, T유치원

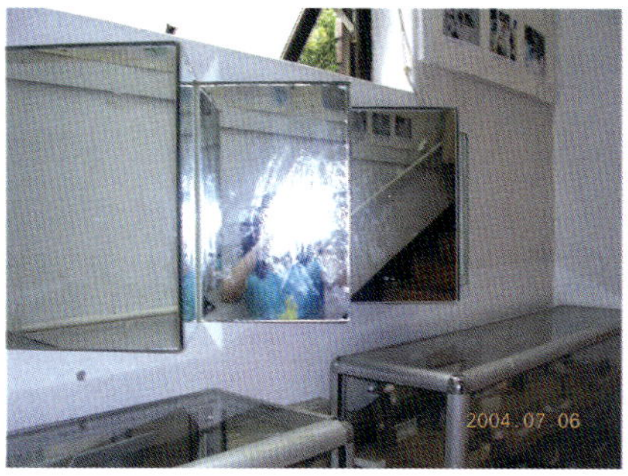

벽면 거울, T유치원

유리바닥, A유치원

삼각거울, S유치원

투영성의 또 다른 의미는 건물 벽의 창들이 가족과 지역사회, 나아가 서로 다른 철학을 가진 교육자들과 다른 프로그램에 대해서도 상호 교류와 접목 가능성을 시사하는 **개방적인 철학을 반영**한다.

국제 학술 교류

다른 나라 기관과의 교류

다른 나라 기관 방문

교사와의 상호교환

공간 구성의 원리- 주제, 통일성, 다양성

공간 구성에 있어서 **주제**(Concept)는 흔히 포괄적이고 언어적이며 추상적이지만, 구체적인 형태 언어로 표현하고 발전시켜 시각적 언어로 표현해야 한다.

통일성은 중심성 있는 위계질서, 방향성을 말하며 대칭(symmetry), 비대칭(asymmetry), 비례(proportion), 주조(dominance), 종속(subordination)의 균형에 의한 시각적 안정성을 의미한다.

다양성과 통일은 부분과 부분, 부분과 전체 사이의 시각적인 힘의 정돈을 의미한다. 다양성은 무질서한 변화가 아니라, 통일 속의 변화여야 하며 통일의 변형이어야 한다.

독일의 관념론 철학자 Schelling은 '건축은 음악'이라 하였고, Goethe는 'Architecture is a Frozen Music.' 이라고 하였다. 이는 건축 공간의 요소들이 마치 음악적 요소들과 같이 상호 조화를 이룸으로써 아름다움을 창출한다는 뜻이다. 선, 면, 입체, 공간이 **리듬**(반복, 교체, 점증, 대조, 강조), **멜로디**, **하모니**(유사, 대비)의 3요소를 조합하여 다양함 가운데 통일성을 이루면서 공간이 조직되어, 주제를 충실히 표현할 때 훌륭한 공간이 만들어진다.

실내 공간 구성의 Tip

1. 통일감 있는 구성
2. 실내 모든 공간의 상호 연관성
3. 너무 여러 가지 재료를 쓰지 않도록
4. 넓은 면은 단순하게
5. 재료의 시각적 효과만큼 질감 표현을 중요시한다.

통일감

- 실내 전체의 벽면, 천장, 바닥 면의 통일감이 있는가?
- 공간 내의 기물, 조명, 가구 등 상호 요소 간의 통일감이 있는가?
- 서로 다른 성격의 많은 요소들이 혼재되어 있지는 않은가?
- 전면이 너무 복잡하지는 않은가?
- 붙박이 가구는 공간을 넓게 보이게 한다.
- 실내의 섬유 소재들이 서로 잘 매치되는가?

조화와 변화

- 실내 소품들이 서로 잘 어울리는가?
- 벽면 경계의 Frame과 Color가 벽면 자체와 가구 등 다른 요소와 잘 조화되는가?
- 실내에 화분, 식물들을 적극적으로 끌어들인다. 식물의 위치와 크기, 형태가 서로 잘 조화되는가?
- 전체 조명 외에 부분 Stand나 조명기구를 사용할 여지가 있는가?
- 실내 코너의 가구는 너무 크지 않도록 등

09 기록 및 의사소통(Documentation and Communication)

학교 내부뿐 아니라 외부와의 의사소통 모두 레지오 학교 교육에 중요한 요소이다. **유아, 교사, 부모는 함께 연구하고 생각을 교환하며 협의**한다. 부모를 학교 교육의 한 주체로 보는 이러한 '관계에 기초한 교육'은 학교 안과 밖의 의사소통과 기록을 위한 공간의 필요성을 강조한다. 유아와 성인, 부모와 교사, 지역사회와 다른 나라, 문화가 일어나고 발달하는 모든 곳, 모든 사람들과의 의사소통을 가치 있게 생각한다.

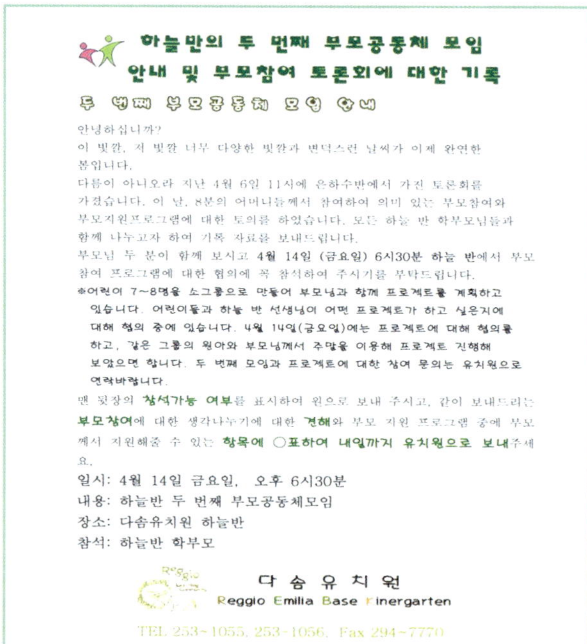

하늘반의 두 번째 부모공동체 모임
안내 및 부모참여 토론회에 대한 기록

두 번째 부모공동체 모임 안내

안녕하십니까?
이 빛깔, 저 빛깔 너무 다양한 빛깔과 변덕스런 날씨가 이제 완연한 봄입니다.
다름이 아니오라 지난 4월 6일 11시에 은하수반에서 가진 토론회를 가졌습니다. 이 날, 8분의 어머니들께서 참여하여 의미 있는 부모참여와 부모지원프로그램에 대한 토의를 하였습니다. 모든 하늘 반 학부모님들과 함께 나누고자 하여 기록 자료를 보내드립니다.
부모님 두 분이 함께 보시고 4월 14일 (금요일) 6시30분 하늘 반에서 부모참여 프로그램에 대한 협의에 꼭 참석하여 주시기를 부탁드립니다.
※어린이 7~8명을 소그룹으로 만들어 부모님과 함께 프로젝트를 계획하고 있습니다. 어린이들과 하늘 반 선생님이 어떤 프로젝트가 하고 싶은지에 대해 협의 중에 있습니다. 4월 14일(금요일)에는 프로젝트에 대해 협의를 하고, 같은 그룹의 원아와 부모님께서 주말을 이용해 프로젝트 진행해 보았으면 합니다. 두 번째 모임과 프로젝트에 대한 참여 문의는 유치원으로 연락바랍니다.
맨 뒷장의 **참석가능 여부**를 표시하여 원으로 보내 주시고, 같이 보내드리는 **부모참여**에 대한 생각나누기에 대한 **견해**와 부모 지원 프로그램 중에 부모께서 지원해줄 수 있는 **항목에 ○표하여 내일까지 유치원으로 보내**주세요.

일시: 4월 14일 금요일, 오후 6시30분
내용: 하늘반 두 번째 부모공동체모임
장소: 다솜유치원 하늘반
참석: 하늘반 학부모

다 솜 유 치 원
Reggio Emilia Base Kinergarten
TEL 253~1055, 253-1056, Fax 294~7770

교사-부모 공동체의 기록 공유, D유치원

가르치기와 배우기 개념의 변화와 함께 가르치는 교사의 역할에 관찰과 기록이 중요하게 자리잡아 가고 있다. 사진, 그림, 유아의 표상, 비디오테이프, 매체, 포스터, 영상, 조각들이 기록되며, 교실 출입문, 유아 키 높이의 거울 등과 같은 많은 도구, 사물, 설비들이 의사소통에 활용된다. 벽은 여러 형식의 전시를 할 수 있다. 학교생활과 유아의 활동을 2차원 혹은 3차원으로 전시하여 반영하고 의사소통한다. 모든 영역에서 이루어지는 활동은 각각 독특한 형식으로 기록하여 의사소통하며 필요에 따라 현관, 교사실, 주방 등도 기록 전시에 활용될 수 있다.

현관 입구 기록 패널, D유치원

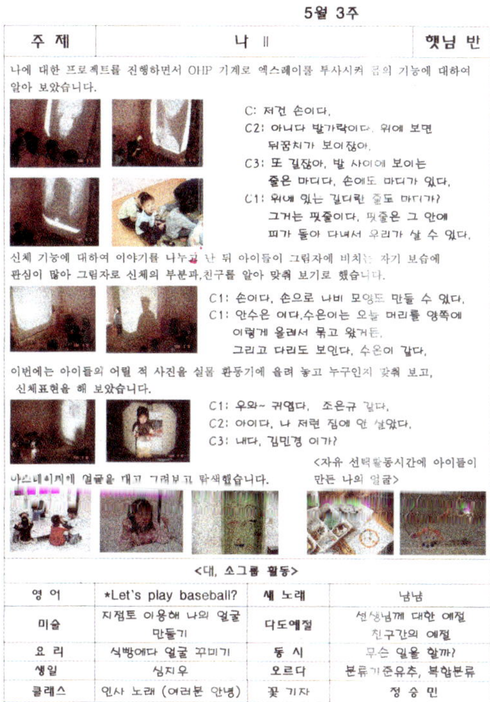

5월 3주

주 제	나 II	햇님 반

나에 대한 프로젝트를 진행하면서 OHP 기계로 엑스레이를 투사시켜 몸의 기능에 대하여 알아 보았습니다.

C: 저건 손이다.
C2: 아니다 발가락이다. 위에 보면 뒤꿈치가 보이잖아.
C3: 또 길잖아. 발 사이에 보이는 줄은 마디다. 손에도 마디가 있다.
C1: 위에 있는 길다란 줄도 마디가? 그거는 핏줄이다. 핏줄은 그 안에 피가 돌아 다녀서 우리가 살 수 있다.

신체 기능에 대하여 이야기를 나누고 난 뒤 아이들이 그림자에 비치는 자기 모습에 관심이 많아 그림자로 신체의 부분과,친구를 알아 맞춰 보기로 했습니다.

C1: 손이다. 손으로 나비 모양도 만들 수 있다.
C1: 안수은 이다.수은이는 오늘 머리를 양쪽에 이렇게 올려서 묶고 왔거든. 그리고 다리도 보인다. 수은이 같다.

이번에는 아이들의 어릴 적 사진을 실물 환동기에 올려 놓고 누구인지 맞춰 보고, 신체표현을 해 보았습니다.

C1: 우와~ 귀엽다. 조은규 같다.
C2: 아이다. 나 저런 집에 안 살았다.
C3: 내다. 김민경 이가?

나스데이지에 얼굴을 대고 그려보고 탐색했습니다.

<자유 선택활동시간에 아이들이 만든 나의 얼굴>

<대, 소그룹 활동>

영 어	*Let's play baseball?	새 노래	냠냠
미술	지점토 이용해 나의 얼굴 만들기	다도예절	선생님께 대한 예절 친구간의 예절
요 리	식빵에다 얼굴 꾸미기	동 시	무슨 일을 할까?
생일	심지우	오르다	분류기준유추, 복합분류
클래스	인사 노래 (여러분 안녕)	꽃 기자	정 승 민

주간저널, D유치원

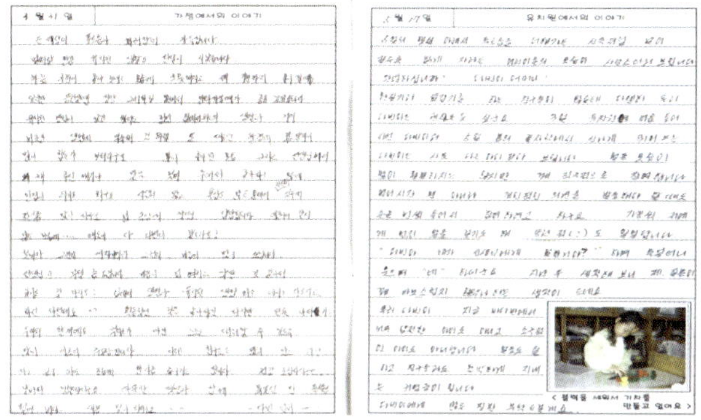

유아 개인저널, D유치원

3차원 구성물과 기록

모빌과 기록

직조와 기록

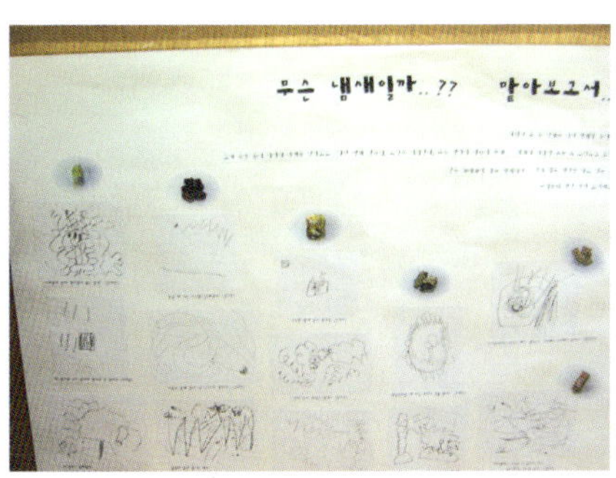

탐색 기록

공간 전시

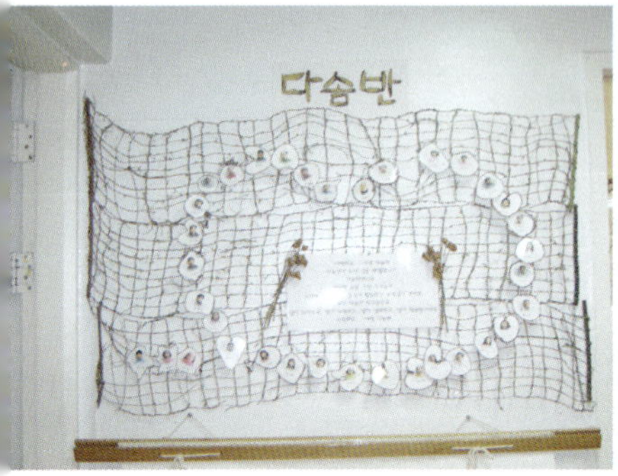

교실 앞 유아 소개 패널

현관, A유치원

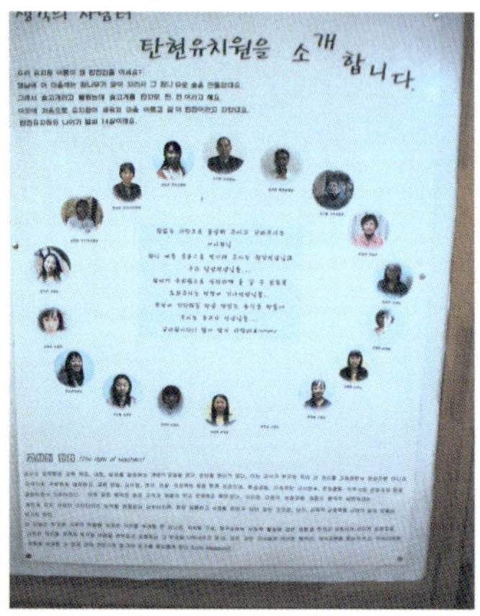

정보를 의사소통하는 현관

교실 내부 또는 가까운 곳에 기록자료를 두어 가족들과 쉽고 여유 있게 매일 의사소통하고 정보를 교환할 수 있도록 한다. 녹음기, 카메라, 비디오카메라, 슬라이드, OHP 등을 준비하여 구체적으로 관찰, 기록하고 의사소통한다. 기록작업, 프로젝트 수행, 상담, 행정서류 보관, 교육 자료 제작 및 보관을 위해 공간을 효율적으로 조직한다.

기록에 사용되는 기기들

교육자료의 제작 및 보관, T유치원

이탈리아 레지오 에밀리아 시(市)의 Documentation Center

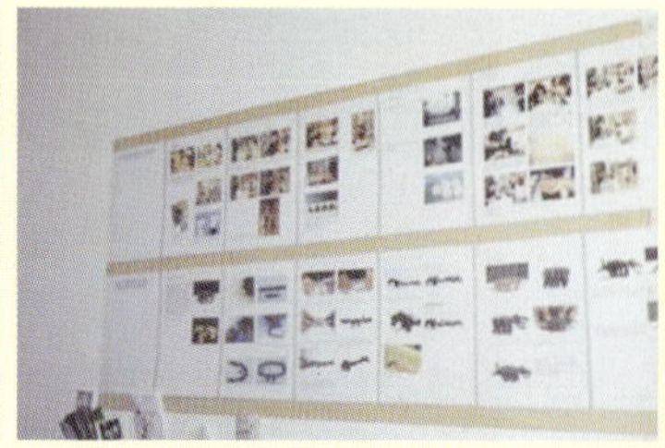

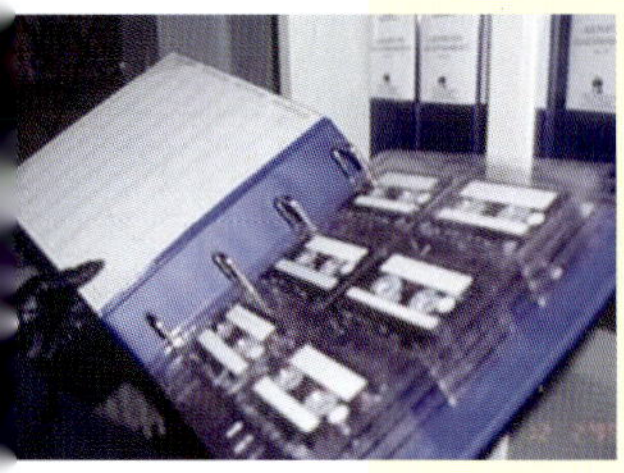

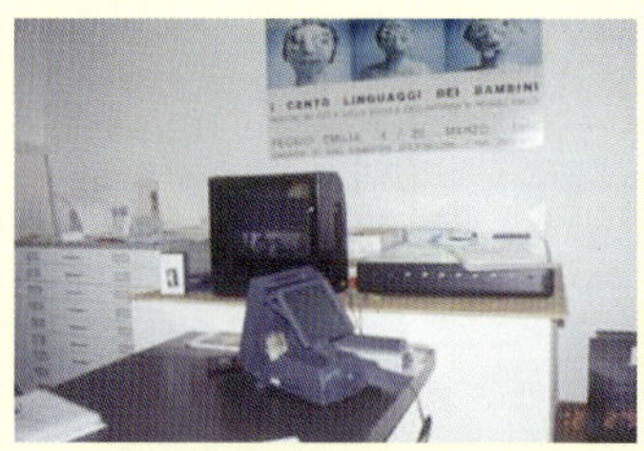
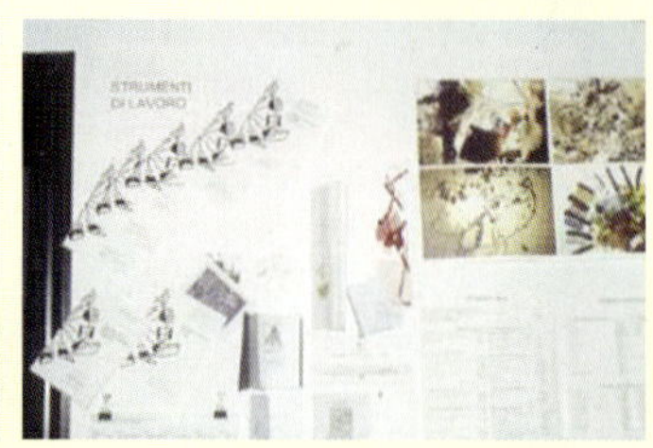

I CENTO LINGUAGGI DEI BAMBINI
MOSTRA DEI NIDI E DELLE SCUOLE DELL'INFANZIA DI REGGIO EMILIA
4 / 26 MARZO 1995

자연과 빛이 있는 말하는 공간

10 실내 · 외의 연결 (Connecting the outside and in)

학교는 분명 특정한 장소와 시간에 존재하기 때문에, **학교는 날씨, 계절 변화를 포함하여 외부에서 일어나는 일뿐 아니라 매일의 시간에서부터 도시의 리듬까지를 '감지' 하는 장소**가 되어야 한다. 확장된 현관, 테라스, 베란다, 차양과 같은 전이 공간, 지붕이 있거나 혹은 개방된 온실이나 실내 정원을 구성한다.

나무와 자연물, 생물이 사는 곳, 언덕, 놀이시설, 통로, 실외 공간, 바람, 물 등과 같은 물리적인 힘의 작용을 볼 수 있는 공간들을 학습에 활용한다. 학교생활과 학습에 대한 정보를 의사소통하고, 유아를 맞이하고 환영하는 현관, 교실 창으로 보이는 외부 풍경 등 **내부와 외부를 관계 짓게 하는 환경 요소**들을 볼 수 있다.

실외로 확장된 실내정원, A유치원

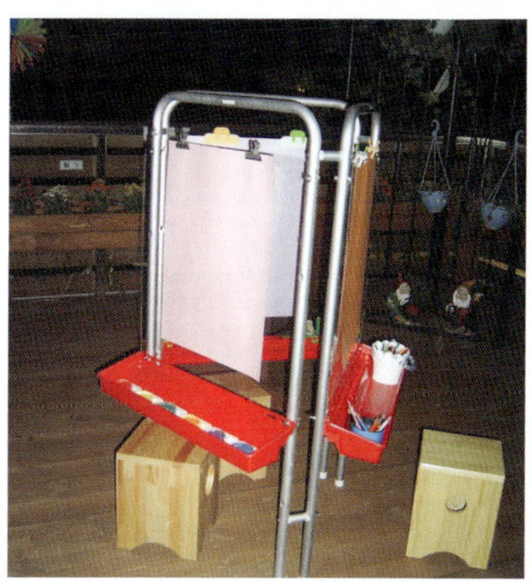

테라스, A유치원

개방된 온실, G유치원

자연과 생물이 사는 곳

놀이시설, A유치원

인접한 실외 공간

물리적인 힘을 볼 수 있는 인근한 실외

유아를 맞이하는 현관, G유치원

연결된 통로, G유치원

교실 창으로 보이는 외부 풍경

인근한 실외 학습장

유아들이 그린 벽화로 외부와 내부 환경의 연결

11 3차원 공간 활용(Utilizing three-dimensional space)

학습활동을 기능적으로 할 수 있도록 **바닥, 벽, 천장, 모든 공간을 3차원으로 활용**한다. 바닥을 입체적으로 구성하여 블록놀이, 극놀이에 활용한다. 벽면은 단지 2차원이 아니라 학교와 학습에 대한 정보를 알리는 '말하는 벽' 으로 활용한다. 천장에는 유아들의 표상물이나 자연물 모빌 등을 매달아 전시할 수 있다. 천장에 스크린을 매입해 두고 필요할 때 내려서 그림자극, 2차원 극놀이 배경 등으로 사용한다. 그 외에도 그물망, 밧줄, 스프링 등을 매달아 3차원 구성과 놀이에 이용한다. 풍선, 공과 같이 부드럽고 위험이 없는 매체들을 영아들의 머리 위로 흔들리도록 매달아 탐색을 자극할 수도 있다. 레지오 에밀리아 유아교육에서는 앞서 말한 공간이 갖는 교육적 의미를 잘 인식하고 진정으로 유아를 존중하여 교육할 수 있는 환경에 대해 생각하고 설계하는 데 에너지를 쏟아 부었다.

▶ 입체적으로 활용하는 바닥

▶ 말하는 벽

공간 전시

활동을 위한 공간 스크린

공간 활용 구성놀이

이탈리아 레지오 에밀리아 시(市)의 Remedia Center

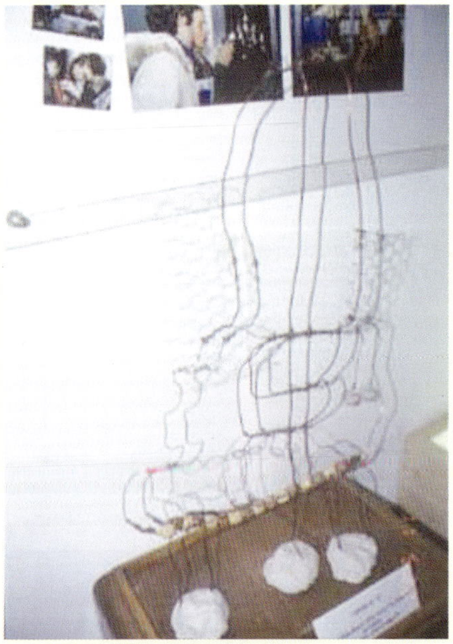

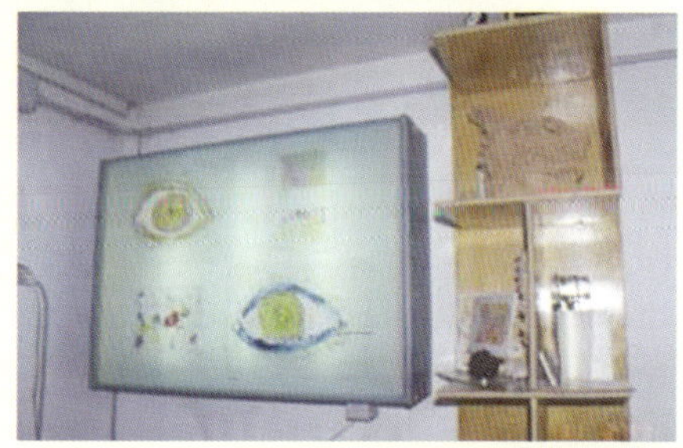

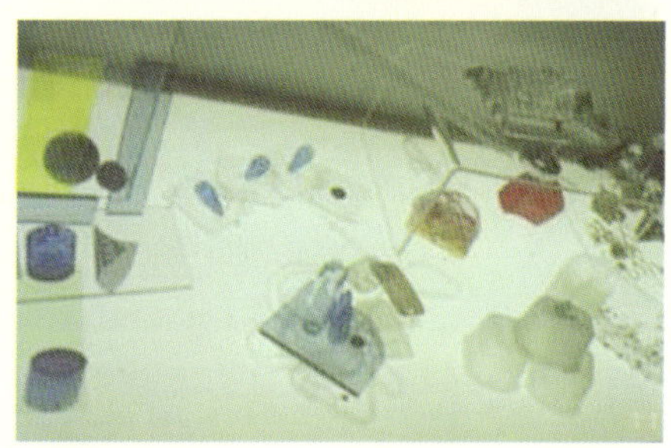

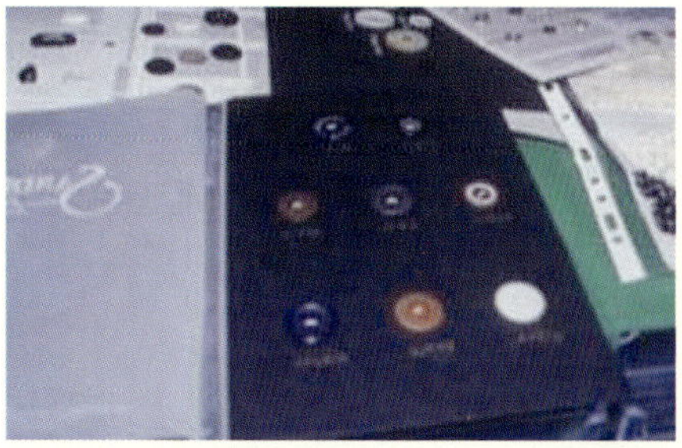

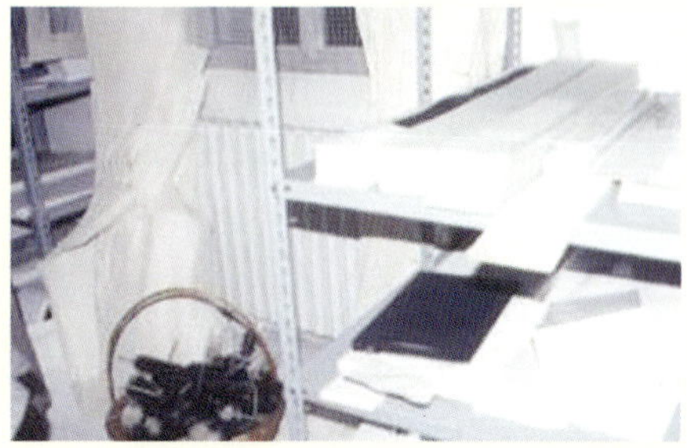

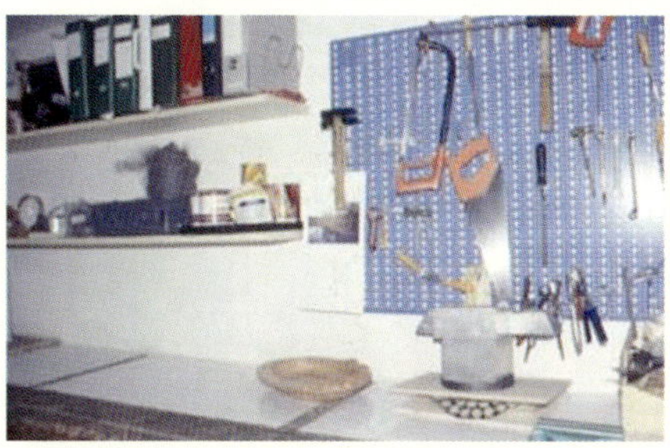

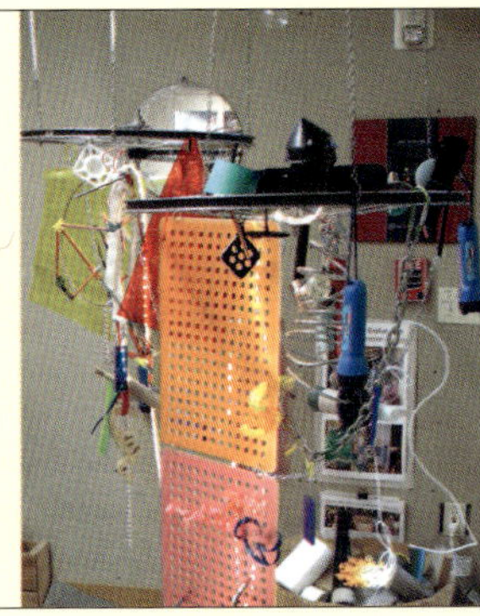

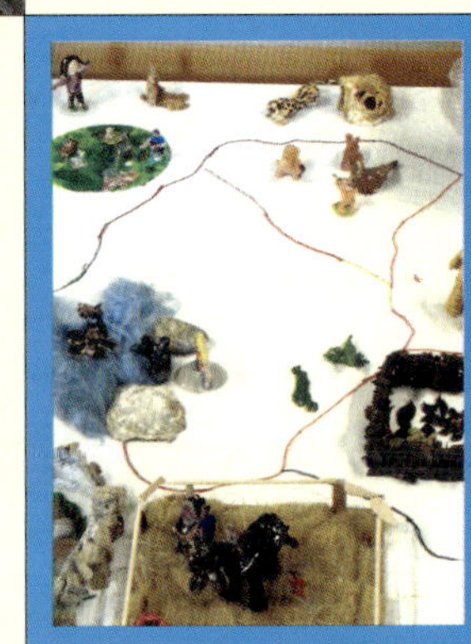

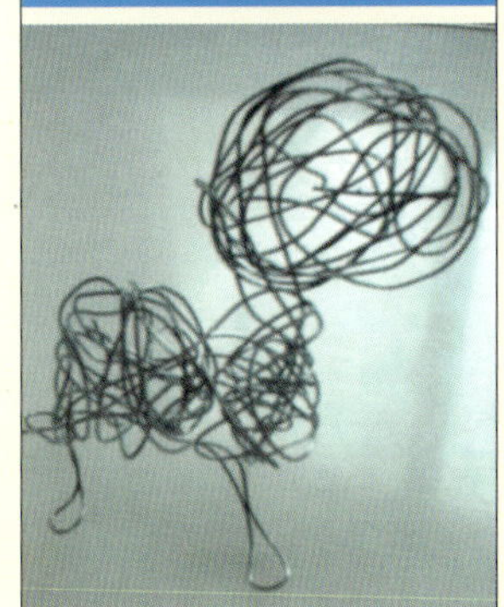

03

Chapter

유아의 수많은 언어를 위한 다매체

01 교수공학의 새로운 정의

교수(Instruction)는 학습을 촉진하기 위한 중재(intervention)를 말한다. 현대에 이르러 **공학**(Technology)은 도구나 기계보다는 직무의 기능과 조직의 개선에 초점을 둔다(Saettler, 1990). 따라서 생산성을 증진시키기 위한 체계화된 실제적인 지식이라 일컬어진다. 그러므로 **교수공학은 '인간의 학습에 관한 우리의 과학적인 지식을 교수와 학습이라는 실제적인 업무에 적용' 하는 것**(Heinich, Molenda & Russell, 1993)이라 할 수 있다. 교수공학은 종종 학습문제를 해결하기 위해 과학의 원리들을 적용하는 것으로 정의되기도 한다. 교수공학은 과학일 뿐만 아니라 예술로도 여겨져 왔다.

Gentry(1991)에서 Dieuzeide는 교수와 학습이라는 과학의 적용에서부터 교실이라는 현실세계에서 얻어진 지식의 총체와 함께 이러한 적용을 도와주기 위해 개발된 도구와 방법론이라 하였고, 검토된 정의를 토대로 Gentry는 교수공학을 **"행동과학과 자연과학 개념을 비롯하여 다른 지식으로부터 유출된 전략과 기법을 교수문제 해결에 체제적이고 체계적으로 적용하는 것"**이라 정의하였다.

교수공학의 가장 포괄적이고 체제지향적 정의는 Gagne(1987)의 정의로서 **'교수공학이란 효과적인 학습을 위한 조건들을 연구하고 확립하는 데 관여하는 것'** 이라 하였다. 여기서 조건들은 시각적, 청각적 능력을 포함한 언어와 인쇄물의 이해력 등과 같은 학습자 개개인의 역량과 자질이다. 좀 더 광의적으로는 매체에 의존한 조건들, 즉 학습자에게 제시되는 표현의 종류와 시간 조절, 순서, 조직과 관련된 것들을 말한다. 구성주의 학습에서 이야기하는 학습 환경의 조성은 학습의 조건을 조성하는 것으로 볼 수 있다. 이 분야의 문헌들은 매체 색인에 사용되는 용어들뿐 아니라 매체의 분류보다는 기술과 이론에 강조를 둔 학습 변인과 전략들까지도 포함한다.

최근 미국 AECT(Association for Educational Communication and Technology : 교육공학과 의사소통 협회)에서는 교수공학(Instructional Technology)이란 **'학습을 위한 과정과 자원의 설계, 개발, 활용, 관리 및 평가에 관한 이론과 실제'** 라고 정의하고 있다.

여기서 **과정**이란 교수전략, 교수전략과 학습유형과 매체의 관계를 말한다. **자원**이란 지원체제와 교수자료 및 환경을 포함한 학습을 지원하는 원천이다. 즉 학습과 교수의 과정에 사용되는 고안물이나 자료만을 의미하는 것이 아니라 인원, 예산, 시설 등 개개인의 학습을 도와주고 능률적으로 수행하는 데 도움을 줄 수 있는 모든 것을 포함한다.

이러한 AECT의 정의는 이전 결과중심적인 실천자로서의 역할을 강조해 오던 교수공학 개념에서 학습의 중재를 위한 활용, 관리 및 평가를 위한 연구와 이론을 강조하는 한편, 상호 보완적인 흥미를 지닌 **전문적 공동체**, **서로간의 의사소통과 지원 역할을 부각**시키고 있다. 교수공학 분야의 실천은 효율적이고 경제적으로 목적을 추구하는 특징이 있음을 가정한다. 이는 구성주의적 관점, 상황학습, 수행공학(performance technology)이론과 포스트모더니즘 철학의 영향이다.

교수공학에서는 **교수**, **학습**, **테크놀로지**, **매체**, **교수설계**에 관심을 갖는다. 그러나 추구하는 가치는 서로 다른 문화, 연구와 이론, 철학적 관점, 환경, 특히 활용 가능한 자원에 따라 다르게 형성된다. 따라서 교수공학은 공유하고 있는 가치 기준이 있지만, 많은 복합성과 관점을 지닌 분야이다.

최근 **질적 연구**, **현상학적 연구**, **구성주의 심리학**은 교수공학에도 영향을 미치고 있다. 오늘날 교수공학에서는 여전히 실증주의, 객관적인 관찰, 실험적, 양적 연구 관점은 우월하지만 정형화된 매체에 대한 비판적 탐구(McLuhan, 1984), 의도된 목적을 이루기 위한 매체의 구성(Bowers, 1992) 등을 강조하고 있다. 이를 뒷받침한 대안적인 패러다임은 구성주의, 상황학습, 수행공학의 이론적 관점과 포스트모더니즘 철학을 들 수 있다.

구성주의(Constructivism)는 경험과 그 경험이 일어나는 상황에서 의미를 유도함으로써 문제를 해결하는 적극적이고 자율적인 학습자에 의하여 개인의 지식이 구성되기 때문에 학습이 일어난다는 입장을 취한다. 물리적 현실은 존재하지만, 그 현실에 대한 우리의 지식은 경험의 해석으로부터 나온다. 의미는 학습자와 독립적으로 존재할 수 없다. 그러므로 학습이란 우리의 경험을 해석하고 새로운 경험에 비추어 해석을 조정해 나가는 지속적인 과정으로 구성된다. 따라서 구성주의에서는 가르치는 교수 계열보다는 학습 환경의 고안을 중요하게 생각한다. 풍부한 환경은 확장된 지식 기저와 확실한 문제 그리고 이들 문제를 해결하기 위해 사용되는 적절한 매체와 도구 등으로 이루어진다고 본다.

구성주의 관점과 양립할 수 있는 관점은 **상황학습**이다. 상황학습은 학습자들에게 탈상황적인 지식과 기술을 가르칠 때는 일어나지 않으며, 학습자가 처한 현실세계 상황에서 경험하고 실행해야 하는 진정한 문제나 과제를 다룰 때 발생한다(Winn, 1993). 상황학습은 학습을 능동적이고, 지속적이며, 다양한 상황에 적용할 수 있도록 한다. 따라서 상황에 따라 융통성 있는 교수설계가 필요하다.

보다 응용적인 기반에서는 **수행공학**(Performance Technology)의 대두를 들 수 있다(Geis, 1986). 수행공학은 현장에서 문제를 해결할 때 개인적, 조직적인 현실을 인지하는 사고방식을 말한다. 수행공학은 문제 해결에 대한 하나의 접근으로서 학습 목표보다는 학습자의 요구와 기관의 목표를 동일시하는 경향이 있다. 이를 위한 유인책, 직무, 설계, 교사 자질, 피드백, 자원 등의 개선에 관심을 갖는다.

포스트모더니즘 철학은 교수공학 분야의 전통적인 신념과 가치 기준의 토대를 비판적으로 분석하도록 하였다. 포스트모더니즘은 보편적, 안정적, 단순함을 추구하는 근대적 모더니즘 대신에 다양하고 가변적이며, 복잡성을 찬양하는 사고방식이다(Hlynka, 1991). 포스트모더니즘 관점에서는 교수공학이란 예술(art)인 동시에 과학임을 강조하므로 특정한 철학, 특정한 이론이 더 우월하지는 않으며 모든 철학과 이론이 함께 사용되어야만 한다고 주장한다. 포스트모더니즘 관점은 단순화 접근인 환원주의(reductionism)를 근본적으로 거부하고 전통적인 관점을 기각하므로, 체제 접근 모형에 의존하기보다는 한계 없이 새로운 패러다임, 즉 심미적 패러다임과 상황의 복잡성에 따라 모든 모형을 사용하도록 격려한다. 따라서 다원적인 이론적 접근을 주창하며 폐쇄적이고 구조화되거나 경직된 체제보다는 개방적이고 융통성 있는 체제를 선호한다. 결과적으로 포스트모더니즘 철학은 단지 명제적 지식에 초점을 두는 학습과 주위의 실제 세계와 분리된 학습, 그리고 학습자의 창의성을 억제시키는 학습 등에 대해 우려하고 있다.

요즈음 교수공학의 실제에 영향을 미치고 있는 새로운 **테크놀로지의 진보**는 매체를 통합하는 능력, 무제한적으로 학습자 통제를 통합하는 능력, 개별적인 요구 · 배경 · 작업 환경에 적절하게 재설계하는 능력 등을 가지고 있어 교수공학 분야의 실제 속성을 변화시키고 있다. 따라서 진보된 테크놀로지는 교수공학의 발달에 있어 특수 상황에 교수를 적용할 수 있는 원리, 상호작용적 교수에 있어서의 새로운 접근, 비형식적 학습 환경을 위한 교수의 고안 등과 같은 교수공학의 이슈를 언급하고 있다.

02 창의성에 대한 인식의 차이

1) 한정된 매체 vs 다양한 매체

창의성을 신장하는 방법에 있어서 레지오 교사와 우리나라 교사 간의 가장 큰 차이는 작업과 학습에 이용하는 다차원적인, 수없이 **다양한 매체**이다.

2) 미술교사 vs 아뜰리에리스타

레지오 학교에는 **아뜰리에**라고 부르는 공간과 시각 미술을 전공한 **아뜰리에리스타**가 있어 유아의 프로젝트 관련 표상을 돕고 교사와 함께 표상과 탐색을 돕는다. 국내 대부분의 유아교육기관들이 유아가 이용할 수 있는 창의적인 매체의 범위를 충분히 확산할 수 있다 하더라도 매월 정기적으로 아뜰리에리스타의 급여를 지원할 수 있는 학교는 실제 드물 뿐 아니라 아뜰리에리스타가 있을 수 있는 공간을 영구히 제공할 수 있는 아뜰리에도 거의 없다. 이에 대한 대안으로 국내에서는 미술을 전공한 전문가나 교수들과의 다학문적 프로그램, 모형교실, 기관 간 학습공동체를 통한 환경 및 매체 활용 아이디어를 공유하면서 이러한 지원이 부분적으로 가능하도록 노력해 오고 있다. 이에 더하여 기관 단위나 공동체 단위의 매체 재활용센터 구성을 제안한다.

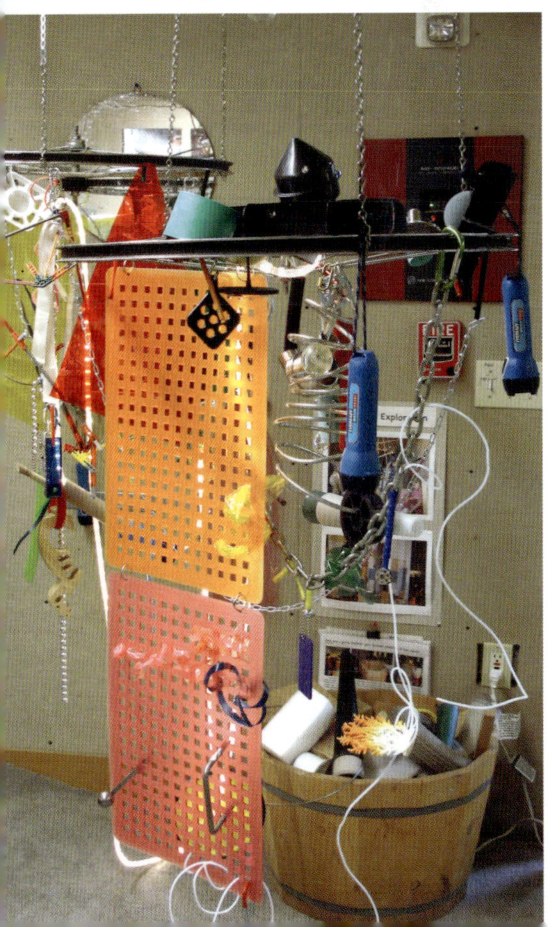

The Growing Place 아뜰리에의 다양한 매체들

3) 창의적인 그리기 vs 학습을 위한 그리기

유아교육 현장에서 흔히 창의적인 표현을 목적으로 해오던 그리기 방식의 장점은 유아들로 하여금 그리기 매체를 사용하여 자신의 느낌을 표현하도록 허용하는 것이다. 다른 한편 레지오 학교에서 활용하는 학습을 위한 그리기의 목적은 **유아들로 하여금 자신의 아이디어를 표현하고 설명할 수 있도록** 한다.

살며시 고개 내민 겨울 공동벽화

도토리나무 6형제 표상, T유치원 5세

4) 정형화된 vs 비정형화된 vs 상징적 표상

우리네 일반적인 현장에서는 교사가 제시한 틀이나 모델을 제시하여 모방하는 미술활동을 권장하고 교사가 제시한 매체를 사용하여 뭔가를 만들도록 재촉하는 경향이 있다. 이러한 경향은 유아가 어릴수록 더욱 가중된다. 이를 두려워하고 유아의 독특성과 탐색에 가치를 두는 접근이 레지오 교실에서는 이루어진다. 레지오 방식의 프로젝트에서 볼 수 있듯이 유아들로 하여금 자신의 경험이나 사고하고 있는 것을 그리거나 만들도록 한다면 분명 유아들이 동일한 결과물을 표현하지는 않을 것이다.

만일 교실 벽에 **학급 전체 유아가 그린 유사한 정형화된 작품들이 한 벽 가득 전시**되어 있다면 **'지성과 창의성'**이 존중되고 격려되지 않는 교실임을 알 수 있다. 다른 한편, 유아들이 창의적으로 비정형화된 그림을 **마음대로 그리게 하는 교실**에서 유아가 생각을 섬세하게 상징적으로 표상하기는 어렵다. 레지오 유아들이 만들어 낸 표상의 압도적인 아름다움과 작품에 나타나는 섬세함과 높은 성숙도는 우리에게 도전을 준다. 큰 투명한 비닐 벽화에서 볼 수 있는 정교하고 상징적인 작품에서부터 섬세하고 복잡한 철사세공 등에 사용된 기술 수준에 우리는 놀란다. 이와 같은 작품의 기술과 복잡성은 우리 교육자들로 하여금 유아들에게 만들도록 했던 결

미니 아뜰리에에 유아들이 공동 구성한 정글, T유치원 5세

과중심적인 작품에 대해 재고하도록 하며, 교사가 뒤로 물러서서 성인의 개입 없이 유아의 창의적인 미술 발달이 펼쳐지도록 해 온 방식이 옳은지 의문을 갖게 한다. 나아가 어떻게 유아가 그러한 표상 기법과 기술을 사용할 수 있는지에도 의문을 갖게 한다.

5) 복제 vs 표상

레지오 학교 교사들은 복제 그 자체를 강요하지 않고, '삶으로부터 이끌어 낼 수 있도록' 하는 기회를 갖게 함으로써 유아들이 **몰입하여 관찰할 수 있는 힘**을 기른다. 예를 들어 '양귀비 프로젝트'에서 유아들에게 양귀비에 대해 첫 그리기를 하도록 한다. 그런 다음 실제 양귀비 들판을 방문한다. 유아들은 양귀비꽃들을 자세히 관찰하도록 동기 유발되며, 그 달라진 생각을 돌아와 그림으로 그리고 이전에 그렸던 그림과 비교한다. 이러한 과정은 유아의 관찰하는 힘을 증진시키는 과학적 탐색의 과정이며, 세상의 아름다움을 인식할 수 있도록 하는 기회가 된다. 이러한 예들은 국내 현장에서도 많이 만난다. 다음의 T유치원 5세 유아들이 탐색한 풀에서도 볼 수 있다.

■첫 그리기

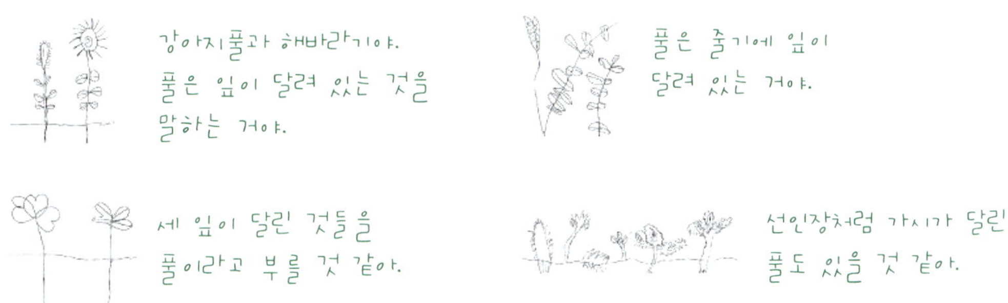

■경험 후 그리기

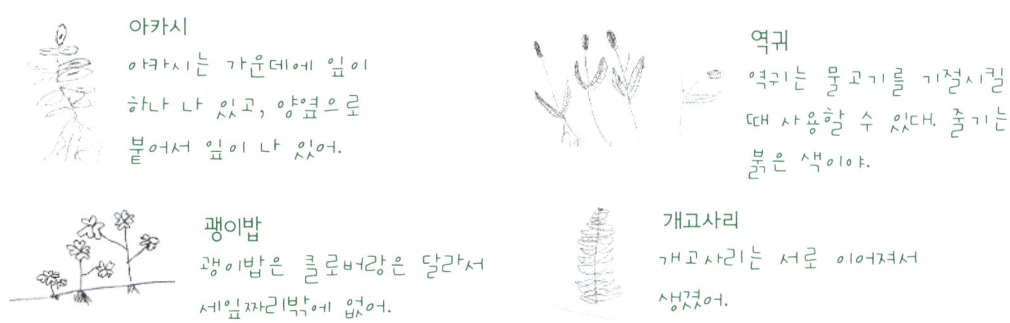

풀을 찾아서, T유치원 5세

■의사소통을 위한 표상

토끼풀(토끼똥풀)
동그란 잎이 세 장이나 네 장이 달려 있고, 네잎클로버는 행운을 뜻해요.

환삼덩굴(삼베풀)
가시를 가지고 있고, 서로 엉켜 있어요. 옛날에는 군복을 만들었어요.

돌콩(행복한 콩)
돌콩의 잎이 세 개 달려 있어요. 덩굴을 만들어 나무 기둥을 타고 올라가요.

개고사리(점박이)
점이 나 있어요.
고사리 같지만 우리가 먹으면 안 돼요.

고마리(여자수영복풀)
고마리는 물가에 펴요. 물을 깨끗하게 해주는 고마운 풀이에요.

바랭이(우산풀)
하나씩 모아 묶으면 우산 모양이 돼요.

질경이(변덕쟁이 도마뱀)
아주 질겨서 질경이래요.
질경이는 밟으면 밟을수록 씨가 퍼져 더 잘 자라요.

마(마음풀)
심장을 닮은 풀이에요.
마는 심장에도 아주 좋아요.

쇠무릎(뽈록이)
줄기 모양이 소의 무릎을 닮았어요. 두툼한 부분에는 벌레가 알을 낳는대요.

쑥(할머니풀)
우리가 먹을 수 있어요.
국도 끓여 먹고, 떡도 해 먹어요. 앞과 뒤의 색이 달라요.

아카시(가위, 바위, 보)
양 옆으로 동그란 잎이 나 있어요. 풀로 게임을 할 수 있어요.

강아지풀(간지럽히기쟁이)
강아지 꼬리같이 생겼어요. 만지면 강아지를 만지는 것 같아요.

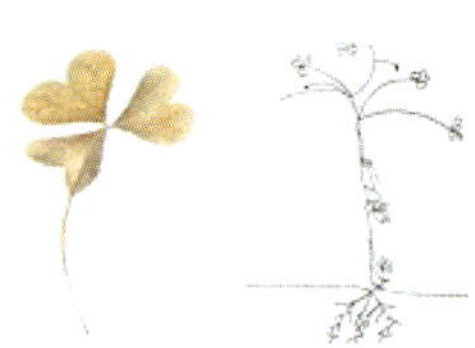

괭이밥(사랑초)
하트 모양의 잎이 3개가 달려 있어요. 고양이가 소화가 안 될 때 먹어요. 맛은 아주 셔요.

풀을 찾아서, T유치원 5세

6) 자유로운 표현 vs 매체 제시 및 지원

창의성에 대한 접근에 있어 간과하지 말아야 할 부분은 매체 사용 시 교사가 제시하는 **매체 제시 조건과 지원**이다. 흔히 교사들은 표상할 특정 대상이나 내용에 대해 유아가 충분히 알고 있는 것을 표상하고 의사소통할 수 있도록 방법을 연구하고, 개입하는 것을 게을리하는 경향이 있다. 전형적으로 색연필, 크레용, 물감, 점토, 블록 등의 일상적인 매체를 제공하고 안전하게 사용하도록 하며, 그 매체들을 효율적으로 사용하는 유아 나름의 방법을 발견하거나 나름의 생각을 자유롭게 표현하도록 한다.

알로사우루스

티아노사우루스

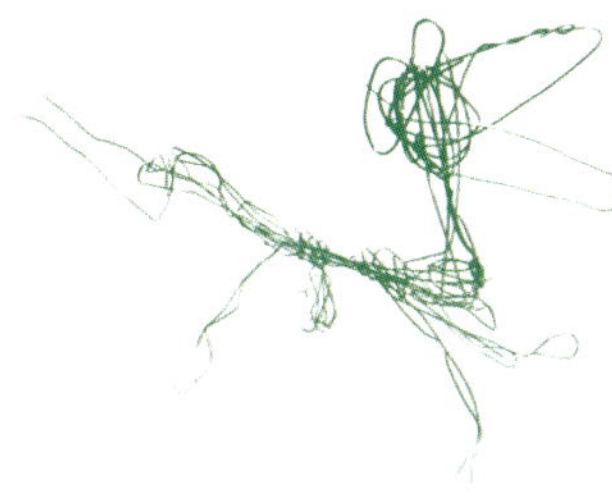

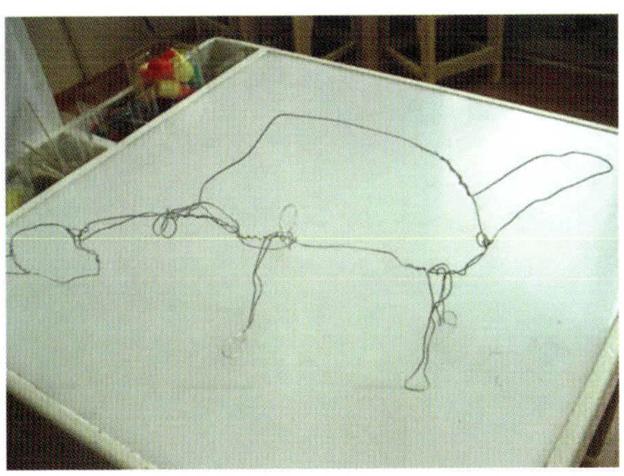
이구아나돈

콤프소그나트스

한편 레지오 교사들은 사람의 옆모습을 표현하기 위해 철사를 어떻게 구부리고 연결해야 하는지, 또는 점토로 만드는 컵을 떨어뜨리지 않도록 하기 위해 가장자리에 붓으로 어떻게 자국을 내야 하는지 등의 방법을 보여주는 것을 망설이지 않는다. 레지오 교사들은 못에 망치질하는 것이든 철사 조각을 구부리는 것이든 **필요할 때마다 성인의 지원을 빌려 주는데**, 이것은 오히려 유아들로 하여금 스스로 자신의 창조물을 다룰 수 있도록 한다. 구멍을 뚫을 때, 구멍을 뚫어 놓고 어떻게 하

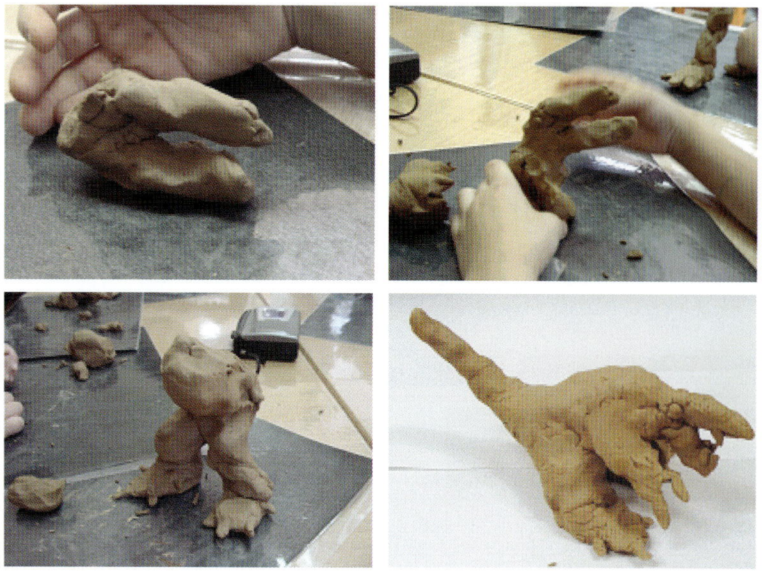

는 것인지 알려 주는 것과 구멍을 내기 위해 송곳과 못 쓰는 법을 보여준 다음 어디에 구멍을 내야 하는지 물어보는 것 간에는 큰 차이가 있다.

걷고 있는 것 같아.

선 밖으로 나가야 해.

바통을 받아서 달리는 거야.

7) 맥락 의존적 vs 탈 맥락적 표현에 대한 혜안

교사는 프로젝트 활동 과정에서 의례적으로 유아의 생각을 그림으로 표현하게 하는 경향이 있다. 교사들은 그리기를 학습에 활용하면서도 그림에 나타난 **유아들의 생각을 볼 수 있는 혜안이 부족**하다.

교사들은 '유독 그림이 떨어지는 아이', '그리기 표현이 안 되는 아이', '항상 못그리는 아이'가 있다고 말한다. 교사의 말처럼 그림을 못 그리는 유아는 항상 못 그린다. 그러나 대부분의 경우 중요한 것은 교사가 그림을 보는 실천적 지식의 부족에 문제가 있다. 유아의 **그림을 보는 교사의 고정된 시각 때문**이다. 교사가 매번 해당 유아의 그림을 다른 유아들의 그림과 비교하여 보기 때문이다. 유아의 그림은 잘 그리는 다른 유아들과의 비교가 아니라 **해당 유아의 이전 그림과 비교하여 달라진 생각을 읽어내야** 한다.

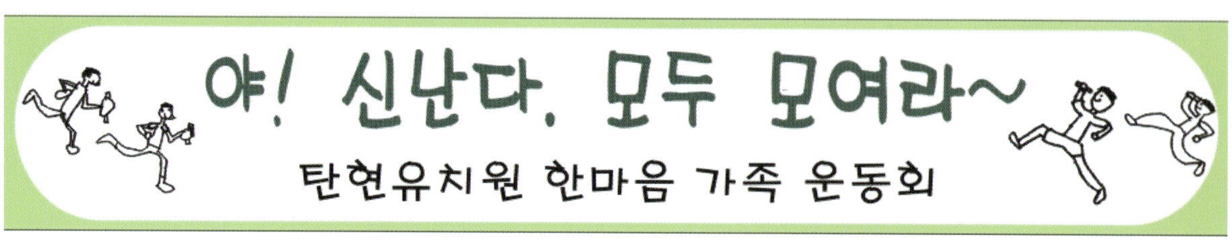

또한 교사들은 유아의 그림을 보는 데 편견을 가지고 있다. 교사는 "프로젝트를 진행하면서 유아의 그림이 변화되지 않는다"고 한다. 이는 실제 유아의 그림이 변화되지 않았다기보다는 흔히 교사가 유아의 그림 표현이 실제 그리는 대상과 얼마나 닮게 그렸는지를 보고 평가하기 때문이다. Vygotsky가 논한 상징 발달과 이에 유관한 사고 수준의 발달에 비추어 볼 때, 교사는 흔히 맥락 의존적인 사고 수준에 기준을 두고 유아의 상징적 표현을 본다. 그러나 얼마나 실제 맥락과 닮은 그림을 그리는가보다는 더 상위의 사고 수준, 즉 유아의 진정한 개념 발달이 나타나는 **'탈 맥락적인' 상징적 표현까지를 볼 수 있어야** 한다. 교사의 실천적 지식 함양을 위한 연구 노력이 요구된다.

고봉산 숲 체험 '등산로' 안내도

유아의 수많은 언어를 위한 다매체

03 다매체의 다상징적 역할

우리네 유아교육 현장의 교사들은 유아를 위해 다양한 매체를 개발, 활용하는 데 집중하지만 그 각 매체가 유아로 하여금 어떤 측면에 대해 사고하도록 하는지, **매체의 서로 다른 인지적 기능**에 대해서는 고찰하지 않는 경향이 있다. 또한 다양한 매체에 내재된 다양한 내용을 접하도록 하는 데에는 집중하지만, 한 가지 주제를 중심으로 깊이 있는 **탐색을 위해 다양한 매체의 서로 다른 인지적 특성을 고려하여 나선형적, 다면적으로 활용**하지는 않는다.

레지오 에밀리아 접근법을 소개하는 책과 전람회의 **'유아들의 수많은 언어'** 라는 타이틀은 두 가지의 의미로 해석된다. 그 하나는 동일한 경험에서 유아에 따라 다르게 나타나는 수없이 다양한 사고를 의미하며, 또 다른 해석은 프로젝트에서 다루어지는 복잡한 개념 이해를 위해 사용되는 수많은 다양한 상징 매체를 의미한다. Gardner가 언어와 논리 · 수학적 지능만을 강조해 온 기존의 지능에 대한 관점을 **다원적 지능**으로 확장시킨 것처럼 레지오 교육자들은 유아가 자신의 세계를 표현하고 의미를 만들어 가는 데 '수많은 언어' 를 어떻게 사용하는지에 대한 이해를 증가시켜 왔다.

레지오 프로젝트에서는 유아들이 한 가지 매체로만 표상할 때 발견되지 않는 개념들을 다양한 매체를 사용하여 다각도로 표상한다. **매체는 매체마다의 표상적 잠재력이 있기 때문에 다양한 매체는 표상 과정에서 서로 다른 인지적 기능을 불러일으킨다**(Gardner & Wolf, 1979). 깊이 있는 프로젝트 탐색을 위해 여러 가지 매체를 나선형적, 반복적으로 활용하면 주제에 대해 다국면적으로 사고하게 되기 때문에 학습 효과가 통합 · 축적되어져서 결국 심화된 학습이 이루어질 수 있다. 여기서 매체가 어떻게 유아로 하여금 서로 다른 사고 과정을 경험하게 하는지 그 매개적 역할을 살펴보고자 한다.

1) 매체에 내재된 원리

매체를 사용함으로써 유아의 반성적 사고에 영향을 주게 되는 원리(Forman, 1994)는 다음과 같다.

첫째, 각 매체는 **변형을 산출해 낼 수 있는 서로 다른 가용성**(affordances)을 갖는다. 블록은 쌓을 수 있고, 균형을 맞출 수 있고, 패턴에 따라 배열할 수 있다.

점토는 쉽게 조형할 수 있고, 형태를 창안할 수 있다.

동일한 블록이라도 블록의 형태에 따라 대비되는 가용성이 있다.

둘째, 상징의 양식(module)을 변화시킬 수 있는 매체의 **변조성**(變造性, modularity)이 서로 다르다. 예를 들어, 종이는 연필에 비해 변조적이다.

셋째, **지속성**(persistence)이란 시간의 경과에 따라 지속될 수 있는 가능성을 말한다. 3차원적 모형이나 그림은 지속되므로 반복하여 재방문, 반성할 수 있다

조형할 수 있는 점토

둥근 블록

네모난 블록

'문수산성' 3차원 구성

언어적 표상

동작적 표상

그리기 표상

넷째, 매체가 제공하는 **변화에 대한 반응성**(react to change)이 서로 다르다. 3차원적 블록, 점토, 모형 구성은 피드백을 주므로 이론을 검증할 수 있다.

2차원적 그리기는 검증, 기능적 재고는 불가능하며 유아가 아이디어를 적용하고 이론을 구축하게 한다.

나무 블록을 이용한 구성

점토 구성

그리기

다섯째, **매체 제시 순서**는 학습에 영향을 줄 수 있다. 따라서 다양한 매체를 활용함으로써 **이전 표상을 수정**할 수 있다.

2) 매체의 차원에 따른 학습 원리

언어적 표상은 유아가 말로 자신의 이전 기억을 재방문하는 것이다. 언어적 매체는 유아가 이전 경험을 쉽게 기억하게 하고 자유롭게 분출해 낼 수 있게 한다. 따라서 유아가 **가설적 이론을 구축하게 하는 좋은 매체이며, 프로젝트의 맥락과 방향을 설정**해 준다. 이는 언어의 큰 장점이자 무한한 지적 잠재력이다. 이러한 장점에도 불구하고 언어는 시상적 매체에 비해 **임의적**(任意的)이므로 논리성이 결여된다. 흔히 유아들이 기억하여 표상하는 말에는 실제뿐만 아니라 부족한 이야기의 맥락과 일관성을 보충하기 위한 상상적 요소가 다분히 포함된다. 경우에 따라 프로젝트에서는 이러한 이야기가 정확성의 제약이 있기는 하지만 유아의 사고의 틀 내에서 나름의 논리와 합리성을 갖기 때문에 유아의 가설적 이론이 되고, 이후 프로젝트 수행에서 다루어질 개념의 맥락과 동기로서 역할한다. 그러나 언어는 시상적 표상 매체에 비해 일시적이므로 **지속성이 부족**하여 매체로서 필요한 기술적인 부분에 제약이 수반된다 할 수 있다. 언어는 지속적이지 못하고 순간 사라져 버리므로 직접적으로 반성하거나 재방문하여 재고찰할 수는 없다.

그리기는 비반응적이며, 활동 방법이 비구조화되어 그리기 있어서 다양하게 시도해 볼 수 있기 때문에 학습 과정에서 유아가 자신의 **이해를 표현하고 이론을 계획할 수 있게** 하는 좋은 매체이다. 언어적 매체는 프로젝트의 맥락과 동기를 설정해 주지만 그리기는 언어적 설명의 모호한 부분을 보완하여 유아의 이해와 이론의 세부 내용을 명확하게 만든다.

유아들이 이전 경험을 언어로 표상하고 그림으로 표현한 후 언어적 설명을 덧붙임으로써 논리적 비일관성을 발견하여 이전 가설을 수정하고 발전시킬 수 있다. 이와 같이 그리기와 말하기는 합리적으로 추론할 수 있

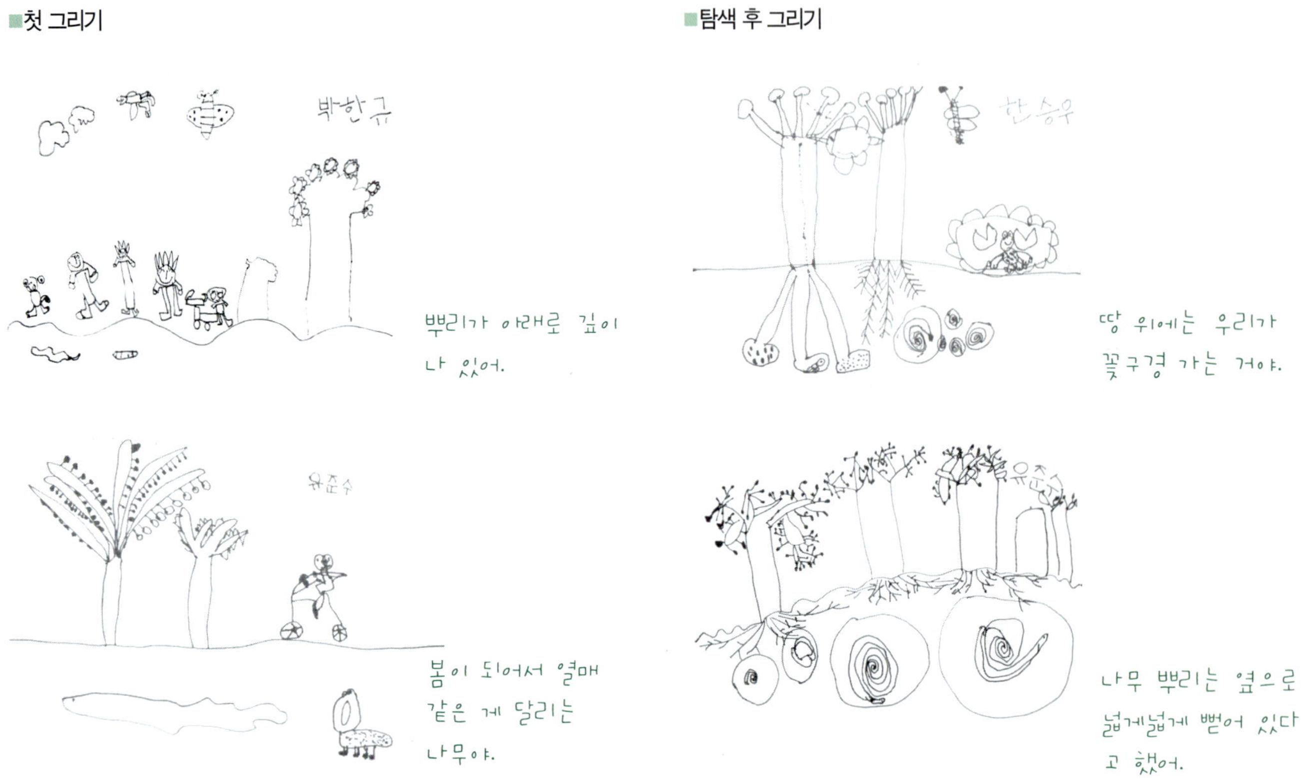

봄 벽화 그리기, 5세

는 가설이 나타날 때까지 유아가 아이디어를 배열하고 적용해 나가면서 이론을 구축하게 하는 매개적 역할을 수행하며, 유아로 하여금 자신의 이해를 깊게 하도록 만든다. 뿐만 아니라 그리기 매체는 **지속성**을 가지고 있으므로 유아가 자신의 이해를 **재방문하여 고찰하고 반성하는 수단**으로 활용될 수 있다.

한편 그리기 매체의 이 같은 장점은 단점으로 작용하기도 한다. 그림은 디자인하기에는 적합하지만 실제적이기보다는 실제를 가장하는 허상이기 때문에 **기능적인 맥락에서 사고할 수 없으며,** 표상 행위에 따른 피드백이 없기 때문에 유아의 **이론이 맞았는지 검증하기는 어렵다.** 예를 들어 기차가 가는 기찻길 그림에서 철로와 기차바퀴와 같은 물리적 구조나 원동력을 나타내는 어떤 원리를 전달하기는 어렵다. 또한 그림은 흔히 사물이 어떻게 보이는가 하는 형태 · 크기 · 색깔 등에 초점을 둔다.

3차원적 표상 그리기와 칠하기 같은 2차원적 매체는 계획하고 디자인해 보면서 이론을 구축한다. 반면, 점토, 철사, 스티로폼, 나무 등과 같은 3차원적 구성 자료들은 마찰, 중력, 반동력 등의 자연 법칙에 따른 매체 자체의 자발적 반응성을 갖고 있어서 유아가 모형을 만들어 보는 활동을 통해 자신의 **이론을 검증해 볼 수 있다.** 그림은 디자인하기에는 적합하지만 기능적으로 사고하기는 어렵다. 3차원적 구성 자료는 유아로 하여금 자신의 **아이디어를 기능적 맥락(functional context)에서 생각해 보도록 자극**한다.

3차원적 매체를 사용한 표상에서는 **구성 자료의 종류나 과제 제시 조건에 따라 표상의 내용이나 문제 해결을 위한 특별한 정위가 달라진다.**

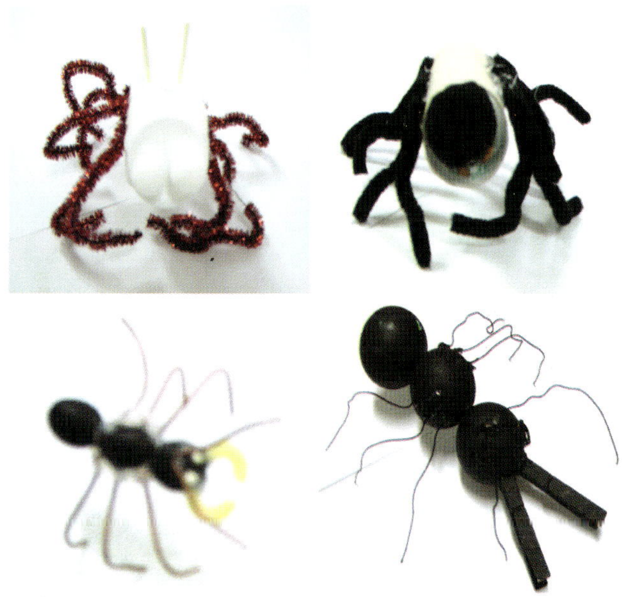

개미 만들기

이상에서 살펴본 바와 같이 여러 가지 서로 다른 매체를 활용하여 동일한 개념을 표현하게 하면 유아들은 여러 가지 관점, 나아가 상반되는 관점까지도 통합할 수 있게 된다. Piaget에 따르면, 상반되는 관점의 통합은 유아들이 학습한 지식을 새로운 상황에 일반화할 때 더욱 의미 있고 유용한 지식이 되게 해준다. 지식 체계를 구축하는 것은 이러한 상반된 요소들의 통합이다.

유아의 수많은 언어를 위한 다매체

04 생각하게 하는 매체 활용하기

이탈리아 레지오 에밀리아의 시립 유아학교에 주목할 만한 점이 많이 있다. 그러나 나에게 가장 두드러져 보이는 점은 경험을 지식으로 구성하기 위한 매체와 말의 힘에 대한 교육자들의 깊은 이해이다. 자연 세계의 복잡성과 아름다움에 대한 존중이 있으며, 유아뿐 아니라 유아들과 함께하는 성인의 지성과 창의성에 대한 고려가 있다.

—Louise Cadwell

1 레지오에서 표상에 대한 접근은 전통적 미술 접근과는 본질적인 차이가 있다. **레지오에서 표상은 단순한 감각적 탐구와 자기표현을 넘어서 학습을 위한 도구, 아이디어를 의사소통하는 수단, 즉 유아가 자신의 학습을 촉진시키고 표상하기 위해 사용하는 '수많은 언어' 중 하나이다.** 유아기에 의사소통을 위한 도구로서 미술을 사용하도록 지원할 때, 유아는 언어 사용이 숙련되어 가는 것과 같이 미술을 표상 수단으로 사용하는 데 점차 능숙하게 된다. 레지오 학교의 유아들은 "그리기를 학습하

는 것과는 대조적으로 학습을 위해 그린다."고 하였다. 그리기, 칠하기, 점토, 종이 또는 다른 어떤 매개물이든 유아의 표현은 프로젝트에서 기억, 아이디어, 예측, 가설, 관찰, 느낌 등을 기록하고 표현하기 위한(Katz, 1998) "시상적 언어(graphic languages)(Rinaldi, 1991)"의 목적으로 사용된다.

② Katz는 레지오 학교 유아들의 창의적 표상을 살펴본 후, 미국의 많은 유아학교 교사들이 **유아의 표상 능력과 그 표상이 만들어 내는 지적 활동의 깊이를 과소평가**했음을 지적하였다. 다음의 K교사는 레지오 접근이 그리기에 대한 자신의 이해를 어떻게 변형시켰는지 설명한다.

나는 그리기가 유아의 창의적인 발달을 위해 중요하며 성인이 가르쳐서는 안 된다고 생각해 왔다. 따라서 다양한 매체를 사용하여 그저 자유롭게 표현하도록 허용하고 유아들의 표현 자체를 무조건 인정하고 칭찬하였다. 그리기나 만들기 활동 시 기술을 가르치거나 자료와 도구를 사용하는 방법에 대해 거의 지도하지 않았다. 지금은 많은 매체를 사용하는 법에 대해 가르치는 것이 필요함을 알게 되었다. 매체와 도구 사용법에 대해 알게 되면서 유아들은 보다 다양한 매체와 도구를 사용하고 자신이 아는 것을 잘 표현하기를 즐긴다. 프로젝트 과정에서도 주제에 대해 표상, 재표상 하면서 주제에 대한 이해가 심화되어 감을 유아들과 함께 즐기고 있다 (J교사).

일전에 블록 영역에서 유아들이 주차장을 구성하던 중 누가 시작했는지 "우리가 주차장을 어떻게 만들 건지 미리 정하자"라고 제안하였다. 여러 명의 유아들은 도화지와 연필을 사용하여 협의를 통해 주차장 평면도를 그렸다. 물론 그 그림은 주차장을 만들면서 여러 차례 수정되었지만 지금도 블록 영역에 붙어 있어 다른 유아들이 그 그림을 보고 구성할 수 있다 (H교사).

이제 우리 교실에서는 교사인 내가 개입하지 않아도 음악극, 인형극, 그림자극 등 유아들이 함께하는 활동이 있을 때에 으레 아이들은 도화지 위에 그리면서 자신들의 생각을 가시화하곤 한다 (K교사).

③ **교사가 어떻게 질문하느냐에 따라서도 유아들의 표상은 달라진다.** "거미를 그려 보자." "거미가 어떻게 움직이는지 그려 보자." "모르는 동생이 알 수 있도록 그려 보자." 등의 제안에 따라 유아는 다르게 사고한다. "꽃을 그려 보자."와 같은 결과 중심적인 질문과 "꽃이 어떻게 점점 커지는지 그 과정을 그려 보자."와 같은 과정 중심의 질문에 따라 유아의 생각과 표현은 달라진다.

④ 유아의 표상 기술보다도 **교사의 매체 제시 조건이 유아의 구체적인 표현을 유도하는 데 중요하다.** 유아가 알고 있는 바를 메타 인지하여 메타 상징화하도록 적절히 지원함으로써 유아들이 자신의 이론을 체계적으로 조직해 나감을 볼 수 있다. 교사가 다양한 재질, 형식, 모양을 가진 종이 매체를 제공하거나, 칸을 나누고, 순

서를 정하는 등 다양한 방법으로 생각의 과정을 조직할 수 있도록 제시한다면 쉽게 유아들은 논리적으로 자료를 배열하고 조직하는 방식을 학습한다. 우리 문화에서 흔히 사용하는 기호를 사용하여 생각을 상징화하는 방식도 마찬가지이다. **매체를 활용하고 다루는 방법은 학습되어진다.**

⑤ 레지오 학교 유아들이 **표상 매체에 일찍 노출되고 사고하고 표상할 수 있는 기회는 유아로 하여금 세밀하고 질 높은 표현을 가능하게 한다.** 영유아센터에 다니는 영아들에게도 유아학교에 입학하기 전에 탐색을 위한 물감, 점토, 다양한 미술 매체들이 주어지므로 3세가 되기 전에 많은 표상 매체에 내재된 가능성을 학습한다. 영아들은 감각적인 방법으로 자료를 탐구하는 경험을 하며, 유아학교에 입학하기 전까지 사고하고 학습한 내용을 표상하는 좀 더 정교한 미술 작품을 만드는 기술을 배운다. 국내 어린이집 영아교실에서도 다매체를 한계 없이 활용하고 있다. 특히, 빛을 활용한 매체는 감각적이며 즉각적인 반응을 선호하는 영아들에게 보다 효율적으로 작용한다.

⑥ 유아교육 **기관의 환경이 유아로 하여금 사물을 다양한 시각에서 관찰할 수 있도록 구성**된다면 사고를 자극하여 표상 욕구를 불러일으킬 수 있을 것이다. 이를 위해 기관과 교사들은 빛(전기)과 공학적 기기를 기관에 도입하고자 시도하고 있다. OHP를 이용한 구성놀이, 3차원 구성놀이 영역, 그림자 스크린을 활용한 극, 라이트 테이블을 활용한 작업, 실물 환등기를 활용한 가상놀이, 빛을 투과하는 아크릴 이젤 등은 유아의 창의적 사고를 도울 수 있다. OHP, 라이트 테이블, 거울 등은 유아들이 빛, 그림자, 반사를 실험하게 한다. 표상을 위한 매개물로서 빛을 사용하는 것은 프로그램의 다양한 측면에 관련되어 있는 투영성이다.

⑦ 레지오 학교에서 **미학적 인식에 높은 가치를 두는 것은 유아들의 미술적 능력을 촉진**한다. 이는 이탈리아 문화의 미학에 근거한 가치를 반영한다. 이탈리아 유아들은 가정, 가게, 거리, 광장, 지역사회에서 주위 문화의 아름다움을 흡수한다. 프로젝트를 위한 현장 견학에서도 주변의 미학적 세부 내용을 인식하고 경험하도록 격려 받는다. 레지오 에밀리아 영유아 센터와 유아학교 교실 전반에서 나타나는 아름다움은 유아들에게 좀 더 시각적으로 인식하도록 영감을 주고, 스스로 아름다운 표상물을 만들도록 자극하기 위해 디자인되었다.

국내 유아교육기관들은 '우리만의 미'를 찾아 활용한다. 우리네 생태, 문화, 정서가 담긴 탐색 주제를 찾고 지역 고유의 생태학적 자원들을 불러오며 우리의 정서가 물씬 묻어나는 문화를 교실에서 재현하고 있다. 이러한 집근은 유아, 교사,

부모, 지역사회 모두의 공감대를 만들어 가는 우리 고유의 미학으로, 이러한 접근이 관계 형성을 가져온다.

⑧ 레지오 교육자들이 **유아에게 갖고 있는 존중과 유아를 풍부하고, 강하고 능력 있는 존재로 이해하는 이미지는 과거, 유아들이 가능하다고 믿었던 것을 능가하는 표상을 창조하도록** 하였다. 교사들은 유아에게 성인 미술가가 사용하는 것과 같은 질의 매체를 매력적이고 접근하기 쉬운 방식으로 제공함으로써 유아의 능력에 대한 존중을 보여준다. 유아의 표상 수행 과정을 자세하게 기술하는 패널에서, 기록과 함께 유아의 표상물을 학교 곳곳에 설치하고 전시함으로써 작업의 질에 대한 교사들의 존중을 보여준다. 유아와 부모들은 유아의 표상이 높게 존중됨을 안다.

⑨ **관계 원리는 표상 매체들이 교실에 제시되는 방식에서 분명하게 나타난다.** 예를 들어, 교사는 나무, 돌멩이, 조개껍데기, 마른 풀 같은 자연 재료들을 배열해 놓은 테이블 위에 점토를 함께 놓아 둔다. 구리철사와 함께 투명한 링거줄을 제시하기도 한다. 다양한 자료들의 예상치 않은 배열은 유아들의 관심을 사로잡고 유아로 하여금 사물의 촉감, 형태, 색상의 미학적 특성에 주의를 집중하게 한다.

레지오 학교 유아 교사 간 지속적인 관계는 신뢰와 존중으로 이어져서 **유아, 교사, 부모**가 서로에게서 배우고, 표상물을 만들기 위해 협력할 때 서로의 아이디어와 기술을 공유하도록 해준다. 교사와 유아들은 프로젝트 진행 과정 내내 협력한다. **교사들 간에는** 프로젝트에 대한 아이디어를 의논하고 아뜰리에리스타나 다른 교사의 도움으로 어떤 표상 매체가 아이디어를 표현하는 데 적절할 것인지 정한다. **유아들**은 프로젝트를 할 때 주제 관련 벽화를 만들거나 그룹으로 상징물을 작업한다. 교실 내의 **공간**은 소그룹 유아들이 함께 작업하도록 설계되고 구성된다. 이젤은 3~4명의 유아가 큰 종이 한 장에서 동시에 작업하는 것이 가능할 만큼 충분히 넓다. 상징물이나 표상을 창안하고 다른 유아에게 설명할 때 자신의 아이디어가 도전 받게 되면 더한 창의력을 불러온다. 나아가 **부모**로부터 다양한 매체를 지원받을 수 있으며 유아의 매체 활용을 함께 재고하면서 의미를 공유하거나 유아의 부족한 기술을 보완하여 부모가 함께 벽화, 극놀이 배경, 패브릭 소품, 공동작품, 아이디어 모으기에 참여함으로 관계를 형성하고 교육을 공유할 수 있다.

⑩ 결과 중심의 미술 작품을 중시하는 전형적인 방식과는 대조적으로 레지오 교육에서 **표상물은 토론과 설명을 위한 지식 재구성의 근거**가 된다. 유아의 표상물은 학습 과정의 통합된 부분으로서 이해를 깊게 하고 학습 과정을 기록하기 위한 수단으로 활용된다. 표상 과정을 기록화 하는 것은 교사, 유아, 부모로 하여금 사고

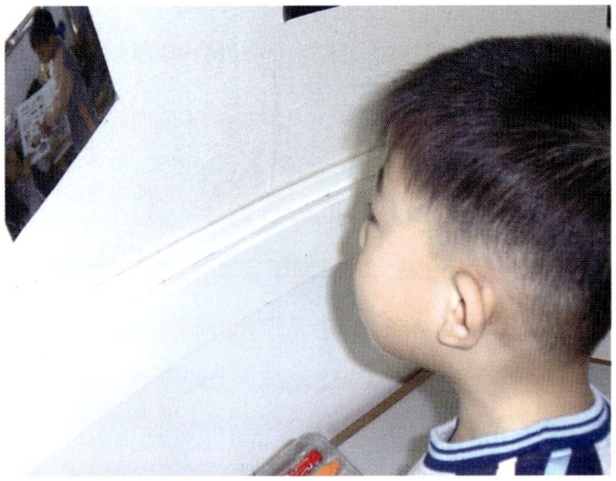

말하는 벽

과정의 발달 단계를 볼 수 있게 한다. 교사와 유아는 기록을 재방문하면서 어떤 설비, 매체, 도구, 기술이 필요했는지, 다음에 어떤 부분에 변화를 줄 것인지, 경험으로부터 무엇을 배울 수 있었는지에 관해 생각할 수 있다. 이러한 과정은 유아와 교사의 표상 기술과 방법을 세련되게 하고 탐색하면서 달라지는 생각을 표상물로 만들어 가는 데 전문성을 갖게 해준다. 또한 유아의 깊이 있는 탐색과 섬세한 관찰 능력이 길러지도록 도움으로써 주변 세계의 아름다움을 깊이 있게 인식하도록 만든다.

기록이 이러한 목적으로 활용되기 위해서는 현장에서 흔히 나타나는 첫째, 표상물의 결과에만 초점을 두는 **결과 중심의 기록**, 둘째, 교사가 의도대로 듣고 싶은 것만을 보고 듣는 **몰아가기식 기록**, 셋째, 시간이 없으므로 미뤘다가 하는 **회고식 기록**, 넷째, 집단활동에만 초점을 두는 **군집식 기록**, 다섯째, **프로젝트 지향적 기록**과 같은 형태의 기록이 지양되어야 한다. 교실 벽에서 흔히 만나는 패널 속의 이러한 기록은 교사들이 많은 시간과 노력을 투자하는 기록 과정이나 교사 협의 과정에도 불구하고 해결되지 않고 반복되는 많은 문제들이 내재해 있을 수밖에 없다.

Eisner(1994)가 말하는 '가르치기의 예술' 은 경험에 기초하여 전개되는 내용을 해석하며, 발현되는 사건에 기초하여 교수하고, 과정 중에서 목표가 창안될 때 가능하다. 이러한 '예술 작업' 은 탐색, 발견해 가는 다양한 방법을 기르는 접근이며, 구성주의 학습을 실천하는 교실에서 발견된다(Garrison, 1997). 예술로서의 가르치기는 교사들이 기록화를 토대로 협의를 통해 교육 과정을 발현해 가는 레지오 교실에서 볼 수 있다.

11 레지오 교육자들은 수준 높은 표상을 위해 일찍이 미술을 학교로 끌어들이고 아뜰리에 공간과 매력적이고 다양한 매체들을 제공하며 아뜰리에리스타를 두어 표상 능력을 발달시킬 수 있는 탐구를 지원해 왔다. 넓은 테이블과 이셀, 싱크

아뜰리에

아뜰리에 내부 기록

작업 테이블

대가 가까이에 위치하고 다양한 크기의 그림붓, 연필과 색연필, 펠트펜, 분필, 파스텔, 목탄 연필, 점토와 점토 도구 외에 다양한 미술 도구들, 철사, 회반죽, 자연 매체들, 재활용 매체 등 일반적으로 잘 사용되지 않는 매체, 다양한 색의 물감들이 유리병에 혼합하여 진열된 카트, 매체장과 함께하는 라이트 테이블 등을 비치한다. 이러한 **다양한 매체들을 이용하는 교실과 아뜰리에는 허용적이고 편안한 분위기에서 유아들이 서로 다른 언어들을 탐구할 수 있고 성인이 유아를 연구할 수 있는 장소가 된다.** 성인과 유아들은 선택 가능한 표상 양식, 기술, 도구, 매체들을 사용하여 실험할 수 있으며, 유아가 선택한 주제 또는 교사가 제안한 주제를 탐구하면서 벽화 작업을 하거나 협의하면서 포스터를 만들 수도 있다. 중요한 것은 유아가 또래와 함께 자신의 잠재력과 발견을 교환하는 자신만의 스타일을 발견하도록 돕는 것이다(Malaguzzi, 1998).

레지오 접근법을 적용하는 기관들은 레지오 학교에서 유아들에게 주어지는 공간과 아뜰리에리스타의 지원을 부러워한다. 기관들은 기관 방문 미술교사를 교육하여 아뜰리에리스타로 고용하기도 하고 이러한 투자와 지원이 유아들의 표상의 질을 높이는 데 최선임을 인식한다. 기관마다 특성과 상황에 따라 기존의 학교 구조를 변경하여 아뜰리에 실외 아뜰리에를 만들거나, 교실에 유리벽을 만들어 프로젝트를 수행하면서 다양한 종류의 미술 매체를 사용하여 작업하는 공간인 미니 아뜰리에를 구성하는 등의 노력을 기울이고 있다. 교실의 물리적 환경 재구성은 물론, 매체의 조직과 전시에도 주의를 기울임으로써 교실에서 유아의 표상 동기를 높이고 자극할 수 있도록 미학적인 분위기를 만들고 있다.

매체장

1단계. 레지오 학교 환경이 우리네 환경과 다른 장점과 특징은 무엇일까?

2단계. 레지오 환경 원리와 특성을 적용하여 우리의 문화와 가치가 반영된 모형교실을 구성해 보자.

3단계. 우리 교실도 변화될 수 있을 것 같아요.

4단계. 우리 기관도 변화될 수 있을 것 같아요.

5단계. 유아, 교사, 부모가 함께 역동적으로 변화하는 환경을 구성하자.

04

Chapter

환경 변화를 위한 시도

우리네 유아교육자들은 유아교육기관의 물리적 환경의 중요성을 잘 인식하고 있다. 그러나 유아 교사들은 항상 경제적 · 공간적 부족과 싸워 왔고, 실내 · 외의 공간을 설계하는 데 타협을 강요당해 왔다. 많은 유아교육기관들에서는 만족스럽지 못하고 비 기능적인 물리적 환경, 특히 구획적이고 획일화된 공간 배치, 자연 채광의 부족, 정돈 공간 부족, 소집단 상호작용 공간 부족, 자연물이나 공학적 교수매체 부족 등이 문제로 지적될 수 있다. 일반적으로 교실은 흥미 영역별로 정형화된 교구들이 빼곡하게 구성되어 있었다. 따라서 비치된 교구를 중심으로 가능한 교육 과정 내용들이 일반적으로 교사에 의해 계획되어진다. 교사는 교실을 구성할 때 반드시 모든 흥미 영역이 배치되어야 한다는 생각으로 좁은 교실을 가득 채우기에 바빴고, 환경과 매체, 교구의 제약을 이유로 확장된 활동이나 창의적인 아이디어를 수용하지 못하는 경우도 많았다.

유아교육의 질이 나아지기 위해서는 기관 환경의 구조적, 개념적 변화가 필요하다. 현존하는 이상적인 환경을 우리의 환경에 피상적으로 더해 나가는 것이 아니라 우리 문화에서 일반적 · 관습적으로 가지고 있는 환경 패러다임의 변형이 필요하다. 레지오 접근법을 지표로 유아교육 현장의 질적 변형을 모색해 온 학습공동체 기관들은 레지오 교육의 철학과 환경 원리를 토대로 우리의 사회문화적 맥락과 현실을 반영하여 다음의 단계를 거치면서 기관 환경 변형을 지속적으로 시도해 나갔다(김은희, 2006).

1단계. 레지오 학교 환경이 우리네 환경과 다른 장점과 특징은 무엇일까?

레지오 학교의 물리적 환경에서 볼 수 있는 장점 및 특성을 들어 보면 다음과 같다.

1. 전통적인 일반 문화를 반영하지만 기관마다의 특유한 역사 · 문화를 반영하므로 환경이 획일적이지 않다.
2. 사회적 상호작용을 유도하도록 공간이 구성되어 있다.
3. 교육적 기능을 사전에 고려하여 공간을 설계한다.
4. 건물 · 가구 · 설비 · 매체 등의 형태나 색에 있어서 아름다움과 조화에 대한 깊은 관심이 나타난다.
5. 학교 전체가 활용하는 아뜰리에와 교실마다 미니 아뜰리에가 있어 프로젝트 활동과 기록 작업을 용이하게 한다.
6. 물리적 환경과 매체 활용에 투영성이 내재해 있다.
7. 유리벽을 활용하여 공간을 분리하면서도 가시 범위를 확장하여 공동체의식을 갖도록 한다.

⑧ 자연적 채광을 최대한 이용할 수 있도록 설계한다.
⑨ 학교의 모든 벽면은 유아의 학습 과정을 기록화하여 정보를 알리고 의사소통하는 기능을 한다.
⑩ 3차원적 전시, 바닥의 입체적 구성 등과 같이 공간 그 자체를 3차원으로 활용한다.
⑪ 초록 식물, 나뭇가지 등과 같은 자연물을 끌어들이고 재활용품의 활용이 높다.
⑫ 다양한 자료가 잘 정돈되어 있어 표상을 자극하고 활용을 용이하게 한다.
⑬ 공학적 기기와 인공적 빛을 교수 매체로 뿐 아니라 학습 매체로 유아들이 활용한다.
⑭ 교사와 교직원의 사진과 기관의 정보를 제시하여 의사소통을 위해 개방되어 있다는 메시지를 준다

2단계. 레지오 환경 원리와 특성을 적용하여 우리의 문화와 가치가 반영된 모형교실을 구성해 보자.

김은희(2003, 2006)에서 소개한 바와 같이 레지오 환경 원리를 우리 문화와 생태에 맞게 적용하고자 대학에 '레지오 모형교실'을 구성하였다. 이는 첫째, 예비 유아교사인 유아교육과에 학생들의 실험 실습을 지원하고 실천적 능력을 기르며, 둘째, 레지오 원리의 적용을 통해 교육 환경의 변형을 모색하는 학습공동체 현장 교사들을 위한 좋은 모델링이 되도록 하는 데 목적이 있었다.

모형교실은 레지오 환경의 미학, 존중, 관계, 연속성, 다감각성, 변형, 공동 구성, 투영성, 기록 및 의사소통, 실내 · 외의 연결, 3차원적 공간 구성의 원리를 적용하여 전체 공간을 피아자와 교실로 구분하고 18개 영역으로 구획하였다. 18개의 영역 구성에 필요한 환경 설비와 가구를 제작 설치하였다. 이와 함께 주변 자연물들과 재활용품들을 모으고, 다양한 가용성을 가진 선 · 면 · 색 · 형을 표상할 수 있는 매체들을 기증받거나 구입하였다.

한 학기에 걸쳐 예비 교사인 학생들과 함께 가게놀이 영역, 의상놀이 영역, 인형극장, 삼각거울, 리듬악기 영역들이 있는 피아자와 미니 아뜰리에, 3차원 구성놀이, 2차원 구성놀이, 자석 구성놀이, 그림자 극놀이, 공동 이젤, 벽화, 공동 작업대, 가정놀이 영역, 직조 및 조작 영역, 라이트 테이블 작업, 그림자 인형놀이, 메시지 영역들로 구성, 재구성하였다. 구성된 모형교실은 현장 교사들과 공유하면서 협력적 상호 교환과 모델링이 이루어졌다.

학교 환경은 사회 · 문화적 맥락을 반영하므로 자연히 모형교실은 우리의 사회

문화와 생태를 반영한 곡식가게 놀이, 농악놀이를 위한 의상놀이 영역, 혹부리 영감 인형극, 빨래판, 세숫대야 등으로 구성한 리듬악기틀 그 외 교실에는 연 모빌, 보리 갈대 등의 계절 자연물로 구성된 모빌, 전통부엌놀이 영역 등이 우리 고유의 정서를 만들어 갔다. 모형교실은 지금도 예비 교사들의 손에 의해 계속 변형되고 현장 교사들과 공유되고 있다. 모형교실 구성 과정에서 예비 교사인 학생들은 다음과 같이 반응하였다.

우리가 생활 속에서 아무 생각 없이 버리는 매체나 주변의 어떤 자연물이든 유아를 위한 학습 매체, 탐구 매체가 될 수 있는 레지오 교육 방식에 대해 다시 생각하게 되었고, 이제는 주변 용품들 하나도 그냥 버리지 않고 다시 생각하게 된다(H여대, 3학년).

우리는 여지껏 '창의성'에 대해 많이 강조해 왔지만, 진정한 창의성이 무엇인지 알게 되었다. … 답이 없는 교실 환경 속에서 유아는 무한하게 탐색하고, 창의적으로 커갈 수 있을 것 같다(H여대, 2학년).

모형교실을 견학한 현장 교사들은 다음과 같이 이야기하였다.

모든 영역, 어떤 영역도 … 예를 들면 가정놀이 영역 등이 정형화되지 않을 수 있다는 걸 알게 되면서 내 사고가 얼마나 편협한지를 깨닫게 되었다(R유치원, 원감).

미니 아뜰리에와 매체 재활용 영역을 보고 감명을 받았다. 장소가 문제가 아니라는 생각을 했다. 생각보다 어려운 일이 아닌데… 우리는 왜 이렇게 생각하지 못하였을까 생각했다(E유치원, S교사).

「너트와 볼트」를 주제로 한 모형교실

모형교실 전경

교실 배치 보기

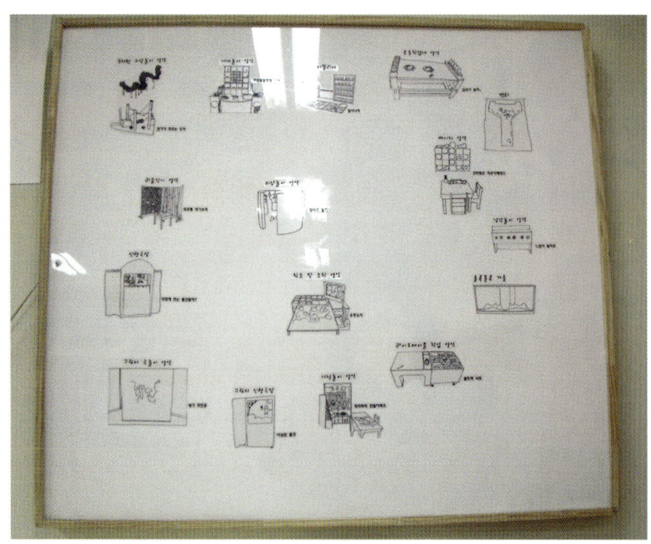

▶ 벽화

공구놀이

▶ 메시지 영역

고마워요, 아르키메데스

▶ 미니 아뜰리에

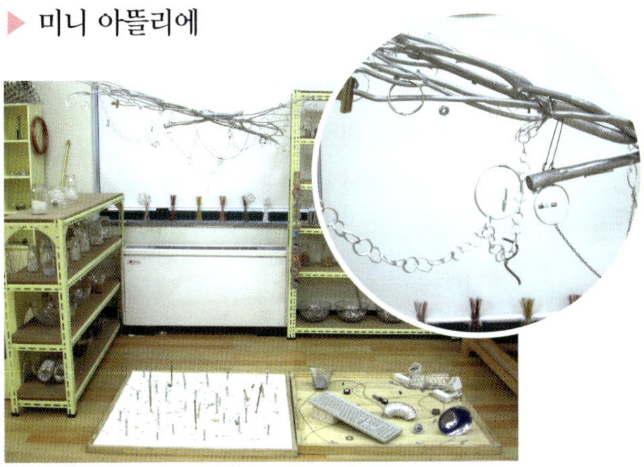

철사나라

▶ 공동작업대

프린트

▶ 공동 이젤

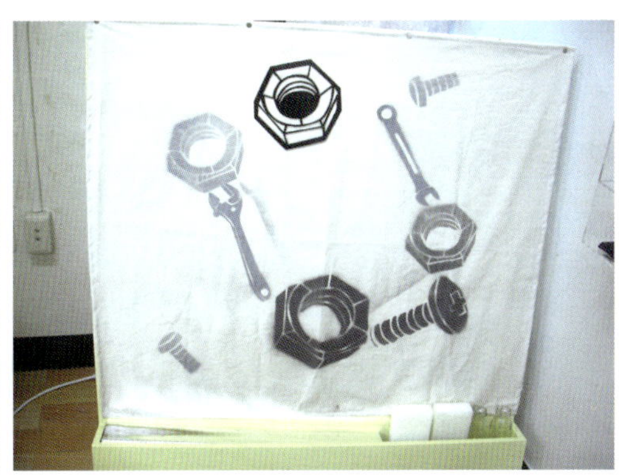

가게놀이 영역

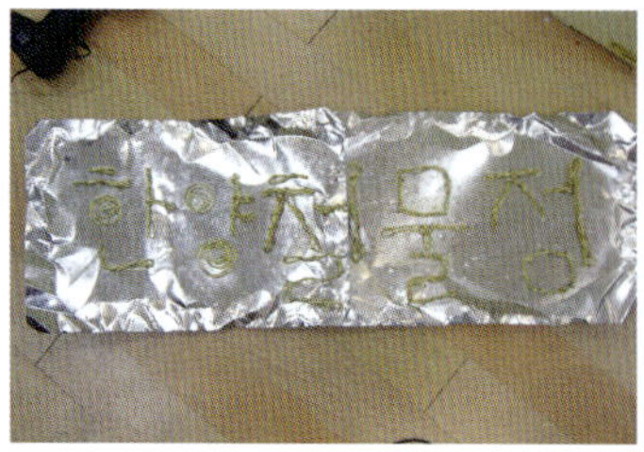

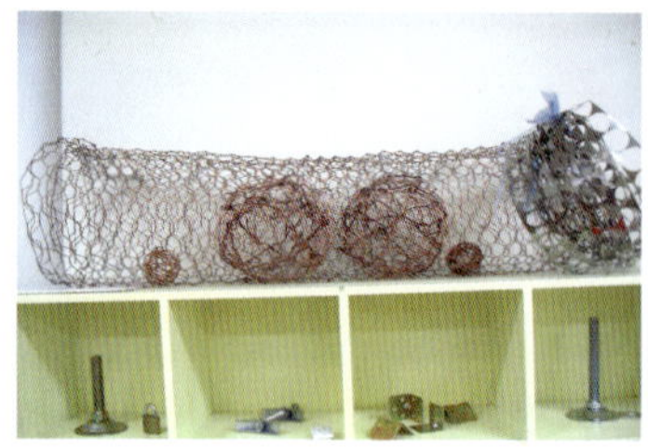

철물점에 가면

3차원 구성놀이

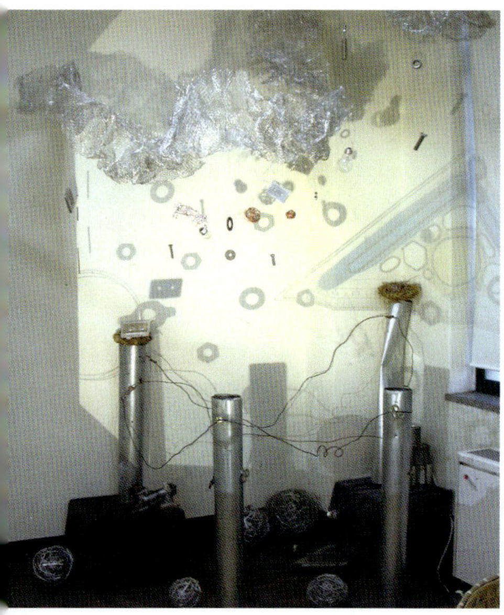

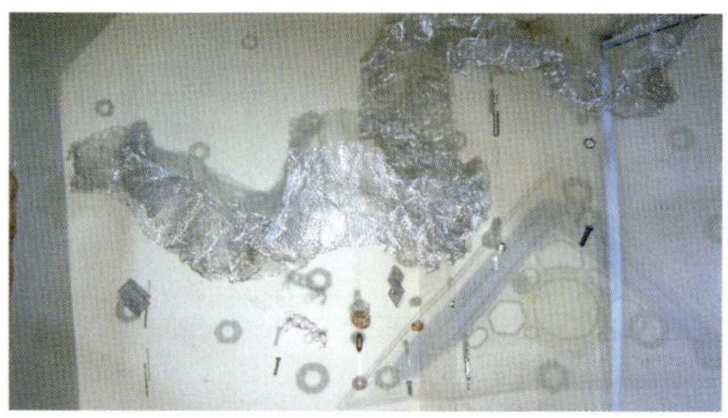

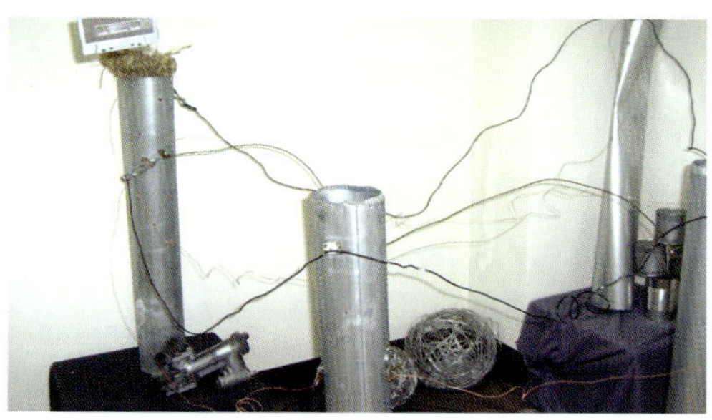

전기가 흐르는 도시

리듬악기

또로롱 악기 소리

▶ 그림자 극놀이

폐차처리장

▶ 인형극장

무엇에 쓰는 물건일까?

▶ 그림자 인형극

이상한 물건

가정놀이 영역

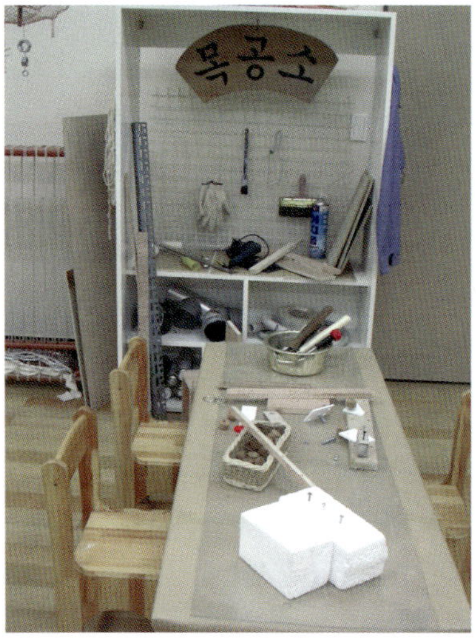

뚝딱뚝딱 만들어요

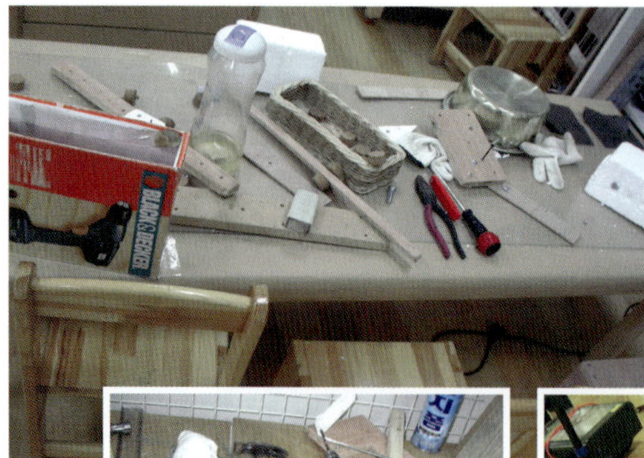

직조 조작 영역

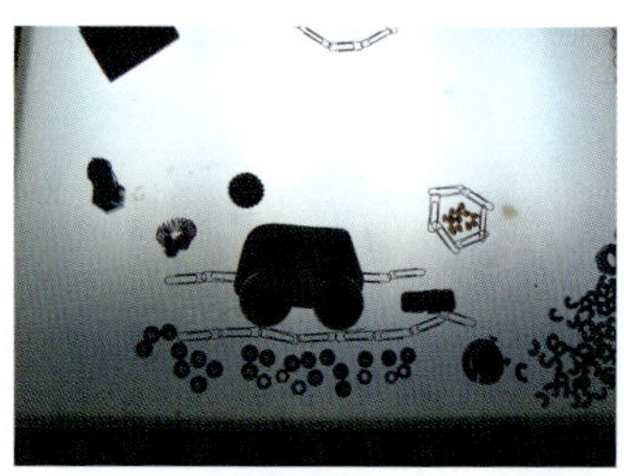

볼트와 너트

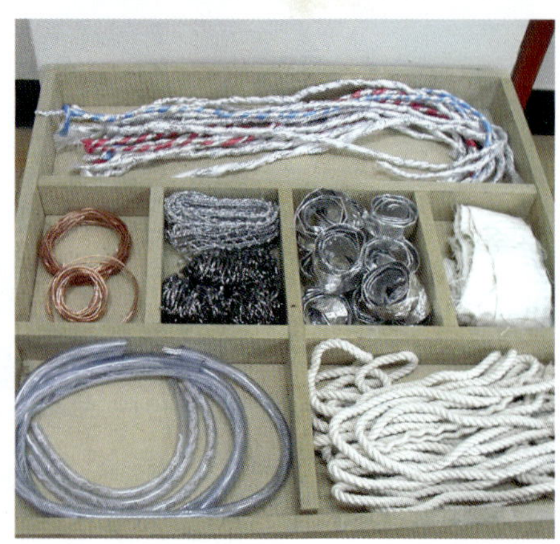

▶ 의상놀이 영역

뚝딱뚝딱 정비소

▶ 라이트 테이블 영역

우주도시

3단계. 우리 교실도 변화될 수 있을 것 같아요.

레지오 모형교실을 통한 레지오 환경 원리의 적용 실험과 모델링은 현장 교사들로 하여금 우리네 사회문화와 생태에 적합한 실용적인 실천을 할 수 있도록 방법적인 혜안을 갖게 하였다고 교사들은 평가하였다. 이러한 자극은 학습공동체 개별 기관에 다음과 같은 실험과 변화 시도를 가져왔다.

우리 환경이 레지오 학교와 같은 자연스러움이나 미학적인 면은 찾기 어렵다는 생각을 하며 답답한 마음을 갖고 있었다. 다학문적 학습공동체에서 모형교실 견학을 통하여 구체적으로 교실을 어떻게 변화시킬 수 있는지 방법적인 면에서 해답을 얻게 되었고, 우리 교실도 조금이나마 자연스럽고 아름답게 변화되어 만족스럽다. 교사로서의 보람을 느끼게 되었고 전문인으로서의 자존감을 회복하는 시간이 되었던 것 같다(H유치원, 4세 R교사).

① 교실의 모든 매체는 게임판이나 퍼즐 등 상품화된 매체를 자연적인 매체로, 답이 정해진 매체를 함께 만들어 가는 매체로, 교사가 만든 매체에서 유아들이 모아온 매체로 바꾸어 창의적인 가능성을 높이자.

② 모든 매체와 매체를 담는 용기는 플라스틱 재질이나 색깔 있는 매체가 아니라, 자연적이고 투명한 재질로 바꾸는 것부터 시작하자.

③ 모든 매체는 크기, 모양, 형태, 색별 규칙이 내재되도록 제시하고 배치함으로써 미학이 가미되도록 하자.

④ 벽을 막고 있는 영역 선반들은 벽과 수직이 되도록 돌려 놓고 벽을 비움으로써 영역별 기록 작업이 가능하도록 하자.

⑤ 창을 막고 있는 큰 피아노, TV 등을 치우고 융통성 있는 이젤 등으로 대체하여 자연 채광이 교실로 들어오도록 하자.

⑥ 빛이 들어오는 창에는 투명한 아세테이트지에 유아들이 공동 구성한 벽화를 매달아 투영성을 높이고 유아가 긍정적 확인감을 갖도록 전시하자.

⑦ 알록달록 무늬가 있는 색깔 커튼은 밝은 무채색의 헝겊 블라인드로 대체하여 빛을 이용한 구성놀이 시 채광을 차단하는 기능으로 활용하는 한편, 자연물과 잘 어울리는 배경이 되도록 하자.

⑧ 라이트 테이블, 그림자 스크린, OHP를 활용한 구성놀이, 라이트 리플렉터를 이용한 그림자 극놀이와 구성놀이, 실물 화상기를 이용한 가상놀이, 디지털 카메라를 이용한 놀이 구성 및 활동의 유용한 기록 등에 공학적 기기와 인공적인 빛을 활용하여 교실의 놀이 환경을 과학화하자.

⑨ 바닥과 벽면을 2차원으로 활용하는 개념에서 벗어나 바닥을 입체적으로 구성하여 구성놀이를 하거나 스크린을 천장에 장치하여 필요할 때 내려서 그림자놀이에 활용하는 등 교실 공간을 3차원으로 활용하자.

⑩ 가능하다면 교실에 부속한 공간을 확보하거나 'ㄴ' 자 모양의 쪽 유리벽을 설치하여 미니 아뜰리에를 구성하고 유아들이 소그룹 프로젝트에 몰입할 수 있도록 한다. 이곳에서 자연물, 곡식, 나뭇잎, 점토, 구리철사, 구슬 등 수없이 다양한 매체를 준비하여 프로젝트 관련 표상에 활용되도록 하자.

⑪ 미니 아뜰리에나 교실의 벽면은 환경을 미적으로 꾸며 주는 기능에서 벗어나 유아들의 활동 과정을 기록하여 정보를 공유하는 기능으로 활용하자.

⑫ 교실의 책상은 되도록 소집단 활동이 가능하도록 배치하며 유아가 벽을 향해 앉지 않도록 배치하자.

⑬ 기존의 정형화된 영역들을 각 영역의 기능을 지칭하는 그림자 극놀이, 가정놀이, 라이트 테이블 작업, 2차원 구성, 3차원 구성, 직조 및 조작, 메시지, 블록 구성놀이 영역 등으로 바꾼다. 영역별 교구가 아니라 정해진 답이 없는 창의적 놀이가 이루어지는 환경을 구성해 보자.

⑭ 교실 중앙에 그림자 스크린을 매입하여 탐색 주제에 따라 다양한 그림자 극놀이가 이루어지도록 해보자.

⑮ 가정놀이 영역에는 값싼 반투명 천을 커튼처럼 드리워 영역 내용에 따라 안락한 분위기를 다양하게 연출하자.

⑯ 라이트 테이블을 미술 영역의 작업대로 활용하거나 별도 작업 영역으로 구성하여 빛을 통해 표상을 자극하고 사물을 다양하게 관찰할 수 있도록 한다. 표상 작업에 활용될 다양한 매체들을 종류별로 수납한 매체장이 함께 위치하도록 하자. 계절에 따라 다양한 자연물

을 라이트 테이블 옆이나 위에 전시하고 잘 활용하지 않는 실물 화상기가 있다면 함께 활용하자.

⑰ OHP, 슬라이드, 실물 환등기 등을 벽면이나 스크린에 투사하여 2차원 구성놀이가 이루어지도록 하자.

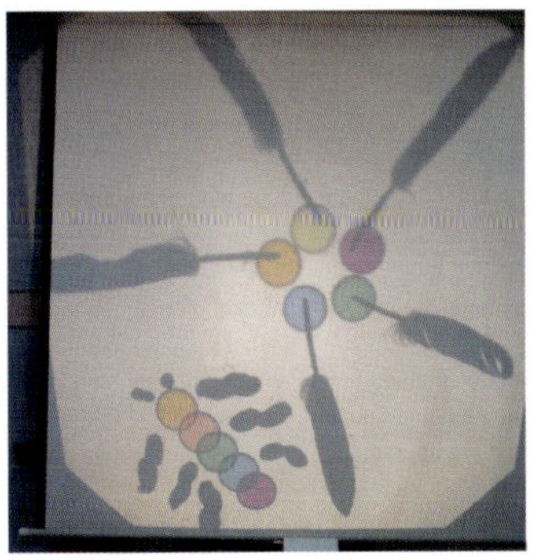

⑱ 빛이 부분적으로 차단되는 교실의 한쪽 코너를 3차원 구성놀이 영역으로 이용하자. 설치물은 실제를 구현한 것이기보다 유아들이 탐색한 상황이나 대상의 이미지를 공간에 구현할 수 있도록 다양한 표상 매체를 활용하자.

⑲ 3차원 구성놀이와 인접한 영역에 블록 구성놀이 영역을 배치하여 연합될 수 있도록 하자.

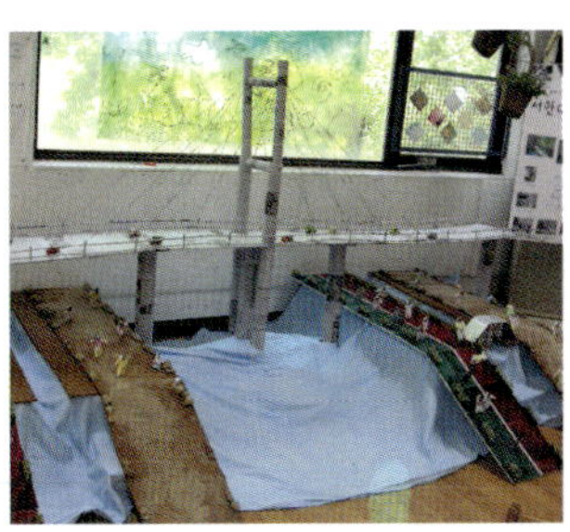

⑳ 창 쪽에 간격을 두고 위, 아래에 나뭇가지를 걸고 굵은 면실로 여러 개의 날줄을 묶어 직조 틀을 만들자. 물들인 거즈, 포장 끈, 넥타이, 보리대, 갈대 등 다양한 매체를 씨줄로 활용하여 정형화되지 않은 재미있는 직조를 만들면서 창의적인 감각 훈련까지 해보자.

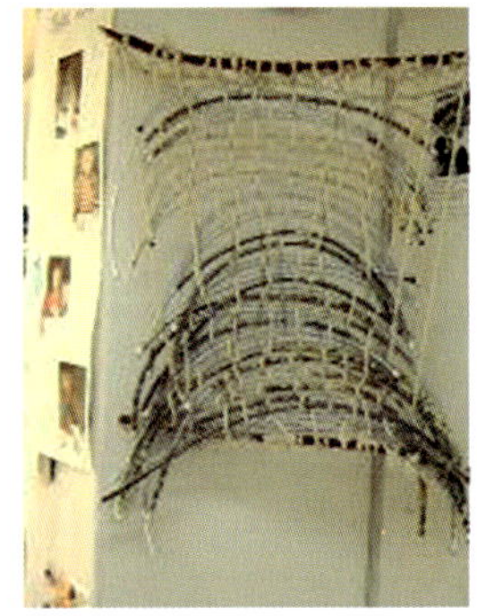

㉑ 조작 영역에는 밀가루 점토, 찰흙 점토, 구리판, 구리철사, 타인, 린거줄 등 다양한 조작 매체를 놓아 창의적 가능성을 높이자.

㉒ 투명한 아크릴이나 하드보드로 제작한 개인별 메시지 상자를 유아 수만큼 준비하고, 총체적 언어활동이 이루어질 수 있는 쓰기 영역과 함께하는 메시지 영역을 구성하자. 메시지 상자에는 개인별 상징을 고안하여

부착함으로써 유아가 정체성을 갖도록 하고, 다양한 쓰기 도구와 자료를 지원하여 관계 형성과 의사소통이 활성화되도록 하자.

㉓ 빛이 드는 창 가까이에 식물과 물고기, 거북 등의 동물 성장을 관찰하고 표상하면서 프로젝트로 자연스럽게 연결될 수 있는 과학 영역을 만들자.

㉔ 교실에 미니 아뜰리에가 없다면 유아들이 원하는 표상활동이 이루어질 수 있는 미술 작업 영역을 구성하자. 탐색 내용에 따라 달라지는 생각을 다양하게 표상할 수 있도록 하는 한편, 주제와 어울리는 2, 3가지 색을 선별하여 제시하며, 흰색, 검정색과 혼합하여 사용함으로써 제한된 색으로 어울리는 이미지를 구현하고 통일된 색감의 표상으로 분위기를 톤 다운시켜 보자.

㉕ 영역과 영역 사이에는 투영 가능한 모빌대를 매달아 계절 자연물 등을 교실 공간으로 끌어들여 자연스럽게 영역을 나누는 기능을 하면서 각 영역의 표상물을 전시해 보자.

㉖ 학급 전체 유아가 모두 참여한 유아 수만큼의 개별 작품은 벽면에 부착하기보다는 공간에 걸어서 언제든지 변화될 수 있는 융통성을 부여하자.

㉗ 자투리 벽면에는 함석판을 부착하고 자석고무판을 다양한 모양으로 잘라 답이 없는 자석구성 놀이도 해보자.

㉘ 모든 매체 구입 시 미학을 고려하고, 정리 정돈을 잘하자.

㉙ 교실의 모든 영역과 영역별 활동은 교사가 유아와 함께 한계 없이 지속적으로 변형해 나가자. 단, 기존의 놀이실 정서가 아니라 인테리어 디자인 개념으로 교실을 구성함으로써 미학을 불러오자.

교실 환경 변화 사례(H유치원, 2003)

▶ 입구

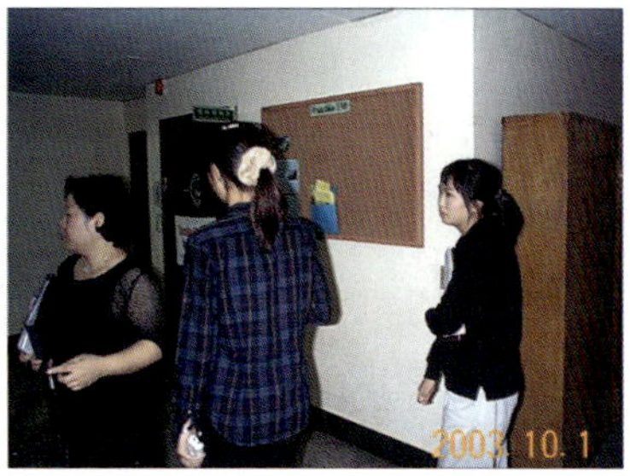

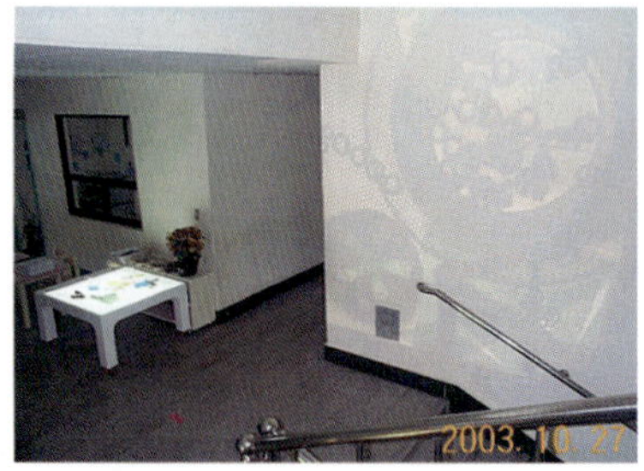

▶ 교실

▷ 전경

▷ 교실문

▷ 3차원 구성

▷ 자석 구성 영역

▶ 미술 영역

▶ 미니 아뜰리에

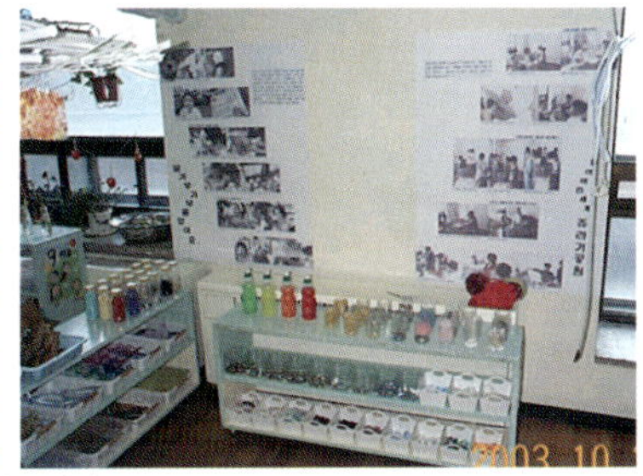

미니 아뜰리에

▶ 라이트 테이블 작업 영역

라이트 테이블

▶ 직조 및 조작 영역

조작

염색

직조

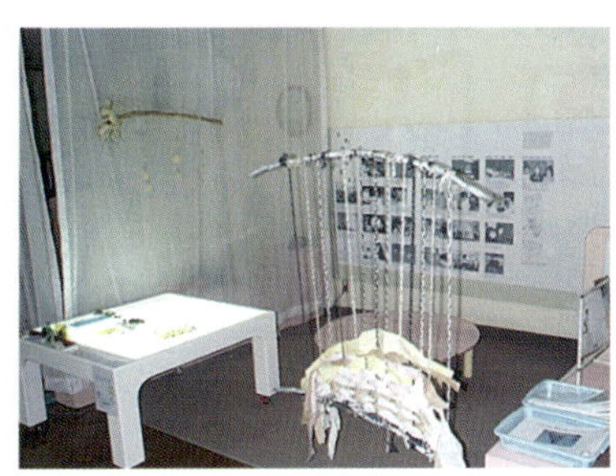

▶ 언어 영역

▶ 메시지 영역

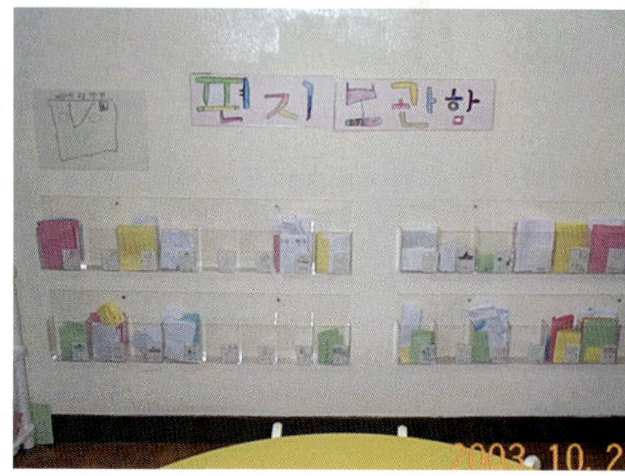

메시지

▶ 영역 구분

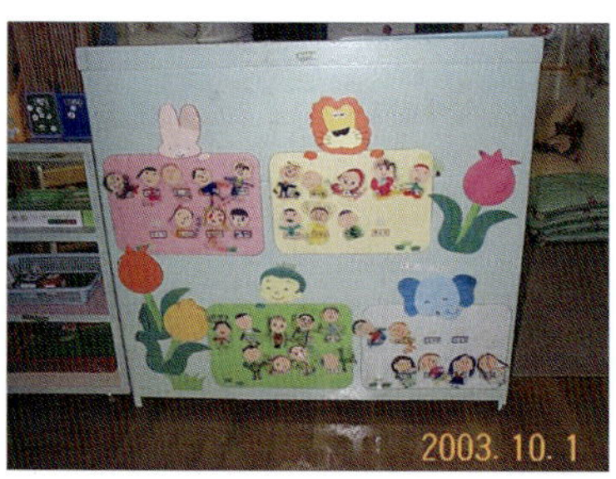

직조 틀

벽화

가게 가정놀이 커튼

발

벽면

기록 패널

역할놀이

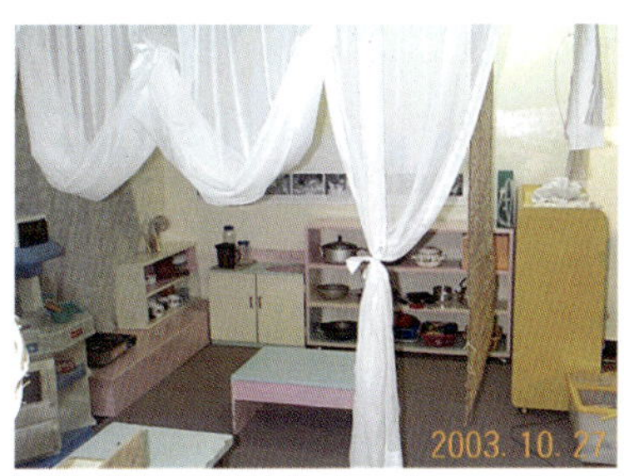

주방놀이

가게놀이

4단계. 우리 기관도 변화될 수 있을 것 같아요.

이탈리아 레지오 에밀리아 학교를 방문하는 스터디 투어를 통해 레지오 학교 환경을 참관한 기관들이 늘어나고, 학습공동체 경험과 레지오 모형교실을 견학할 수 있는 기회는 기관들로 하여금 레지오 환경 원리를 적용하여 환경 변화를 모색하고자 하는 동기와 기대감을 갖게 하였다. 개별 기관의 독특한 사회 · 문화적 맥락에 따라 우리는 다음과 같이 기관의 물리적 환경 변화를 시도해 나갔다. 먼저 시작한 기관은 다른 기관의 또 다른 모델이 되어 협력적 상승 작용을 이루면서 변형될 수 있었다.

❶ 기관마다 어김없이 붙어 있는 창문의 스티커를 철거하고 자연물이나 유아들이 구성한 투명한 벽화를 걸어 심미감과 투영성을 불러오자.

❷ 벽은 흰색이나 연한 미색으로 칠하여 기록된 유아의 활동, 말, 표상 메시지가 눈에 들어오도록 하자.

❸ 바닥은 유아들이 좋아할 것이라 생각하는 알록달록한 그림이 그려진 장판 대신 자연적인 색의 마루 등으로 바꾸자.

❹ 현관에는 교사와 교직원을 소개하는 사진을 붙이고 기관의 철학을 알리는 패널을 제시하여 의사소통을 위해 개방되어 있음을 말하자.

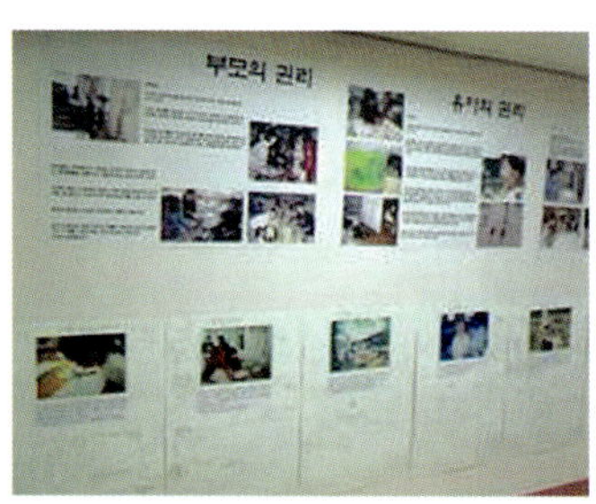

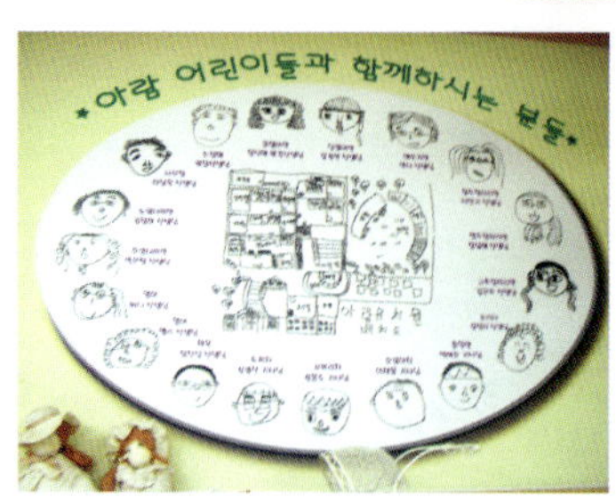

⑤ 현관을 넓히고 쓸모없는 벽을 철거하여 피아자를 확보하자. 피아자에는 모든 교실의 유아들이 함께 놀이할 수 있는 가게놀이 영역, 의상놀이 영역, 삼각거울과 벽면 거울, 극놀이 영역, 유아 도서실, 우체통 등의 활동 영역을 구성하자.

⑥ 피아자 벽면에는 유아들이 활동에 몰입하는 사진을 통해 능동적 학습을, 교사가 유아와 함께 작업하는 사진을 통해 지식의 공동 구성자임을, 부모가 참여하는 사진을 제시하여 가족에 대한 기관의 기대를 의사소통하자.

⑦ 최대한 창문을 넓히고 방과 방 사이 연결 창, 실외와 연결된 곳에 유리를 설치하여 가시 범위를 넓히고 자연적인 빛을 받아들이자.

⑧ 피아자, 복도, 교실 등 기관의 모든 벽면에는 유아들이 몰입하여 활동하면서 상호 작용하는 구체적인 학습 과정을 기록화하여 박물관과 같은 학교를 만들자.

⑨ 교실을 비롯한 기관 구석구석에 유아들의 작품을 호감이 가도록 전시하여 유아를 존중하며, 심미감을 중시함을 알도록 하자.

⑩ 화장실, 현관, 교실을 비롯하여 곳곳에 거울을 부착하여 투영성을 높이고 스스로를 반추해 볼 수 있게 하자.

⑪ 현관, 창가, 부엌, 화장실 등 곳곳에 간이선반을 만들어 초록 잎이 늘어지는 화분을 매달거나 꽃, 열매, 나뭇잎, 곡식 등의 자연물들을 끌어와 생동감이 넘치게 하자.

⑫ 어떤 곳에도 교사가 만든 환경판을 없애고 유아와 함께 구성한 환경판이나 기록 패널을 제시하자.

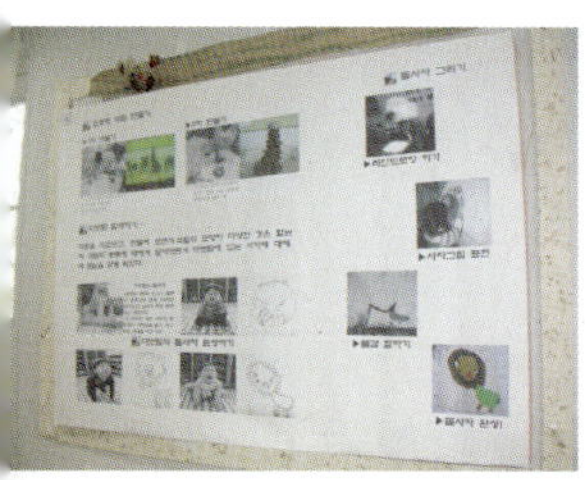

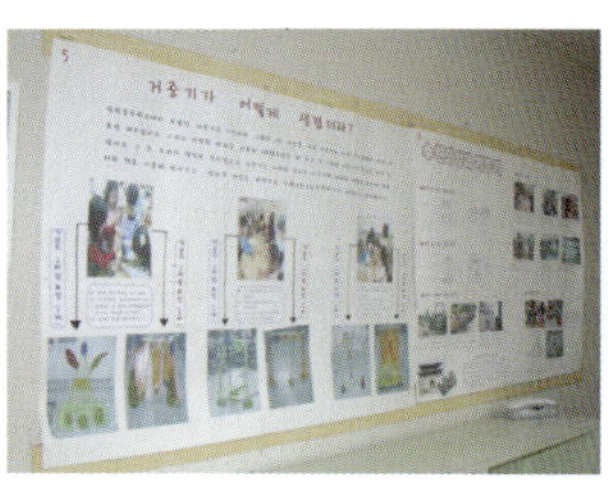

부모들이 오가는 공간이나 현관 가까이에 개방된 보드를 마련하여 ⑬제시된 질문이나 주제에 대해 부모가 의견을 제안하고 참여하도록 하자.

⑭ 부모들의 도움을 받아 가정의 재활용품들을 수집하여 다양한 활동과 구성놀이에 사용하고, 매체 재활용 공간을 만들어 유아 스스로 분류하고 표상 시 선택하여 활용할 수 있도록 하자.

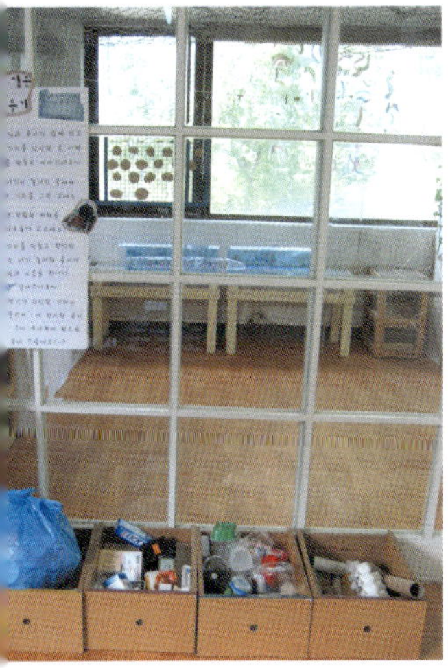

⑮ 유아와 부모들이 오가는 현관에 OHP를 이용한 2차원 구성놀이를 매일 변화 있게 보여줌으로써 유아와 부모가 기관의 매체 활용을 이해하고 참여하게 하자.

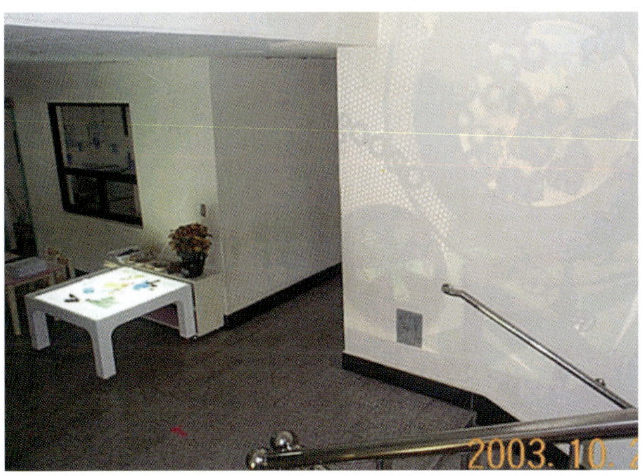

⑯ 기관 내에 공간이 확보될 수 있다면 각 교실 학습·활동과 연계하여 탐색을 심화·확장시키고 다양한 매체를 활용할 수 있는 아뜰리에를 구성하자.

⑰ 공간이 허락한다면, 현관이나 베란다를 실외로 확장하거나 차양을 설치하여 실내·외의 연결을 시도해 보자.

⑱ 옥상이나 교실에 인접한 실외 공간을 활용할 수 있다면, 지붕이 있거나 혹은 없는 온실이나 실내정원을 구성하여 실내에서 햇볕, 바람, 비, 눈 등과 같은 자연을 접할 수 있도록 시도해 보자.

5단계. 유아, 교사, 부모가 함께 역동적으로 변화하는 환경을 구성하자.

이제 교사들은 물리적 공간과 환경 속의 시설, 설비, 자료 등을 수동적인 요소로 보지 않으며, 오히려 유아나 성인의 행동을 조정하고 조정받기도 하는 적극적인 대상으로 인식하게 되었다. 단순히 안정적인 영역 배치만을 고려하는 것이 아니라 활동 특성이나 전개 과정에 따른 민감한 요구를 수용할 수 있는 역동적으로 변화하는 환경을 구성하게 되었다.

유아들 또한 공간, 매체, 자신들의 활동, 기록 과정 등을 원 전체가 공유할 수 있도록 하는 방법을 모색하기를 즐기며, 이를 통한 상호작용과 의사소통을 가치 있게 생각하게 되었다. 유아들은 환경이 단지 아름답게 꾸며지는 공간이 아니라 자신들의 생각과 생활이 반영되는 공간임을 인식하게 되었다. 유아들은 필요와 요구에 의해서 적극적으로 환경을 재구성하고 재배치하려는 모습을 보였고, 더 나아가 교실뿐만 아니라 원 전체를 학습 공간으로 인식하게 되었다. 교사와 유아가 갖게 된 환경에 대한 새로운 관점은 놀이와 활동을 보다 적극적으로 계획하고 확장할 수 있는 기반이 되었다.

부모들은 유아와 교사의 변화를 인식하고, 기관 교육과 환경의 변화를 공감하면서 기관의 공간 구성과 매체 활용에 공조하고 있다. 재활용품을 기관으로 보내옴은 물론 기관에 필요한 공간이나 설비를 구성, 재구성, 보완하는 데 참여한다. 필요한 경우, 유아나 교사에게 제한이 있는 매체를 지원하거나, 함께 제작, 활용하면서 교육의 한 주체로 자리매김해 가고 있다.

유아들이 구성한 3차원 늪

부모와 악어 만들기

부모와 늪에 사는 동물 만들기

탐색 과정 재방문

05

Chapter

우리네 환경 변형

학습공동체 기관들은 레지오 환경의 원리를 반영하여 공간을 구성하고 유아의 생각하기를 돕는 다양한 매체를 활용함으로써 다음과 같이 역동적인 환경으로 변형되어 가는 것을 볼 수 있었다. 공간 변형과 매체 활용의 변형으로 나누어 살펴보고자 한다.

01 공간 변형

공간 1. 만들어 주는 환경에서 만들어 가는 환경으로

교사가 내용을 전달하기 위해 만들어 주는 구조적인 환경이 아니라 유아의 탐색과 연구를 증진시키기 위해 유아와 함께 만들어 가는 환경으로 변형되고 있다. 유아, 교사, 부모 모두 보편적인 다른 기관과의 차이를 인식하며 만들어 가는 환경이 유아에게 주는 의미나 가치를 공감하고 있다.

유아들은 3차원 구성놀이 영역에서 활동하면서 매체를 묶어서 연결하는 것을 무척 어려워하였다. 묶지 않고 연결하는 방법을 생각하다 빵 끈이 떠올랐고, 빵 끈을 길게 길게 연결한 후 무엇이든 꼬아서 걸면 어떨까 생각했다. 마침 「우리 몸의 구멍」이라는 동화를 들었고, 우리 몸, 교실, 주변에서 구멍이 있는 것들을 찾아보았다. 그런 뒤 구멍이 있는 것은 무엇이든 자유롭게 걸고 연결하면서 활동하였다. 처음에는 구멍 뚫린 셀로판종이만 끼우다가 단추, CD, 고리, 링거줄, 철사로 고리 만들어 걸기 등 교실에 구멍이 있는 것들을 찾기 시작했다. 시간이 지나면서 구멍과 구멍을 연결하였고 '구멍세상' 이라는 이름을 지었다. 또한… '구멍 속으로' 들어갔다며 몸을 웅크리는 등 신체를 이용해 표현하기도 하였다. 이후, 끈 묶기 영역을 마련하는 계기가 되었다(T유치원, 5세 J교사).

유아들이 만들어 가는 3차원 '구멍세상'

빵끈 연결하기

구멍 있는 것들 연결하기

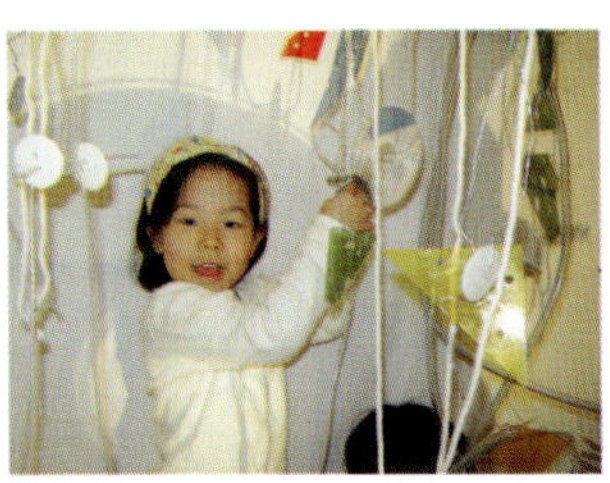

유아들이 구성한 '구멍세상'

4세 유아들은 자기가 알고 있는 방법으로 각자 묶어 보았으나 묶는 방법을 알지 못해 묶는 데 힘들어하였다.

발현된 끈묶기

각자 알고 있는 방법으로 묶어 보자.

칭칭 감은 건 묶는 게 아니야.

풀리는 건 묶었다고 말할 수 없어.

따라서 유치원 주변에서 묶여 있는 물건들을 찾아 어떤 방법으로 묶여 있는지 탐색해 본 결과 3가지 방법으로 나눌 수 있었다….

옭매듭

도래매듭

리본 묶기

다른 반 형들과 선생님 도움을 받아 묶기를 배울 수 있었다.

도래매듭은 끝이 짧아지게 끝에서부터 시작해.

리본 묶기를 조은반 선생님하고 다솜반 형님한테 물어봤는데 알려 준 방법이 달라.

그런데 2개를 합쳐서 동그라미를 x로 하려니까 좀 어려워.

리본 묶는 법이 한 가지가 아니구나.

리본 묶기를 할 때 한쪽을 동그랗게 말고 반대쪽을 뒤에서 앞으로 넘겨. 그리고 두 번째 손가락을 빼면 거기에 구멍이 나오는데 거기에다가 집어 넣어서 당기면 돼.

이후 나뭇잎은 옭매듭, 나무 기둥은 리본 묶기를 이용하여 3차원 나무를 구성하였다(T유치원, 4세 A교사).

만들어진 끈 묶기 영역

나무 기둥은 리본 묶기

잎은 옭매듭

옭매듭과 리본 묶기로 3차원 나무 구성

3세 교실에서 발현된 주제로 만들어 간 겨울나무

교실에 '가을나무' 벽화가 있었다. 한 유아가 "이건 가을나무인데, 왜 여기 있어요? 겨울나무를 만들어요."라고 했다. '겨울나무를 만들자'라는 주제로 활동을 하면서 유아들은 나무 위에 눈을 뽕뽕이로 표현하였다. 한 아이가 "눈은 다 동그랗게 생겼어?"라고 문제를 제기하여 현재 눈 모양을 탐색하는 프로젝트로 진행하고 있는 중이다. 이런 과정을 볼 때 교사가 만드는 것이 아니라 아이들과 함께 만들어 가는 환경에서 유아들이 훨씬 더 심화되는 학습을 하고 있다고 생각된다(T유치원, 3세 J교사).

눈송이 벽화

탐색한 다양한 눈 모양이 구성된 조작 영역

T유치원 5세 교실에서는 유아들의 묶는 기술 부족의 문제를 해결하기 위해 시작된 연결하고 매다는 놀이가 '구멍 속으로' 라는 3차원 구성놀이로 발전되었고, 교사 간 교육 협의 과정에서 이 활동은 4세 교실의 감각경험활동의 동기가 되어 끈 묶기 탐색활동으로 전이되었다. 4세 유아들은 주변의 묶는 방식을 탐색, 다양한 묶기를 경험하고 '나무 구성' 으로 확장되었다. 3세 교실의 탐색 주제 발현의 경우는 레지오 적용기관에서는 자주 만나는 교육과정의 발현 과정이다. 이러한 과정에서 유아들은 환경을 만들어 간다. 교사와 유아가 갖게 된 환경에 대한 새로운 관점은 탐색활동과 놀이를 보다 적극적으로 확장할 수 있는 기반이 되고 있다. 이러한 변화는 유아, 교사, 부모 모두의 변화를 가져왔다.

하나씩 환경이 변화되고, 새로운 기자재들이 교실로 들어오게 되면서 먼저 당황한 것은 교사였다. … 하지만 유아들이 먼저 관심을 갖고 탐색하였으며, 함께 참여하고 공유하면서, 하나하나 바꾸어 가고 변화시켜 나가게 되었다(H유치원, 5세 K교사).

길, 공원, 가족 나들이 시 자연물에 관심을 갖고 주워 오는 **유아**

유아들은 유치원 오는 길에 떨어져 있는 낙엽을 그냥 지나치지 않았고, 또 놀이공원에 가족 나들이를 갔을 때도 그곳의 자연물에 관심을 갖고 주워 오기도 했다. 기존의 답이 정해져 있는 놀이보다 구성놀이를 더욱 즐긴다(H유치원, 4세 P교사).

유아들이 주워온 지푸라기로 구성한 직조

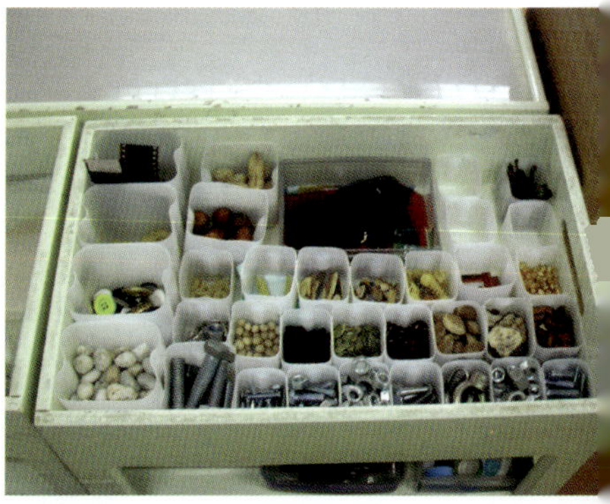

교사들도 이전까지와는 달리 여러 매체들을 단순히 보기보다는 교실에 제시해 줄 수 있는 다양한 시각을 갖게 된 것 같다. 때로는 집에서도 아이들과 할 수 있는 자료가 없을지 찾아 보게 되는 적극적인 교사가 되어 가는 것 같다(Y유치원, 3세 M교사).

결과보다 만들어 가는 과정에 많은 의미가 내재되어 있기 때문에 이 과정을 통해 변화된 유아들의 생각이나 매체 활용 능력을 잘 살펴보게 됩니다(A유치원, 4세 O교사).

매체를 단순히 제시하기보다는 다양한 시각을 갖게 되며
일상에서도 자료를 찾는 적극적인 **교사**

처음 학기가 시작될 때 하얗던 벽면이 아이들의 생각과 모습으로 꽉 차 있습니다. 획일화된 아름다움이나 인위적인 모습이 아니라 우리 아이들의 생각이 성장하는 모습이라 재미있습니다(A유치원, 3세 부모).

유아와 함께 구성하는 환경과 기록물에 관심을 보이는 **부모**

공간2. 놀이실 정서에서 미학적 공간으로

레지오 학교와 교실에는 바닥, 천장, 창, 복도 어느 곳이든 심미적이고 자극적인 환경에 대한 관심이 반영된다. 레지오 학교의 환경 중 미학적 요소는 국내의 유아교육 현장에서 특히 부족한 부분으로 인식, 한국의 고유한 문화적 전통 속에서 심미적 요소를 찾아 환경에 반영하는 현장의 노력이 다각도로 이루어지고 있다.

▶ **초가집,** T유치원 3세

초가집에는 가난한 사람들이 살았다

우와~ 옛날 사람들은 힘들었겠다. 가스렌지가 없어.

내가 볏집을 가져왔어. 그럼 이걸로 지붕을 만들고 찰흙에 돌을 눌러 집을 만들자

▶ **피아자에 구성된 전통놀이 공간**

전통놀이

전통이 느껴지는 환경

기존에 교사가 제작한 게시물이나 상품화된 스티커 등을 제거하고 주변 자연을 끌어들이고자 노력한다. 기록물의 게시를 위해 벽면이나 바닥의 색깔 톤을 엷게, 자연적인 색으로 바꾸고, 주로 원색으로 구성된 상품화된 교구나 플라스틱 제품들을 없애며, 유리병, 투명한 용기, 바구니 등을 이용한다.

▶ 벽면, 천장, 바닥의 엷어진 색상

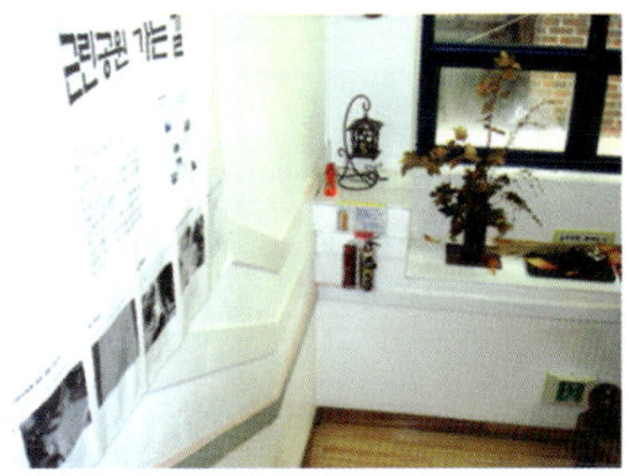

계절에 따라 달라지는 곡식, 과일, 주변 자연물, 활동 방법이 정해져 있지 않은 점토 · 철사 · 구리판 등의 매체들을 끌어들여 유아의 탐색과 표상활동에 활용한다. 이러한 환경의 심미적 변화는 유아, 교사, 부모 모두에게 친근함을 갖게 하며, 궁극적으로 우리가 추구하는 유아교육기관의 교육적 기능을 질적으로 변화, 발전하는 데 전력을 다하도록 한다.

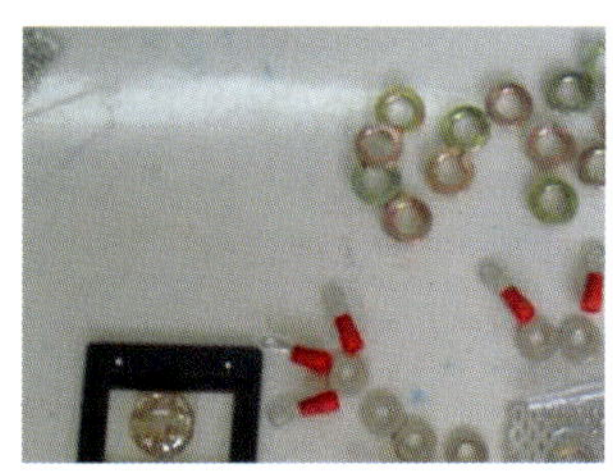

기분 좋은 얼굴

▶ 주변 매체 활용하기

물레방아

사람

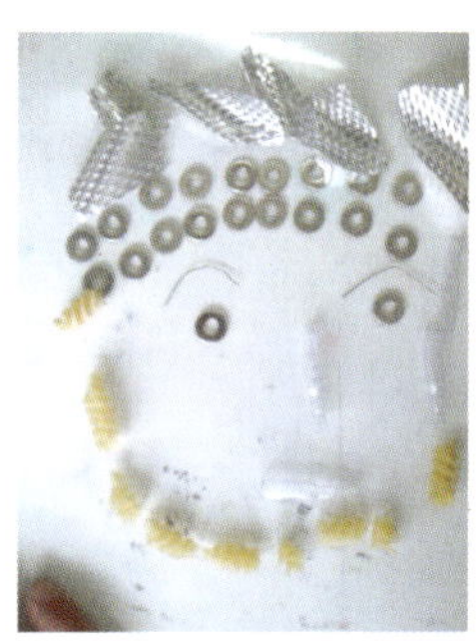

내 얼굴

단풍기차

▶ 주변 자연물 끌어들이기

우리 교실의 첫 번째 변화는 전체적인 색의 변화였다. 원색을 없애고 자연색, 미색, 투명색으로 바꾸는 작업이 이루어졌다. 자연스러움이 있는 교실로 바뀌게 되었고, 유아들의 시선도 자연으로 돌리게 만드는 기회가 되었다(H유치원, 4세 P교사).

▶ 우리네 미학 끌어들이기

기와집

1층에 차려진 가게놀이 영역이나, 동화 속 공주방 같은 가정놀이 영역이 유아들의 창의력과 상상력을 동시에 키워 주지 않을까 기대되고, 무엇보다 작은 야채밭과 계절의 변화에 따라 올망졸망 걸리고 놓이는 유자, 갈대, 나뭇잎 모빌 같은 것들이 아이들에게 가장 좋은 선물이라 생각됩니다(O어린이집, 4세 부모).

그 외에도 부모들은 기관의 달라진 환경을 보며 자연친화적 환경, 개방적 공간, 꿈이 있는 공간, 가족적이고 따뜻한 분위기, 꽃과 어우러진 환경, 계절에 따라 단장되는 모습이 예전보다 아이들의 감성을 자극한다고 말하며 흡족해하였다. 미학은 환경과 매체에 반드시 고려되어야 할 관계의 한 측면이다. 미적 인식은 유아로 하여금 주변 세계의 아름다움을 인식하고, 대상물과 환경의 관계 이해, 대상물이 일으키는 감정에 대해 알게 한다. 섬세함과 아름다움에 대한 고려는 관계에 기초한 교육과 통한다. 미학은 관계가 형성될 수 있는 친근한 환경을 만들어 준다.

공간3. 보여주는 벽에서 말하는 벽으로

유아교육기관의 교사는 항상 바쁘다. 특히 부모나 외부 사람들이 오가는 기관의 현관을 비롯하여 교실의 환경판을 꾸미기에 여념이 없다. 다소 정형화된 형태의 월별 환경판을 주제에 따라 색상지나 기타 매체들을 이용하여 주기적으로 바꾸어 나간다. 교실의 벽면에는 단원별 이야기 나누기 내용과 유관한 환경, 동화, 동시 관련 그림들로 환경을 구성해 오고 있다. 보여주기 위한 벽면이다. 레지오에 영감을 받은 기관들은 학기 초에 빈 벽으로 유아들을 맞이한다. 이후 벽면은 유아들이 탐색해 가는 경험 내용과 그에 따라 달라지는 생각들을 기록화한 자료들로 채워지고 있다. 말하는 벽이다. 이를 Gardner는 박물관 모델이라 한 바 있다. 기록 작업이 잘 이루어지는 학교 공간 그 자체는 그 공간에 들어오는 어떤 사람이든 유아의 학습과 교육 내용을 인식할 수 있는 개방된 박물관과 같은 장소가 된다. 유아, 교사 부모가 기록을 통해 기관에서 이루어지는 교육에 대한 공감대를 형성하고 의사소통하는 기록화의 기능이 국내 유아교육 현장에서 실천되고 있다.

…그림으로 표현된 감자는 모두 땅 위로 올라와 있었고, 잎은 나뭇잎과 흡사하게 하나씩 그려져 있음을 알 수 있다. 유아들이 견학 시 보고 온 감자에 대해 상호작용하는 과정에서 자신들이 이야기 한 바와 그림은 차이가 있음을 발견하게 되었고 수정하기를 원하였다(T유치원, 4세 O교사).

…기록화 패널을 보면서 유아들은 회상해요. 회상하면서 자기를 긍정적으로 생각하고 뭘 만들 때 "선생님 여기도 ○○가 만들었다고 써 줘요" … 이렇게 하다보니까 큰 아이들처럼 뭘 만들고 써 주는 것도 가능해졌어요(3세 담임, H교사).

▶ 유아들의 달라지는 생각 기록

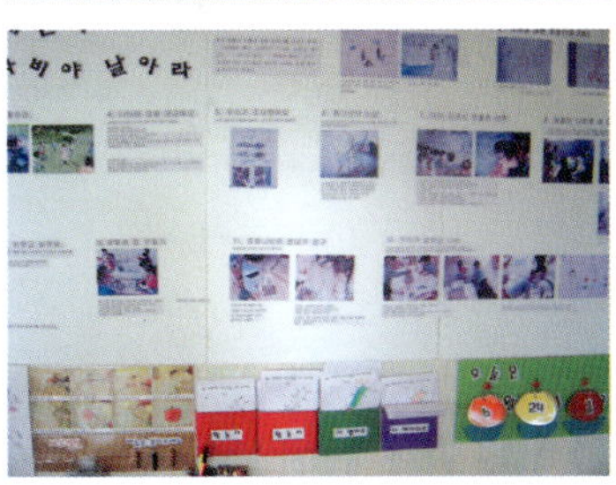

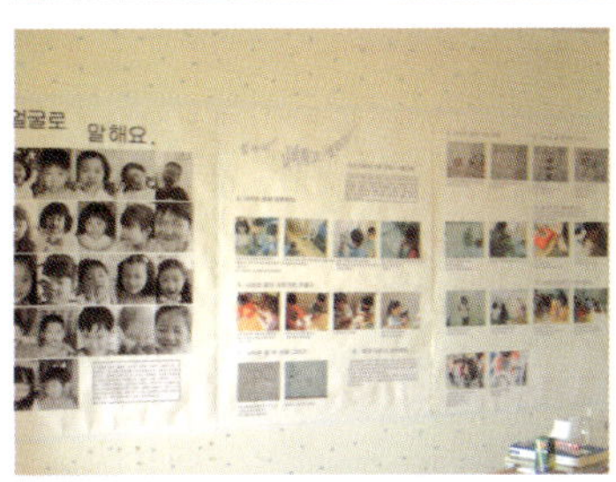

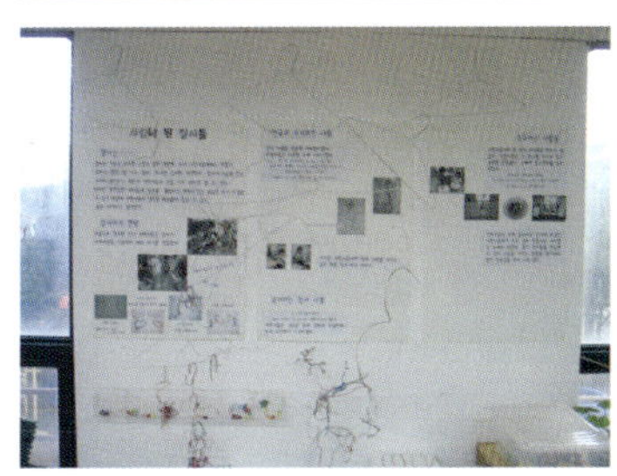

이전에는 교사 간에 정보를 교환하는 상호작용 기회가 없었어요. 기록을 토대로 상호작용하면서 갈등은 있었고 모이면서 부담도 있었지만 얻은 게 많았어요. 모르는 부분, 교육받을 때 미처 몰랐던 부분이 많이 해소됐어요(S교사).

… 혼자 일할 때 자기중심적 생각이 강했잖아요. 같이 일하면서 생각이 많이 달라져요(S교사).

▶ 벽면에 걸려 있는 일일저널 · 주간저널 보드

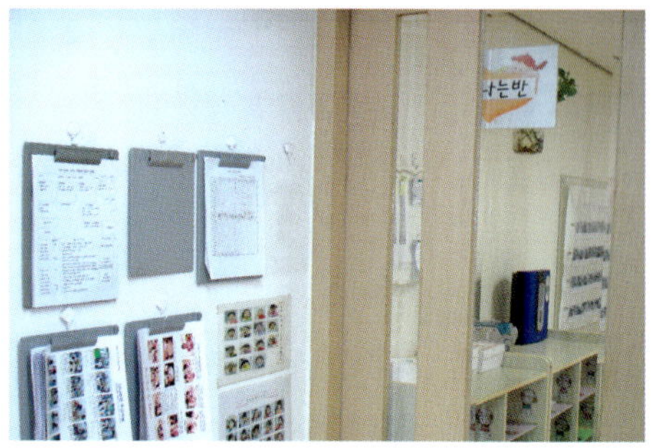

저널을 통해 유아들의 다양한 호기심에 따라 여러 그룹으로 나뉘어 주제에 접근해 가는 좋은 프로그램을 보고 부모도 간접적으로 배우게 된다. 저널의 형태는 유아들 활동의 과정과 결과를 사진과 함께 볼 수 있어서 현장에 있지 않았던 부모들도 유아와 대화를 나누고 주제 탐색에 동참하는 데 용이한 자료로 활용된다(S어린이집, 5세 부모).

▶ 부모 참여 기록하기

프로젝트 과정을 기록화한 패널을 벽에 전시하고 있어요. 유치원에 오시는 부모님들께 설명해 드리고 집단 면담 때도 소개하였어요. 부모님들은 "아이들 생각이 많이 크겠구나" "우리 아이가 이렇게 그릴 줄 알아요?" 등의 반응을 보이세요. … 부모님들이 많이 달라졌고 도와주려 하고 긍정적이세요(H유치원, 원장).

프로젝트 과정 기록 패널

월간 탐색 내용 기록

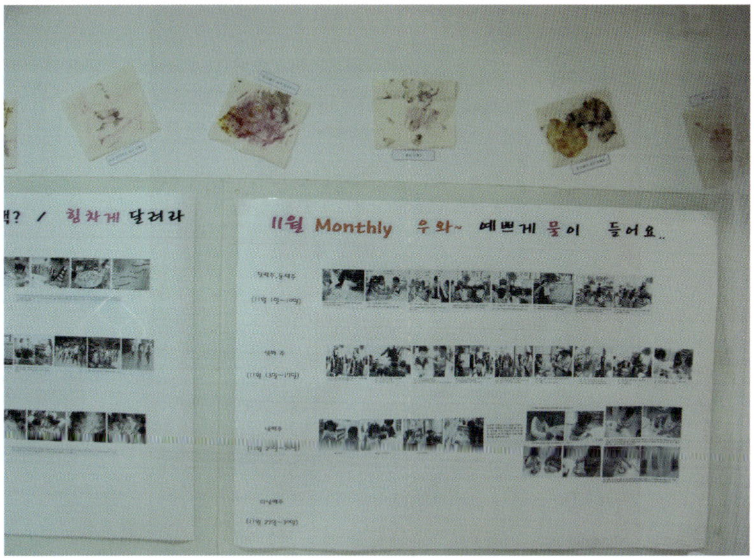

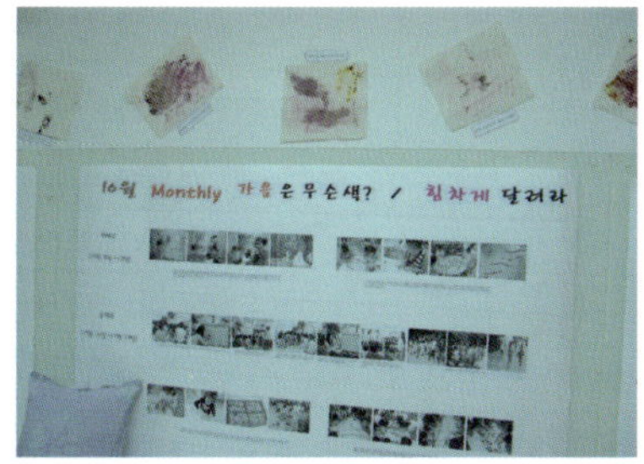

상기한 O, H교사에서 볼 수 있듯이 **유아**들은 기록 자료를 학습 과정에서 반성의 수단으로 활용하여 지식을 심화, 확장하고, 협의를 통해 이후 활동을 계획한다. 이것은 유아에게 긍정적인 확인감을 부여함으로써 유아가 진지하게 토론하고 표상하면서 활동에 몰입하도록 한다. 기록을 토대로 학습 방향과 지원할 단서를 찾아 나가는 교사 간 프로제타지오네는 연구자로서 **교사**의 전문적 발달을 돕는다. 바쁜 일과 속에서도 S교사처럼 교사들은 이러한 기회의 필요를 절감한다. S어린이집 **부모**와 H유치원 원장에게서 들을 수 있듯이, 유아들의 활동 과정을 기록화한 패널, 저널, 신문, 소책자 등의 자료는 교사와 부모 간의 협의를 위해서도 좋은 매개물이 된다. 이는 부모로 하여금 기관의 교육 과정과 목표를 인식하고 교사들을 신뢰하고 존중하게 함으로써 부모를 기관과 유아의 학습에 자발적으로 참여시킨다. 레지오에서 얻을 수 있는 중요한 배울 점의 하나는 유아와 성인 사이의 관계에 관련된 것이다(Katz, 1994).

개인은 아무 이유 없이 다른 사람과 관계를 형성하지 않는다. 그들은 무언가 매개체를 필요로 한다. 기록을 통해 교사, 유아, 부모가 교육을 공감할 때 진실로 풍부한 대화에 몰입한다. 기록은 진정한 유아-성인 관계의 수단이자 결과이다. 레지오 기록에 대한 최근의 인터넷 대화에서 다른 많은 교사들은, 기록화는 환경의 변화, 학습의 지원, 의사소통, 모든 참여자 간의 관계 형성, 유아들의 사고와 연구에 대한 깊은 반성에 기여하기 때문에 기록은 관계에 기초한 교육을 실행하는 데 중요한 시작점이라는 데 동의하고 있다(Fraser & Gestwicki, 2003).

말하는 벽의 함정

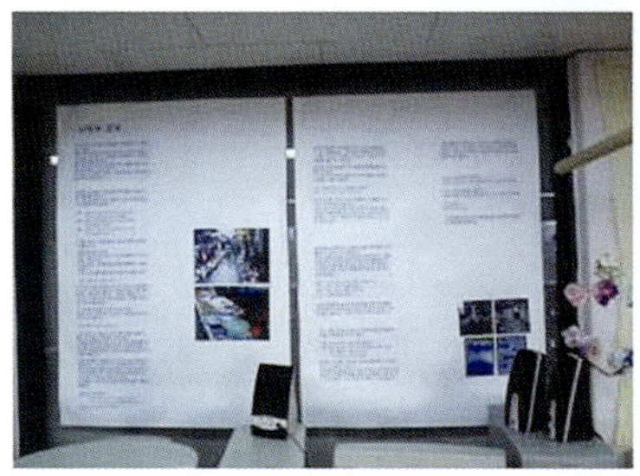

교사들은 주기별 탐색 과정에 따라 사진을 배치하고, 제시된 사진별로 유아의 말과 교사의 부가적인 논의를 포함하여 기록화한다. 기록 자료와 패널은 교실과 학교의 어디든 적합한 곳에 위치한다. 이러한 기록화는 레지오 접근법의 초석으로서 높은 가치를 가진다. 그러나 아직도 프로젝트의 전체 진행에 초점을 두는 **결과 중심적 기록**, 교사의 의도대로 방향을 두고 듣고 싶은 것만을 듣는 **몰아가기식 기록**, 집단학습 상황에서 집단 유아들의 학습에 초점을 두는 **군집적인** 기록 방식을 많이 만난다. 시간이 없으므로 미뤘다가 기억에 의존하여 하는 **회고식 기록**과 일과 전체보다는 프로젝트 과정만을 기록하는 **프로젝트 지향적 기록**이 만연하다. 이 또한 어떤 의미에서는 보여주기 위한 기록이라고 할 수 있다.

아이들의 생각은 백 가지가 넘는다고 하는데 진정으로 아이들의 의도나 다양한 생각은 없이 교사가 가지고 있는 답, 한 가지만을 만들었을 뿐이었다… '몰아가기식 기록'을 하고 있었다는 것을 알 수 있었다(Y유치원, R교사).

진정한 기록은 녹음을 통한 구체적인 기록이나 유아들의 일상에서 유아들이 쏟아 내는 작은 이야기에 세심하게 귀 기울이면서 시작된다. 물론, 관찰 · 경청한 내용에 대한 전사본을 만들고 함께 재고할 시간을 갖는다는 것은 유아교육기관의 실정에서는 힘든 일이고 시간이 소요되는 과정이지만, 기록화는 유아의 관심과 생각에 집중하고 탐색 방향을 위한 가설을 만들기 위한 중요한 노력이다. 다음의 4세 교사는 **결과 중심적 기록**을 반성하고 있다.

'아이 생각 엿보기' 라는 1학기 부모 참여 수업을 하기 얼마 전에, 왜 기록화를 해야 하는지 나는 깨달았다. 기록화는 단순히 패널을 만들기 위해서, 그리고 행사날 학부모에게 보여주기 위해서만이 아니라는 것을 깨달은 것이다. 프로젝트가 진행되어 온 과정을 기록화하면서 문득 프로젝트를 한 발짝 물러서서 바라볼 수 있는 계기가 마련되었다. 프로젝트 진행을 하다 보면 어느 한 가지 방향만을 생각하게 된다. 그러나 아이들은 그것이 아니다. 아이들은 여러 가지 방면에서 여러 가지 생각을 통해 탐색 방향을 정하고, 흥밋거리를 찾는다. 기록화를 하면서 순간순간 혹은 상황마다 '아이들은 이것에 흥미가 있었는데 내가 이런 부분을 많이 놓쳤구나…' 하는 것을 느꼈다. 나는 기록화를 하면서 … 나의 반성을 많이 하게 된다(T유치원, 4세 O교사).

O교사의 이야기를 통해 교사는 기록 작업을 하면서 기록화는 단순히 패널을 만들어 전시하거나 부모에게 보여주기 위해서만 하는 것이 아님을 인식하게 된다는 것을 알 수 있다. 다음의 H교사 이야기에서 기록화를 수행하는 현장 교사라면 누구나 경험하는 기록작업에 대한 부담감, 의무감, 회의를 공감할 수 있으며, 회고식 기록 작업의 문제를 인식할 수 있다. J교사는 군집식 기록을 반성하며 기록을 해야 하는 이유까지 생각할 수 있게 된다.

유치원은 한정된 시간에 많은 것들을 해야 하기 때문에 부끄러운 이야기지만 기록화는 항상 뒷전이 되었다. 그래서 항상 밀리게 되었고 공동체 모임이 있기 전에 의무적으로 하는 것이 일쑤가 되면서 기록화를 왜 하는지에 대한 의문도 갖게 되었다. 어느 순간부터인지 잘 모르겠지만 기록화가 밀리지 않고 진행되게 되었다. 아이들이 하는 말을 정신없이 받아 적고 녹음을 한 후 수업이 끝나고 전사를 하며 아이들이 했던 말에 대한 의미를 생각해 보기도 하고 아이들의 말에서 수업에 대한 아이디어를 얻기도 하며, 수업 방향에 대해 고민을 할 때 돌파구가 되기도 하였다. 이러한 것들을 느끼면서 기록화의 의미를 인식하기 시작하였고, 기록화를 밀려서 하는 것은 아무 의미가 없다는 사실을 알게 되었다(T유치원, 5세 H교사).

기록화를 해야 하기 때문에 단순히 관찰만 하는 것이 아니라, 기록화의 시작은 관찰을 토대로 계속 연구하고 해석, 분석하는 것이 참으로 중요함을 조금씩 알아가고 있다. 이를 위해 개별 유아 하나 하나에 더욱 관심을 기울여야겠다(T유치원, J교사).

또한 기록작업은 그저 기관에서 이루어지는 활동 중 프로젝트 과정만을 관찰, 기록하는 것이 아니라 교실의 일과를 통틀어 일상에서 관찰한 내용을 토대로 교사 간에 해석하고 탐색, 연구하여 지원할 내용과 매체를 분석해 나가는 과정이 수반된다. 따라서 기관별로 자유선택활동 기록, 단위활동 기록, 프로젝트 기록, 수직 · 수평일과 기록과 같은 다양한 기록 양식을 개발하여 활용하고 있다.

학교에서 이루어지는 기록이 유아에게 개인 및 집단학습 과정을 돌이켜 보게 하고, 교사에게는 학습공동체에 합류하게 하고 교육 연구에 참여하게 하며, 부모에게는 학교가 유아의 학습 과정에 대한 맥락, 기회, 경험을 제공함으로써 부모들이 배우고 성장하는 장소가 되게 하는 진정으로 말하는 벽이 되도록 해야 한다.

말하는 벽은 결과 중심적인 기록보다는 일상에서 일어나는 일과 탐색 과정에 초점을 두는 기록으로, 유아의 의도와 생각에 진정으로 귀 기울이는 기록, 개별 유아의 지식 구성 과정과 변화하는 생각이 미시적으로 분석될 수 있는 기록, 시간과 인력은 부족하지만 미루어서 하지 않으며 항상 기록 · 연구 · 분석하는 기록, 매일의 일과와 교실 전체 영역을 아우르는 기록이 되어야 한다.

우리네 삶이 그러하듯이 우리가 기록작업을 해야 하는 이유는 그것이 우리에게 주는 무게감에서 벗어나기 위해서 하는 것이 아닐까? 교육 과정 발현을 위해 기록하고 협의하는 과정은 교사에게 관계의 교육학 속에서 진지하게 가르치기의 예술을 실천하는 탐구 과정이며, 계속적으로 듣고 해석하며 연구 · 분석하는 능력을 필요로 한다. 레지오 방식은 우리가 오랫동안 가져온 '학습'과 '가르치기'가 의미하는 바에 대한 패러다임에 변화를 가져오게 하였다. 우리의 변형 중 가장 우선하는 것은 가르치기는 '듣는 것'이며, 학습은 '말하는 것'임을 알게 한 것이다. 이를 알게 한 실천행위가 기록작업이다.

공간4. 교실 중심의 구획적 영역에서 관계와 의사소통이 활성화되는 공간으로

기존의 유아교육기관들은 개별 교실 중심으로 이루어진다. 레지오 환경의 핵심은 관계, 상호작용, 의사소통에 있으며 이를 반영하는 피아자를 활용한다. 피아자에는 가게놀이 영역, 의상놀이 영역, 인형극장, 삼각거울 등을 구성하여 유아들 간 관계가 이루어지는 놀이가 활성화되고 있다. 기관들은 기존 현관을 확장하여 피아자 영역을 확보하고, 학급 간, 연령 간 관계 형성을 도모하는 놀이 영역을 설치하였다. 유아, 교사, 부모 외부와의 의사소통과 관계 형성을 위해 부모를 위한 공간을 구성하는 기관도 늘고 있다.

▶ 확장하여 구성된 피아자

D유치원

D유치원

R유치원

▶ 기관의 철학을 말하는 현관

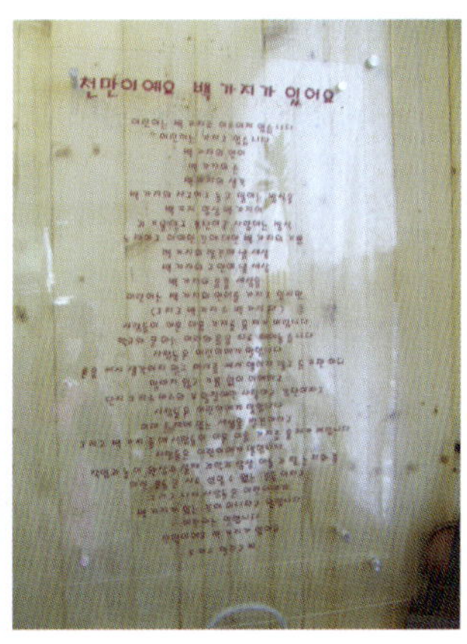

부모들이 아이들을 데리러 와 현관 바깥에 서서 기다렸었어요. 부모들이 기관에 유대감을 갖고 드나들게 하고 싶었고 아이를 데리러 와 교사들과 이야기도 나누고 쉴 수 있는 아늑하고 편안한 부모 공간으로 만들고 싶었죠(M어린이집, H원장).

부모를 위한 공간

소집단 프로젝트를 위한 미니 아뜰리에

교실에는 칸막이를 설치하거나 부속 공간을 확보하여 소집단 프로젝트를 할 수 있는 미니 아뜰리에를 구성하기도 하였다. 교실에 구성된 미니 아뜰리에, 메시지 영역, 가정놀이 영역, 2차원, 3차원 구성놀이 영역, 그림자 극놀이 영역, 블록구성놀이 영역, 라이트 테이블 영역들에서도 유아들 간 관계와 의사소통이 활성화되고 있다.

벽이 드러나고 벽을 활용하며 투영성을 가진 매체들로 영역을 구분하여 더욱 교실의 구조가 실용성 있게 변화되었다(O유치원, 4세 S교사).

교사들은 유아의 미적 감각을 촉진하기 위해 환경과 매체나 대상물을 어떤 식으로 연관시킬지에 대해서도 재고한다. 교실 환경 구성에서 신중한 반성이 요구되는 부분은, 제시되는 매체들이 매력 있고 쉽게 접근할 수 있으며 관계 형성과 경험의 의미를 심화시킬 수 있는가이다. 섬세함과 아름다움에 대한 신중함은 관계에 기초한 교육과 서로 통한다. 미학은 관계가 형성될 수 있는 '친근한' 환경을 만들어 준다.

환경이 변화되면서 유아, 교사, 부모 모두가 많은 관심을 더 갖게 되었고, 함께 공유하는 시간이 훨씬 많아지게 되었다. 교사 혼자서 해결하던 많은 것들로부터 유아들과 함께, 부모님들과 연계활동을 통해서 우리 유아들에게 가장 적합한 환경을 만들기 위해 함께 노력하게 되었다(5세 K교사).

▶ 관계와 의사소통을 통한 활동

▶ 부모와 함께 구성하는 인형극 배경

유아들이 디자인하고 부모와 함께 만드는 인형극 배경

공간 5. 일률보편적인 공간에서 다양성이 반영되는 공간으로

기관들은 레지오 환경 원리를 반영하여 기관 환경을 변형해 나간다. 그러나 개별 기관은 기관의 철학, 지역적 맥락, 학부모의 요구, 유아들의 문화적 배경 등을 고려하여 환경을 나름대로 구성, 운영할 다양성에 대한 권리 또한 가진다.

5.1 실외 영역 끌어들이기

현관과 놀이터는 기관의 얼굴이잖아요. 현관을 넓혀 부모를 위한 공간을 만들고, 마루를 깔아 실외와 연결되도록 확장하였어요. 아이들은 실외놀이를 마냥 즐기며 블록놀이, 소꿉놀이 등을 실외로 연결시키고 있어요. 교사들도 실외에 그늘이 생겨 놀이하기에 적합하며 마치 팬션에 온 것 같다며 실외에서 얘기하며 차 마시는 것을 즐겨요. 부모들은 아이들을 기다리면서 현관 부모 공간에서 차도 마시고 얘기도 나누고 책을 보거나 빌려가기도 하죠. 귀가 뒤에도 아이들을 데려와 노는 것을 볼 수 있어요. 나는 귀찮지만요. 지역 주민들도 와서 놀기를 바라는 민원을 넣기도 하였지만 삭막하던 놀이터와 환기구가 아늑하고 자연적으로 변한 것으로 좋아해요. 지나면서 놀이터 주변에 심어 둔 국화며 계절 꽃 자연물들을 즐긴다구요(M어린이집, H원장).

▶ 현관에 구성된 부모 공간

▶ 현관을 확장하여 실내 · 외 연결

▶ 실외 영역 보호를 위한 나무 울타리

▶ 재구성된 환기구

▶ 계절에 따른 자연물 끌어들이기

▶ 실외놀이 활성화

모래언덕

모래놀이

물놀이

▶ 전이공간의 아늑함

사회경제적으로 중 · 하 수준에 해당하는 비교적 영세한 지역에 위치한 M어린이집은, 지역 주민 대표들과의 협의를 통해 좁은 현관을 확장하여 실외와 연결하고 인접한 작고 삭막한 놀이터를 재구성하였다. 놀이터에 돌출되어 있던 콘크리트로 된 지하주차장 환기구를 방부목 나무로 싸 쉴 수 있는 공간을 만들고, 철망울타리를 아늑한 공간이 되도록 나무울타리로 대체하였다. 바닥에 모래를 채우고 흙 언덕을 만드는 한편 주말농장에나 가야 경험할 수 있는 텃밭을 만들어 콩, 고추 등을 키우고 관찰할 수 있게 하고, 긴 호스를 장치하여 물놀이를 하는 한편, 실내에 있던 블록 등의 놀잇감을 확장한 실외로 내주어 실내와 실외놀이가 연결될 수 있게 하였다. M어린이집은 곧 실외에서 유아들이 미술활동을 할 수 있도록 긴 테이블을 짜고 천막을 쳐서 실외 아뜰리에를 구성해 볼 계획을 가지고 있다. H원장의 다음과 같은 말에서 우리가 끊임없이 교육의 변형을 추구해야 하는 이유를 찾을 수 있다.

우리 지역은 레지오 교육이 필요해요. 영세한 우리 지역에서 빈곤의 악순환을 끊으려면 더 많은 것을 유아들이 경험해야 하므로 나는 미학적인 환경과 레지오 교육이 우리 지역에 필요하다고 생각해요(M어린이집, H원장).

5.2 실내 · 외 연결시키기

실외 영역이 넓거나, 베란다와 테라스 등이 있을 경우 실내 공간과 외부 공간을 연결시켜 실내활동이 실외로 연장되도록 한다.

5.3 기관 전체를 한 교실로 활용하기

다음은 사회경제적 수준이 중류에 해당하는 지역의 D어린이집 사례이다. 5년째 레지오를 적용해 오고 있는 D어린이집은 개별 교실에 충분한 영역 구성을 하기에는 공간적인 제약이 있어 왔다. 올해 들어 각 교실을 특성 있는 방으로 구성하고 기관 전체를 하나의 교실처럼 유아들이 시간차를 두어 각 교실을 이동하도록 환경을 재구성하였다.

우리는 레지오 환경 원리를 적용하면서 환경을 변화시켜 왔고, 유아, 교사, 부모 모두가 미학적인 기관 환경에 호감을 가지고 참여하고 있지만 우리 기관만의 문제를 안고 있었다. 첫째, 교실의 크기와 구조의 제한점, 둘째, 서로 다른 배경을 가진 교사들의 개인적인 성장과 발달 문제, 셋째, 레지오 방식의 심화된 프로젝트를 수행해 나가는 교사 개인의 자질 문제, 넷째, 지역 부모들의 전문적이고 심화된 지식 습득에 대한 요구…. 이를 수용하기 위하여 올해 들어 기관 전체를 하나의 교실로 각 교실을 음률, 자연탐구, 조작놀이, 수 · 과학, 요리활동, 서클룸으로 구성하고 유아들이 공동의 프로젝트를 하면서 여러 영역 교실을 통해 탐색활동을 심화되게 하는 체제로 운영하고 있다(D어린이집, L원장).

D어린이집의 경우 자연탐구교실에서 발현된 '장수풍뎅이'에 대한 관심이 프로젝트로 연결되면서 교사와 유아들은 탐색활동을 시작하였고, 조작 영역에서 몰펀과 가베 등으로 장수풍뎅이를 만들고 오르프 음악활동 시간에 움직임을 신체로 표현하며, 서클룸의 라이트 테이블, 그림자 극놀이, 2차원, 3차원 구성놀이를 통해 장수풍뎅이의 생태와 구조적 특징에 따른 움직임을 극화하는 탐색이 진행된다. 이러한 환경은 유아, 교사, 부모에게 다음과 같은 도움이 된다고 교사는 말하면서 그러나 아직도 문제는 많으며 변형을 향해 부단한 노력이 필요함을 인식하고 있다.

▶ 프로젝트를 공유하는 서클룸

3차원 구성놀이 영역

가게놀이 영역

메시지 영역

역할놀이 영역

벽화 공간

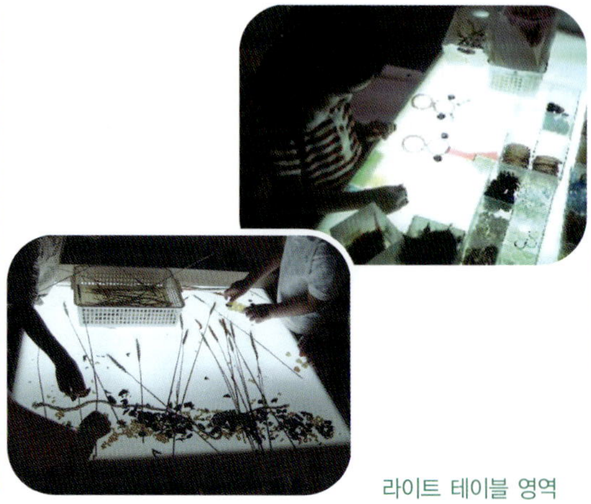

라이트 테이블 영역

▶ 주제 관련 요리가 이루어지는 cooking 교실

▶ 다양한 매체를 활용하여 표상하는 조작교실

다양한 블록 이용 구성

점토작업

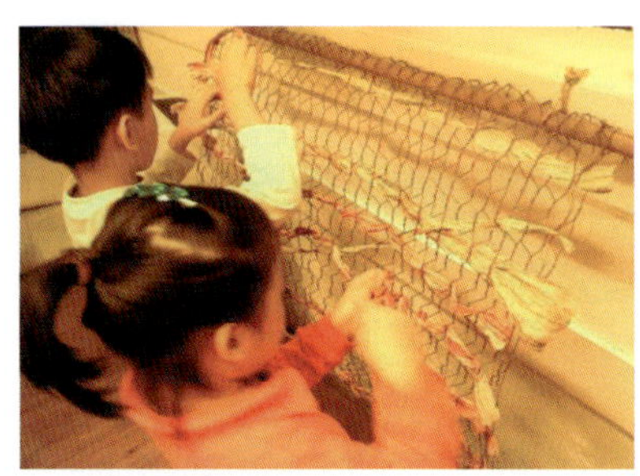

직조 영역

▶ 물리, 지구 과학을 탐구하는
수 · 과학교실

▶ 생명과학을 탐색, 표상하는 자연탐구교실

동물 탐색

공룡 모형들

탐색 내용의 기록

곤충 탐색

생물 관찰

3차원 구성

색점토 표상

5.4 옥상 재구성하기

5.4.1 옥상 놀이터의 벽화 구성

그 외에도 실외 영역이 멀리 떨어져 있는 기관은 건물 옥상의 벽에 다양한 벽화를 구성하여 놀이터로 활용한다.

다양한 벽화 구성, S어린이집 5세

S유치원은 지하 공간을 개조하여 아뜰리에를 구성하는 한편, 좁은 현관을 위해 원장실의 벽을 없애고 개방하여 피아자를 구성해 가고 있다.

5.4.2 옥상 텃밭

T유치원은 옥상에 갖가지 과실나무나 채소를 심어 텃밭을 조성, 관찰학습에 활용하고 있다.

5.4.3 옥상 하늘 공원

실외 영역이 부족한 도심에서 안전이 보장된다면 건물 옥상을 기능적인 대근육 운동 놀이 공간으로 활용해 보자.

5.5 생태 학습 공간 활용하기

기관과 연계된 텃밭이 있다면 계절에 따라 만날 수 있는 먹거리들의 생장, 발달, 자연과 우리 인간과의 관계를 탐색하는 생태학습장으로 활용한다.

공간 6. 단위 교구에서 공간 활용으로

기관과 교실의 벽면은 미적으로 꾸미는 기능에서 벗어나 유아들의 활동 과정을 기록하여 정보를 공유할 수 있도록 활용하며, 바닥과 벽면을 단순히 2차원으로 활용하는 개념에서 벗어나 입체적으로 구성하거나, 공간을 이용하여 그림자 극놀이, 2차원 구성, 3차원 구성놀이 공간을 확보하였다.

▶ 기록하여 대화하는 벽면

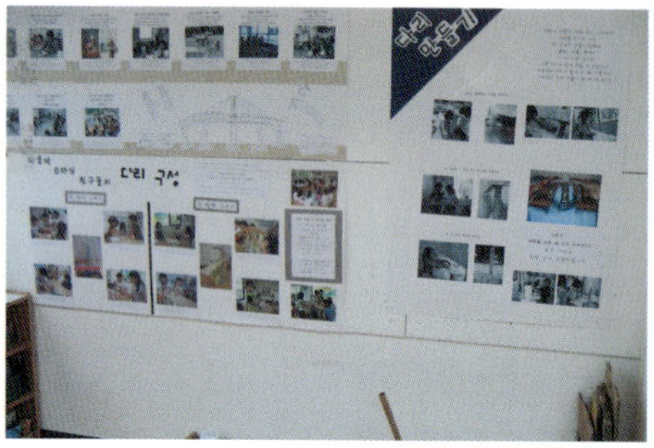

점차 유아들의 활동사진, 대화, 표상물들을 붙이기엔 벽면이 부족하다는 것을 알았다. 교구장은 최대한 간편화하고, 벽은 모두 개방하여 유아들의 기록 자료로 영역이 구분되어지게 되었다. 유아들도 공간에 몰입하여 놀이할 수 있게 되었다(H유치원, 5세 L교사).

기존에 기관에 있던 오르다, 가베, 몬테소리 교구들은 교실의 한 영역에 놓아 선택활동 시간에 유아들이 활용하도록 하고 있지만 아이들은 잘 활용하지 않는다. 빛을 활용한 구성놀이, 라이트 테이블 작업, 그림자 극놀이들을 보다 즐긴다. 유아들의 흥미가 더 오래 지속되는 것 같다(M어린이집, H원장).

▶ 공간의 3차원적 활용

빛을 활용한 구성놀이

▶ 그림자 인형극놀이

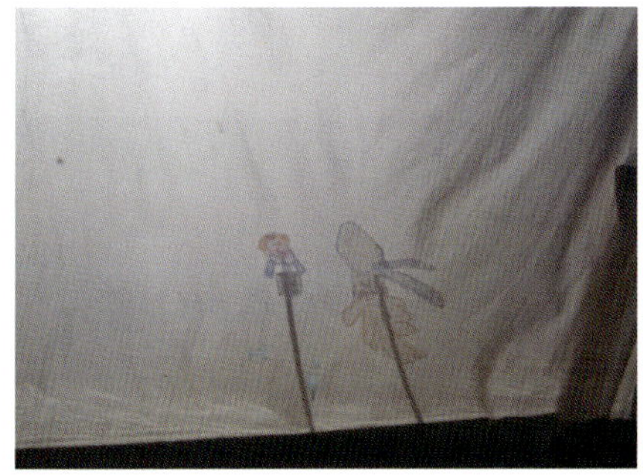

▶ 그림자 극놀이

▶ 라이트 테이블 작업

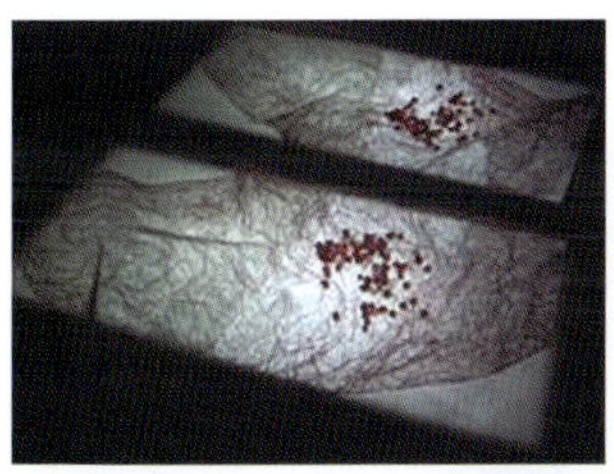

교사들은 공간을 활용하는 환경 구성이 유아들의 문제 해결 능력, 공간 인식, 창의적 사고, 표현력 나아가 유아 간 협력적 상호작용을 활성화시킨다고 말한다.

라이트 테이블, OHP 영역, 그림자 스크린, 자석 구성놀이가 가능해지며, 획일적인 교구활동에서 벗어나 다양하고 창의적인 활동들이 이루어짐을 볼 수 있었다. 정답이 있는 교구놀이를 하던 유아들이 매일 소그룹으로 상호작용하며 협의를 통해 구조물들을 만들고, 만들어 낸 구조물에 이름과 스토리를 창조하는 창의적이고 능동적인 태도로 변화하였다(4세 S교사).

▶ OHP를 활용한 구성

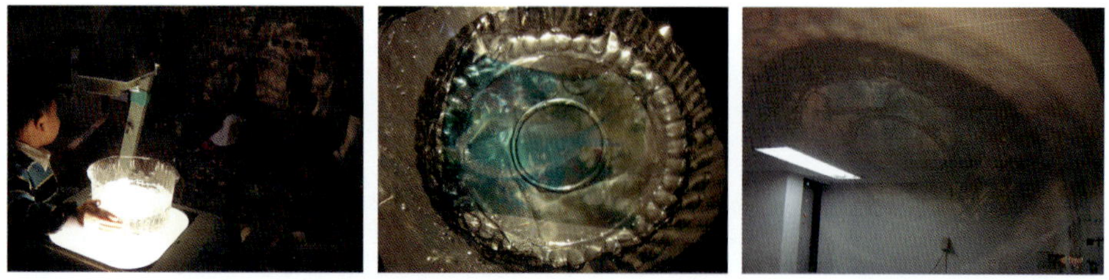

호수에 치는 물보라

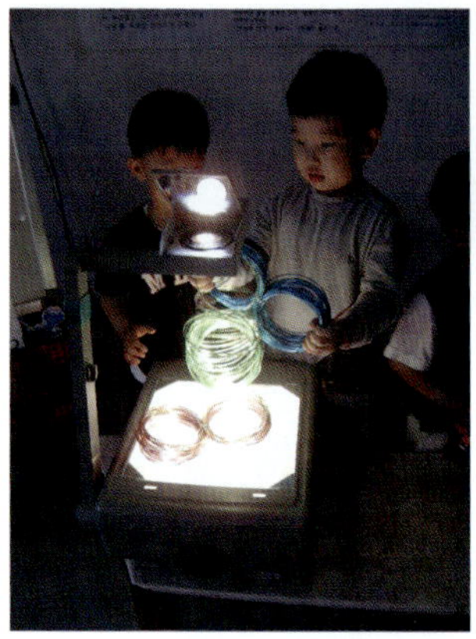

햇님

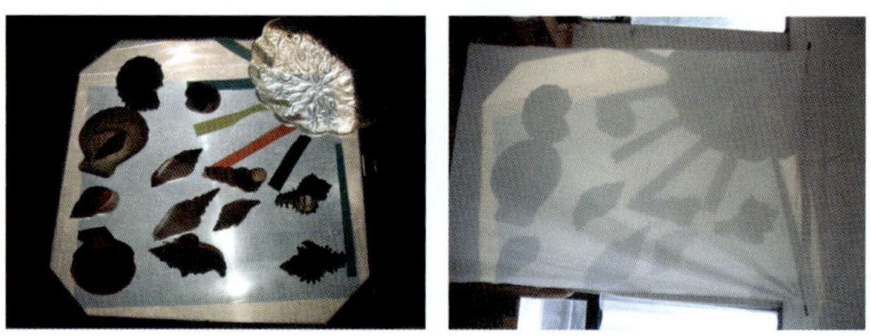

꽃병

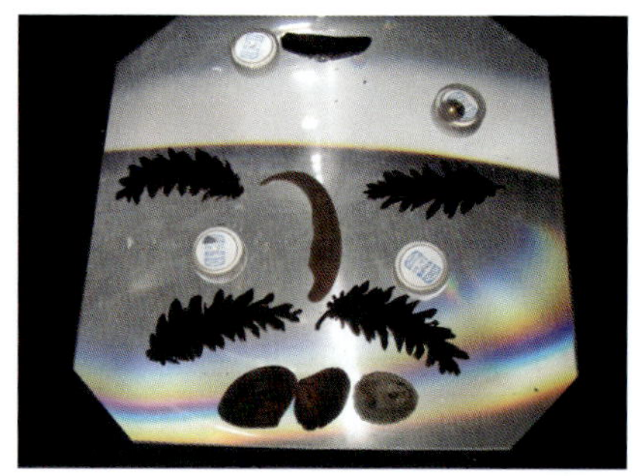

재미있는 얼굴

단위활동 교구는 정해진 방법이 있기 때문에 창의적이지 못하지만, 환경이 변화되고 다양한 매체를 활용하면서 요즘 유아들은 생각을 더 많이 하게 되는 것 같다. 공간 활용적인 면에서도 생각하고, 표현하는 능력이 자라는 것 같다(3세 M교사).

▶ 가상 극놀이

비오는 날

2차원 배경을 이용한 음악 퍼포먼스

공간 7. 자연과 빛이 있는 공간

교실과 아뜰리에에 가득한 솔방울, 나뭇잎, 나뭇가지, 꽃잎, 깃털, 견과류, 과일, 조개껍데기, 흙, 그 외에도 유아 주변의 많은 자연물들은 유아의 탐색과 학습을 위한 내용이 된다. 대부분 공산품들을 주 재료로 교사나 유아들이 제작하여 활용하는 이전 교실 전시물들과는 대조적으로 주변 환경의 자연물들을 있는 그대로 매달거나 재구성하여 전시한다. 학교에는 외부의 자연적 빛을 실내로 끌어들이고 초록 식물들을 키우거나, 꽃과 화분을 놓아 건강하고 생기 있는 환경을 구성한다.

▶ 빛을 끌어들이고 식물과 함께하기

실외정원

실내정원

교실 식물

이러한 환경이 보는 이들로 하여금 탄성을 자아내게 하는 유아들의 예술적인 표상을 가능케 하는 원동력이 된다. 이러한 환경은 유아와 교사들을 보다 적극적인 탐색자로 만든다.

▶ 자연물 탐색

자연을 교실로 불러오기

교실에 마른 나뭇가지들로 꾸민 모빌이나 발을 설치해 놓은 이후부터는 유아들은 등원을 할 때마다 나뭇잎이나 나뭇가지 등의 자연물들을 그냥 지나치지 않고, 주워서 교실로 가져오기 시작했다. 그 전에는 쉽게 지나쳤던 자연에 대해 관심을 가지며 자연을 교실로 능동적으로 옮겨 오기 시작하게 된 것이다(4세 B교사).

교사들도 훨씬 적극적이다. 집에서 빈 병도 들고 오고, 나뭇잎도 주워 온다. 조롱박을 보면서 아이들과 프로젝트를 하면 재미있겠다는 생각을 했다. 뒷산에 가서 솔방울을 따 가지고 와서 '어떻게 배치를 해서 아이들에게 어떻게 보여주면 좋을까?' 등의 다양한 생각들을 하게 된다(3세 K교사).

자연물 모빌

햇빛은 창에 걸어 둔 벽화를 통해 빛나고, 전기적인 빛은 유아들이 아세테이트지 위를 지나 교실에 걸어둔 스크린을 통해 빛난다. 교실에서 빛을 창의적으로 사용하는 데서 투영성의 원리가 나타난다. 특히 유아들은 자신의 세계를 탐구하고 아이디어를 표현하는 수많은 언어 중 하나로서 **빛을 창의적으로 사용할 뿐 아니라 다양한 방법으로 사용**한다.

교실의 변화로는 빛이 생겼다는 것이다. 라이트 테이블, OHP기, 아크릴 이젤을 통하여 교실에서 발생되는 빛은 기존의 사물을 새롭게 발견하는 계기가 되었다. 나뭇잎, 아세테이트지, 구슬 등을 다양한 매체를 라이트 테이블이나 OHP에 올려놓고 다양하게 구성해 가는 모습을 볼 수 있게 되었다(5세 P교사).

▶ 아크릴 이젤을 이용한 그리기

벽화 밑그림 그리기　　색지 찢어 붙이기

달팽이 구성하기　　'달팽이' 완성

OHP를 **2차원 벽면, 3차원 공간, 스크린과 연합하여** 표현된 장면을 배경으로 다양한 역할놀이나 극놀이가 구성된다. 다음의 5세 교실에서는 유아들이 탐색한 등대가 있는 바다를 3차원 구성하거나 2차원 스크린에 다양한 매체로 배경을 구성하여 연상되는 상상놀이를 즐긴다. 2차원과 3차원을 연합하여 역할놀이를 하거나 이야기를 구성해 내기도 한다. 2차원 구성에서 얻어진 유아들의 표상 기술은 3차원 공간으로 이어진다. 천장, 벽, 바닥뿐 아니라 공간 그 자체에 유아들이 탐색한 수많은 이미지를 한계 없이 구성해 나가는 것을 볼 수 있다.

▶ 빛을 이용한 3차원 구성놀이

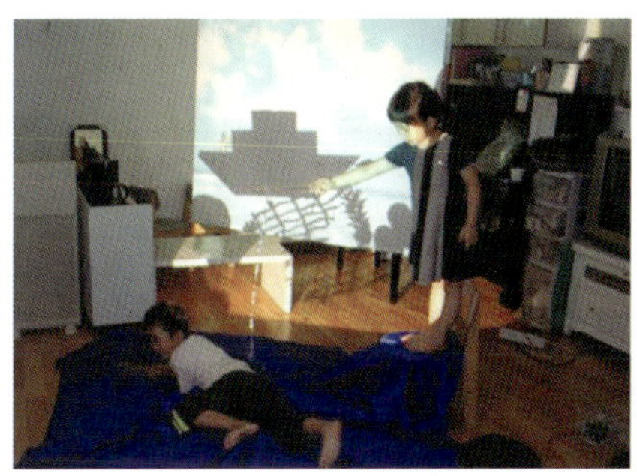

▶ 2차원 배경 활용 극놀이

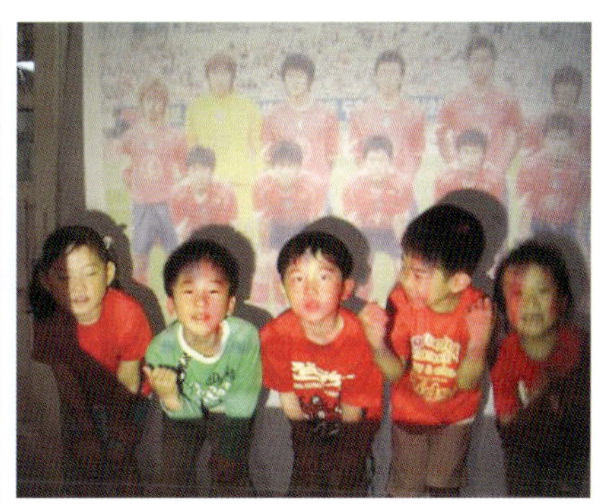

우리네 환경 변형

02 매체활용의 변형

매체1. 교재교구 제시자에서 환경 창안자로서의 교사

일반적인 교실에서 교사는 프로그램에 따라 주제를 선정하고 통합적인 교육계획안을 구성, 이미 구조화되어 있는 영역별로 교재, 교구를 준비하여 비치한다. 보편적인 이러한 형태의 교실과 달리 매일 이루어지는 프로젝트나 연구, 분석되어진 유아들의 관심사에 따라 환경 공간이 발현되는 T유치원의 5세 D교실을 소개한다.

현재 **이젤 영역**에서는 '숲' 프로젝트와 관련하여 산에서 주워 온 나뭇잎 찍기를 이용한 나무 구성이 이루어지고 있다. 벽화 감상 후 종이를 작게 찢어 붙여 모자이크 활동, 비 내리는 날을 스크래치로 구성하는 활동, 선과 도형 그리기, 모양도장 찍어 구성하기 활동 등이 이루어지고 있다.

메시지 영역에서는 계절 및 프로젝트 주제와 연관하여 종이접기, 한지 모양 스티커, 잡지 등을 다양하게 활용하여 메시지를 구성한다.

조작 영역에서는 탑 쌓기놀이, 바느질, 바둑을 이용한 알까기, 오목, 고누놀이 외에 옭매듭 묶기, 리본 묶기를 하여 나무를 구성하고 있다.

'숲 프로젝트 관련 야영놀이'

3차원 구성놀이 영역에서는 숲 프로젝트와 관련하여 텐트를 치고 야영놀이가 이루어지고 있다. 유아들은 나뭇가지에 나뭇잎들을 붙여 숲을 만들고, 텐트 안에서 놀이를 하고 있다. 유아들은 3차원 구성놀이 영역에서 끈을 길게 연결한 후 무엇이든 꼬아서 거는 놀이를 시작했다. 마침 '우리 몸의 구멍'이라는 동화를 듣고 우리 몸, 교실, 주변에서 구멍이 있는 것을 찾아 무엇이든 자유롭게 걸고 연결하면서 3차원으로 구성하고 신체 표현하는 '구멍 속으로…' 놀이가 이루어졌다. 이는, **끈 묶기 영역**을 마련하는 계기가 되었고, 4세 교실로 확장되었다.

구멍 세상 만들기

라이트 테이블 영역에서는 퍼즐 맞추기, 아세테이트지 그림, 얼굴 표정 구상하기, 함께 '가을 들판' 노래를 배운 후, 공동으로 자연물과 투영매체를 이용하여 가을 들판 꾸미기가 이루어지고 있다.

아세테이트 그림

가을 들판 꾸미기

책 읽기 영역에서는 유아들의 탐색과 관련된 책을 찾거나, 나뭇잎, 곤충들을 몰입하여 관찰한다.

나무 직조

천 염색

염색 천 직조

직조 영역에서는 산에서 주워 온 나무줄기들로 직조를 하였으며 현재는 염색한 천으로 망에 직조를 한다.

교실 공간에는 유아들이 한지를 이용하여 만든 전통문양으로 벽화를 만들고, 자연물로 초가지붕을 올렸다. 그 외 유치원 주변 고봉산에서 주운 자연물과 교실에 있는 매체로 '거북이', '수염 난 할아버지' 등을 표상하여 매달았다. 찰흙으로 슬라브를 만들어 그림을 그리고 대발에 엮어 유아들과 함께 **환경 구성**하였다.

2차원 구성놀이는 교실 한가운데에 스크린을 매달아 그림자 극놀이와 함께 이루어지고 있다. 학기 초에는 **그림자놀이**는 소극적이었다. 배경과 어울리는 음악이 나와도 쑥스러워하고 몸으로 표현하는 것을 어려워하였다. 그러나 지금은 진행되는 수업의 주제에 따라 OHP용 배경 화면을 모아둔 파일에서 필요한 그림을 뽑아달라고 제안하기도 하며, 직접 카세트를 작동하여 음악을 고르고, 그 음악을 느끼며 몸으로 표현하기도 한다. 때로는 집에서 검색한 후 유치원으로 돌아와 어디 사이트에 어떤 배경을 뽑아달라고 제안하기도 한다. '달에서의 축제' 놀이가 한창이다.

달 축제

바닷 속 놀이

시장놀이

역할놀이 영역에서는 지게, 호롱, 빗자루, 죽부인, 조리 등 옛날 물건들을 수집하여 전통물건들을 이용한 시장놀이, 가정놀이 등이 이루어졌다.

대집단활동으로 다솜 병원놀이를 하기로 했다는 주간저널을 읽으신 학부모님께서 아이와 함께 직접 약국을 다녀온 후, 약 봉투와 먹을 수 있는 약(초콜릿)을 만들어 보내 주셨다. 가져온 아이가 친구들에게 소개했고 이것을 계기로 많은 친구들이 자발적으로 소품들을 챙겨오기 시작했으며, 훨씬 더 적극적이고 즐겁게 병원놀이가 진행되었다.

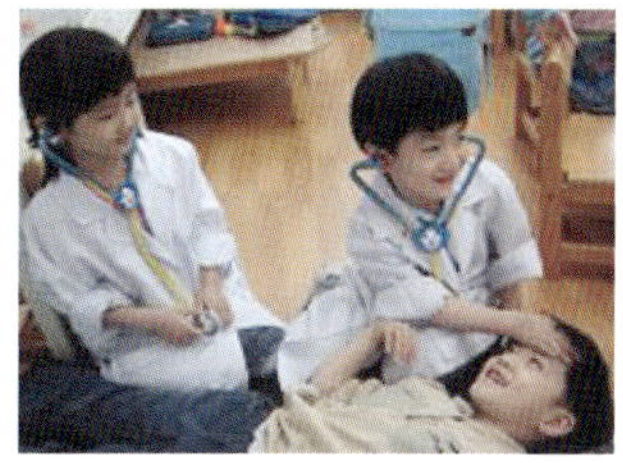

병원놀이

아뜰리에에서는 '잡히지 않는 것을 잡으려는 여인' 명화를 감상하고 반 상징 다솜이를 OHP로 투사하여 재구성한 후, 다양한 곡식 매체로 모자이크하여 벽화를 구성하였다.

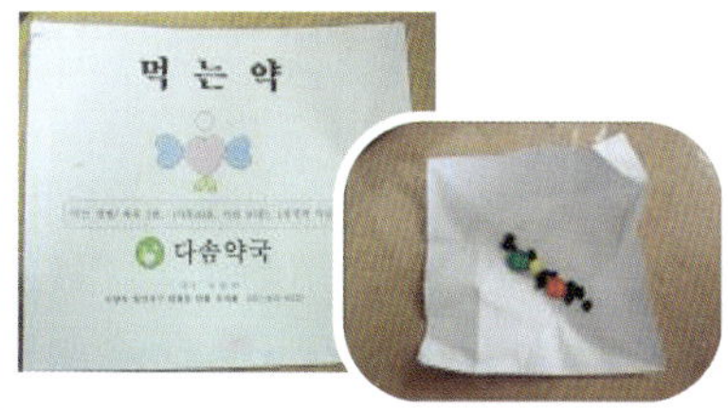

대집단 활동- '다솜 병원' 놀이

미로의 '잡히지 않는 것을 잡으려는 여인'

아뜰리에- '다솜' 벽화 만들기

피아자에서는 다른 학급 유아들과 연합하여 현대화된 마트놀이와 재래시장놀이, 의상놀이가 한창이다…(T유치원 5세).

재래시장

마트놀이

매체2. 제한된 감각에서 다감각적으로

레지오의 환경 원리를 반영, 자연적 빛, 공학 기기들을 이용하여 라이트 테이블 작업, 빛을 이용한 그림자 극놀이, OHP를 활용한 구성놀이, 실물 환등기를 이용한 가상놀이, 실물화상기를 이용한 관찰 등 자연적 · 인공적 빛과 공학 매체를 사용하는 기관들이 늘고 있다. 이는 유아들의 감각을 자극하고 사물에 대한 다양한 이미지를 갖게 함으로써 표상이나 심화된 학습을 자극하기 위함이다.

계절이나 상황에 따라 라이트 테이블이나 OHP 영역 등에 새로운 매체나 사물들을 제시하고 이를 통해 유아들의 다양한 놀이 형태가 나타나게 되었다(H유치원, K교사).

▶ **빛을 이용한 놀이**

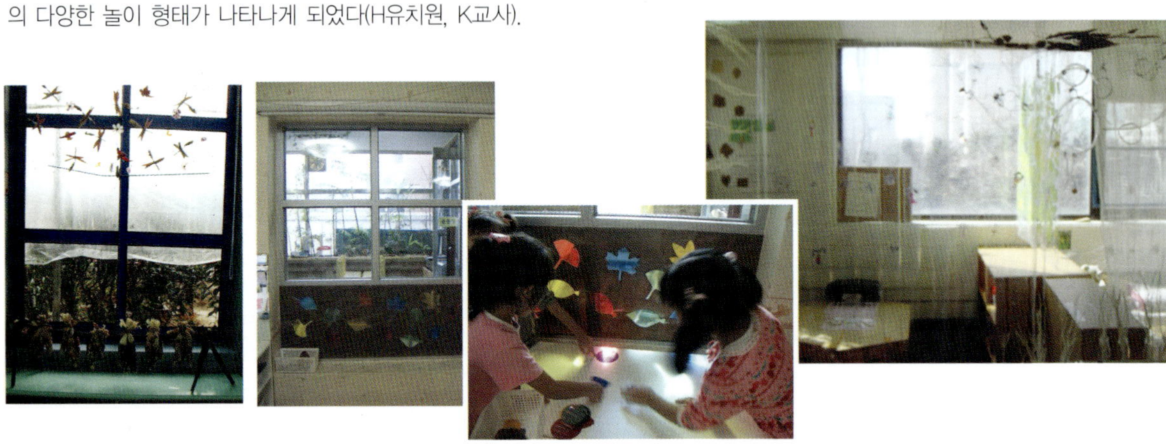

▶ **주변 매체 활용**

서로 다른 가용성을 갖는 자연물이나 주변의 다양한 매체를 활용하거나 가정에서 재활용품을 유치원으로 가져와 표상과 구성놀이에 사용하고, 수집된 재활용품을 유아 스스로 보관 장소에 분리하여 자유롭게 선택, 활용하고 있다.

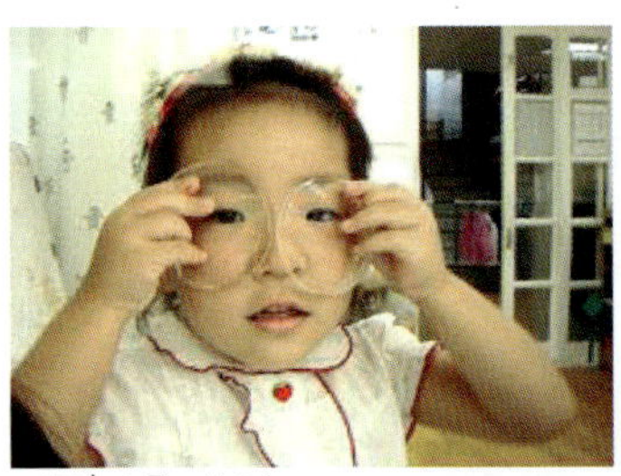

안경알로 보면…

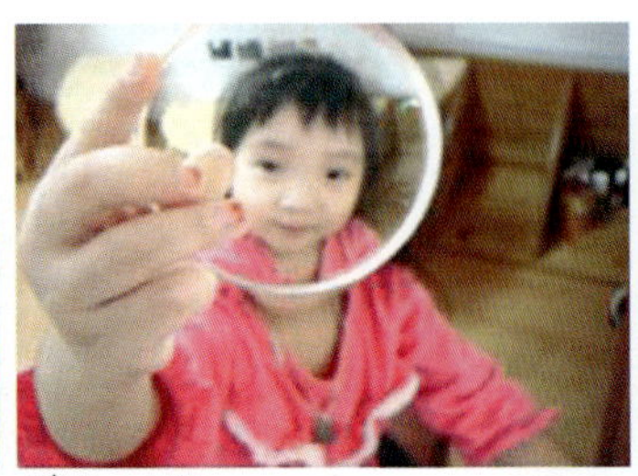

멀리서 봐야지…

너 얼굴이 이상해 보여.

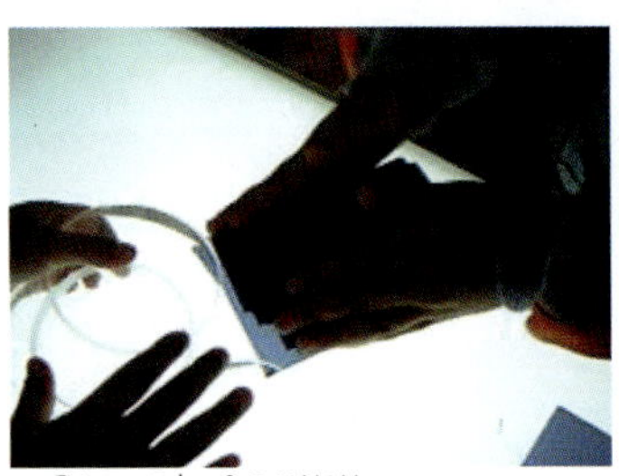

그럼 이걸 올려봐봐.

난 집모양 완성이다.

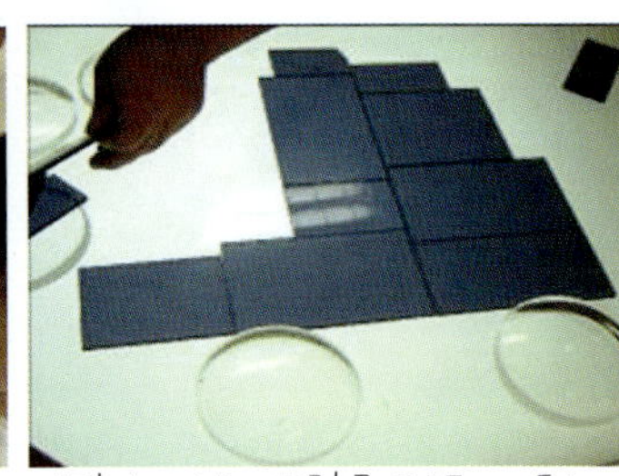

안경알과 색아크릴로 만든 자동차

TV에서 샌드위치 빵으로 미술활동을 하는 장면을 보고 먹으면서 즐겁게 활동할 수 있는 것을 생각하다가 뻥튀기를 떠올렸고, 구입하여 3차원 구성놀이 영역에 두었다. 대부분의 친구들이 관심을 보였고 구멍을 뚫어 사람을 만들기도 했고, 부러진 것을 달이라고 하기도 했다. 아이들은 만들고 싶은 모양을 생각하여 3차원 공간에 매달아 구성하고, 망가지면 새로운 이름을 찾아 내기도 했다. 사람 얼굴 모양의 뻥튀기를 얼굴에 가져다 대면서 '가면' '웃는 사람' '웃는 공주가 마귀할멈이 나타나서 슬퍼해' 라고 말하며 구성물에 스토리를 만들기도 하였다. 이를 계기로… 함께 이야기를 구성한 후 짧은 공연이 이루어졌다. 다른 반을 초대하여 공연을 보여주고 뻥튀기도 나눠 주었다(T유치원 5세 J교사).

▶ 뻥튀기 이용 구성놀이와 극놀이

모양 만들기 및 탐색

매달기

'웃는 사람이야' '마귀할멈이야.'

'뻥튀기' 이용 구성놀이, 극놀이

다른 반 초대 공연

▶ 재활용품 활용-- 정크 아트

자료 검색

컴퓨터, 샤워기, 기계 부품 재료 탐색

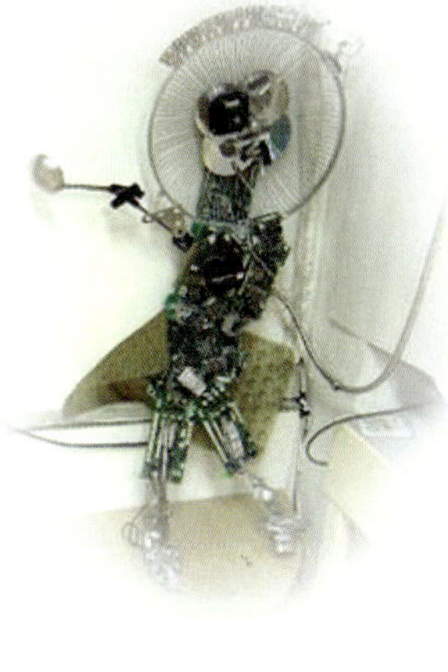

'우리들을 지켜 주는 로봇!'

다양한 기법으로 구성하자

찍기

칠하기

자석 구성

모자이크

점토 던지기

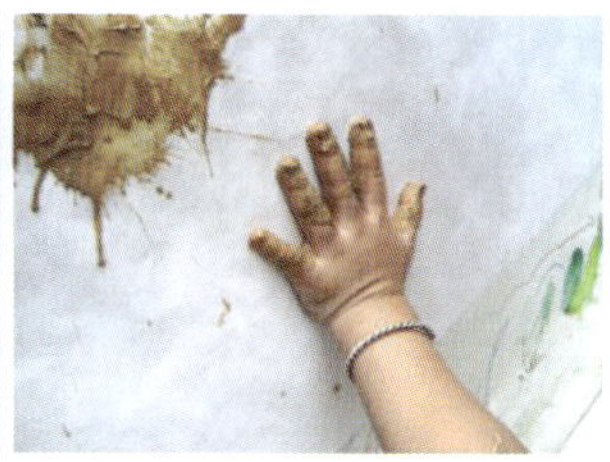

점토 찍기

점토 밟기

다양한 모듈 사용

성인 문화에서 사용하는 유사한 가용성을 가진 서로 다른 매체를 다양한 표현 양식과 기법으로 탐색하고 연구한다. 시각적 표상만이 아니라 소리의 원리를 알아보기 위한 다양한 사물과 악기 탐색, 소리 만들기, 음악에 맞추어 리본, 천, 풍선으로 신체 표현하기 다른 모듈의 다매체를 활용하고 있다

소리 전하기▶
북소리 탐색하기▶▶

천과 풍선으로 만드는 퍼포먼스▶

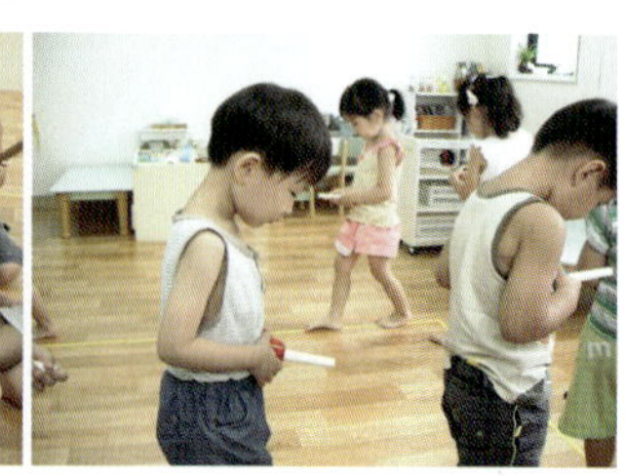

악기소리 내기▶
악기소리 안 나게 걷기▶▶

▶ 다양한 물감으로 표상하기

교실에서 부족한 칠하기 활동에 유아들이 관심을 갖도록 하기 위해 수채화, 유화, 마아블링, 포스터, 파스넷, 페이스 페인팅, 스테인드글라스, 패블릭 물감 등을 전문가와 화방을 돌면서 탐색하고 표상하다. 이젤이나 테이블에서 직접 활용하여 작업하면서 다양한 경험을 할 수 있었다. 이후 염색으로 확장되었다. 포도, 오미자, 양파, 먹물 등 주변 천연색들에 유아들이 관심이 많은 것 같다(O유치원, 5세교사).

포스터

마블링

수채화

스테인글라스

파스넷

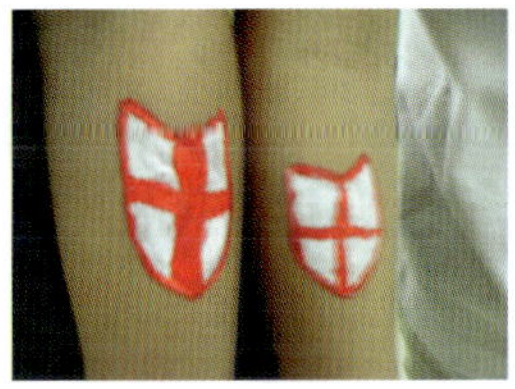
페이스 페인팅

이러한 환경은 유아에게는 사물에 대한 민감성, 관찰력, 탐구력, 실험정신을 갖도록 하여 사물에 대한 다감각적 표상과 심화된 학습을, 교사에게는 매체에 대한 연구 태도를, 부모에게는 기관 교육에 대한 이해와 기관에의 참여 기회를 제공해 주고 있다.

영역별로 제한을 두지 않기 때문에 철사 영역에서 했던 것을 라이트 테이블로 옮겨가고, 3차원 구성놀이에서 쓸 수도 있고, 미술활동에도 쓸 수 있기 때문에, 유아들이 여러 가지로 실험하고, 창의적으로 사고하며, 잠재 능력을 발휘할 수 있다고 봅니다(A유치원, O교사).

한번은 유아가 나뭇잎을 보면서 "나뭇잎은 색깔이 몇 가지예요?"라고 질문한 적이 있었어요. 유아들은 사물의 변화에도 굉장히 민감해지고 다양하게 변화되는 것이 느껴집니다(A유치원, 원감).

▶ 염색하기

한 가지 주제(예를 들어 '포도')를 정하여 그것으로 즙을 내어 물을 들여 보고, 손으로 만지작거려 주스나 잼을 만들어 먹어도 보고, 염색한 천은 교실에 걸어 놓고 다양하게 활용하는 프로그램이 참 좋다고 느낍니다. 아이들이 한 사물을 깊이 있게 이해하고 애정을 가져서 좋았습니다(O어린이집, 5세 부모).

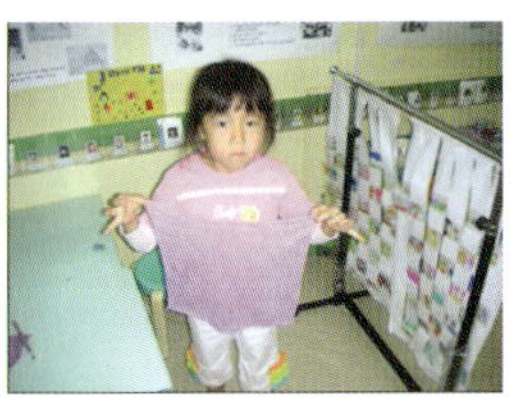
포도

양파

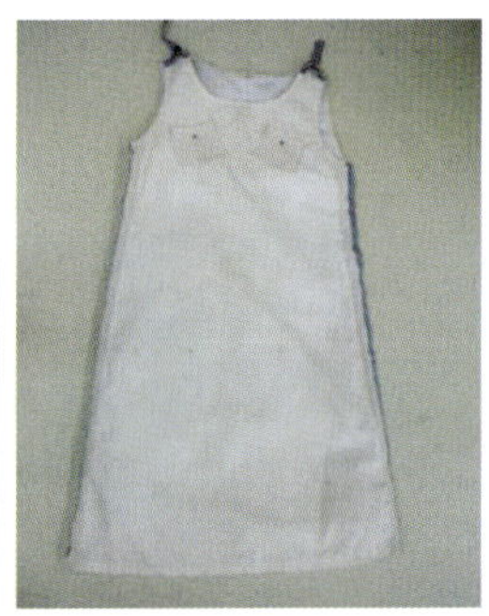
먹물

매체3. 사실을 검증, 확인하는 보조자료에서 경험을 반성하는 도구로

학습에 있어서 반성적 사고의 중요성을 아는 교사들은 **교수 매체를 사실을 검증하고 확인하는 보조자료가 아니라 경험을 반성하게 하는 도구로 활용**함으로써 유아교육기관에서 교수 매체의 활용 차원이 달라지고 있는 듯하다. 학습은 교사가 주는 경험이 아니라 유아가 경험한 것을 반성할 수 있는 기회와 다양한 도구를 통해 이루어진다. 이제 놀이 방법이 정해져 있는 교구를 제작하는 데보다 유아들의 반성적이고 깊이 있는 사고를 자극할 수 있는 매체 활용을 연구할 때이다.

T유치원 4세반 남아들은 공룡에 관심이 많았다. 아이들이 알고 있는 정보를 합치고, 알지 못하는 부분을 탐색하면서 협력하여 공룡시대를 유치원 공간에 재현해 보기로 하였다. 공룡시대는 일차 그림으로 그려 벽화로 구성되었고, 점토를 이용한 3차원 공룡시대 구성으로 이어졌다.

▶ 벽화로 공룡시대 재현하기

얘들아. 우리가 만든 공룡 아직도 있어.
우리 공룡시대 만들어요.

그럼 먼저 어떻게 만들지? 그림으로 그리면 되잖아.
난 하늘을 나는 시조새랑 프테라노돈도 그리고 폭발도 그려야지.
폭발이 뭐냐. 그건 화산이라고 하는 거야.

공룡시대에는 백악기랑… 쥐라기… 그런 게 있었어…

난 프테라노돈하고 티라노사우루스가 있는 공룡시대를 만들었으면 좋겠어….
그런데 티라노사우루스는 앞발이 두 개야… 그런데 넌 세 개잖아… 알로사우루스가 세 개야.

나는 시조새가 하늘에 있고…프테라노돈은 나무에서 새끼를 돌보고 있어…. 그리고 티라노사우루스랑 트리케라톱스, 그리고 아파토사우루스도 있고…. 여기 아래에는 육식공룡한테 죽은 초식 공룡도 있어….

여기 뒤에가 화산이야… 뾰족한 거 말야…
공룡시대에는 백악기랑… 쥐라기… 그런 게 있었어…
그런 곳에서 사는 공룡이 있었는데… 티라노사우루스는 백악기에 있었고. 트리케라톱스는 백악기에 살지 않아서 잡아먹지 못해.

티라노사우루스랑 트리케라톱스는 백악기에 살았어!

여기 봐… 트라이아스기랑 쥐라기도 있고 백악기도 있잖아. 공룡이 사는 시대는 달랐어. 티라노사우루스는 백악기에 살았어!

백악기… 어떤 공룡 만들지?– 첫 그리기

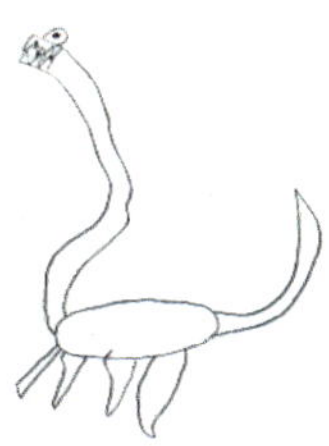

엘라스모사우루스

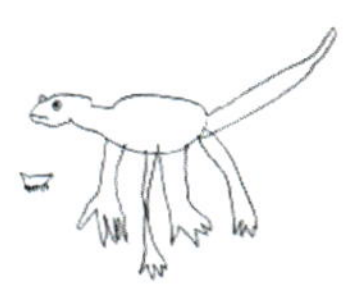

마이아사우라

프테라노돈

데이노니쿠스

공룡 책 탐색하기

경험 후 그리기

엘라스모사우루스

마이아사우라

데이노니쿠스

프테라노돈

트리케라톱스

백악기 공룡시대 디자인 하기

너무 복잡해서 뭐가 뭔지 잘 모르겠어…
여기 가운데에 바다 있잖아… 이게 엘라스모사우루스야.
종이가 너무 작아서 그래…

다른 공룡은 그리기 어려워… 그리고
난 엘라스모사우루스를 제일 잘 그려!!
어디가 바다고 어디가 땅인지 잘 모르
겠어!

큰 종이에 다시 그릴까?
그래! 큰 종이에 다시 그리면 진짜 공룡시대 같을 거야…
나는 다른 공룡들은 잘 못 그리겠어!
나랑 같이 그리면 되잖아!

백악기 공룡시대 공동 구성

먼저 바다하고 땅을 정해야지… 그림은 너무 복잡해!! 공룡들이 너무 많아서 뭐가 뭔지 잘 모르겠어! 우리가 공룡을 그려서 제일 잘 그린 공룡을 선택하면 되잖아…

그리고… 가위로 잘라서 붙이면 되겠다…이거 빨리 붙이고 찰흙으로 공룡 만들었으면 좋겠다…

공룡시대 디자인

공룡 그림 선택

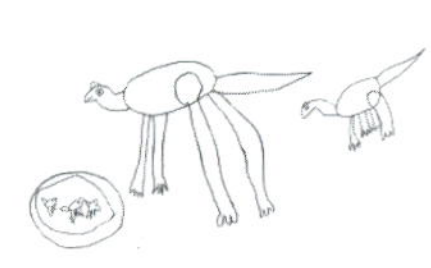

마이아사우라

트리케라톱스

프테라노돈

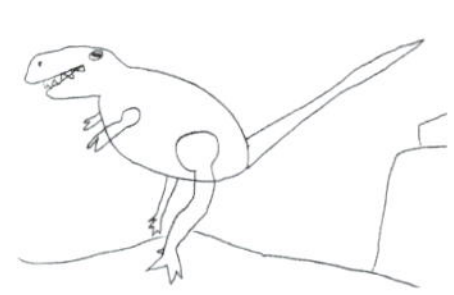

티라노사우루스

키케팔로사우루스

이구아노돈

카르노타우루스

데이노니쿠스

엘라스모사우루스

공룡시대 디자인하기

공룡시대 풀과 나무 배경 그리기

원감선생님 초대하기

공룡보다 나무를 더 작게 그려요.
화산은 세모나게 그리고 폭발하는 거 그리면 안돼요?
풀들도 진짜 풀처럼 그려야 돼요… 나무도 그렇고…

공룡시대의 공간적 배치와 그 시대의 식물들과 환경에 대한 문제점을 이야기 나누게 되었고, 미술선생님의 조언을 구하기로 하였다.

백악기 식물 알아 보기

백악기에도 소철이 있었어.
공룡은 억센 고사리와 삐쭉삐쭉한 쇠뜨기를 먹고 살았다고.
소나무는 뾰족뾰족하게 그려야지.

미술선생님 초대하기

미술선생님께서 오셔서 배경의 전체적인 구조에 대해 조언을 해주시고 우리와 함께 공룡시대 배경을 스케치해 주셨다. 그리고 색칠과 색의 혼합에 대해 이야기해 주시고 색칠도 도와주셨다.

공룡시대 완성

설 수 있는 공룡 만들기

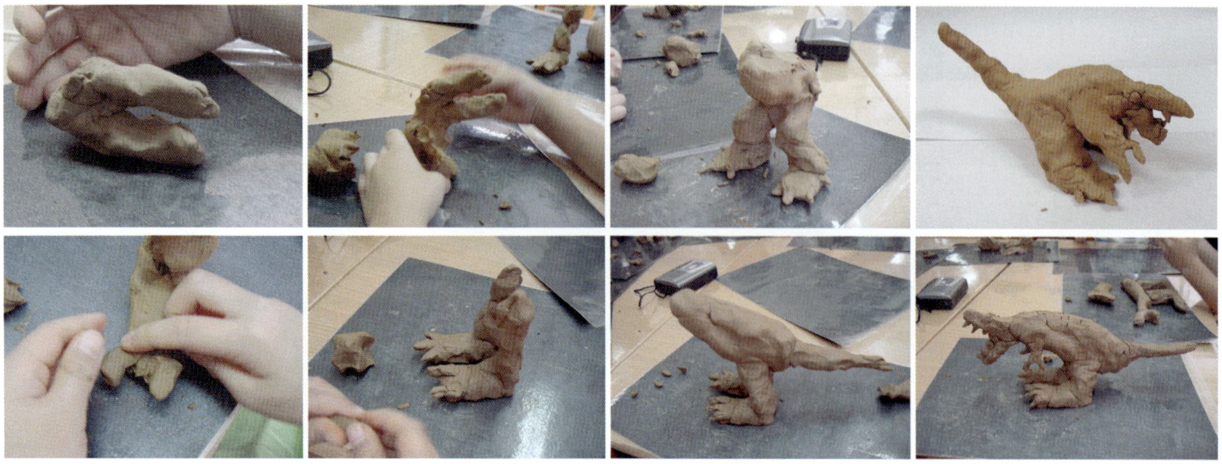

공룡이 자꾸 쓰러지고 등이 자꾸 갈라져.

엘라스모사우루스는 목이 길어야 하는데 목이 길어지면 세울 수 없다는 문제점이 생김.

설 수 없는 공룡에 대한 문제점 토의

공룡이 부서졌어!!
목이 자꾸 부러졌어요.

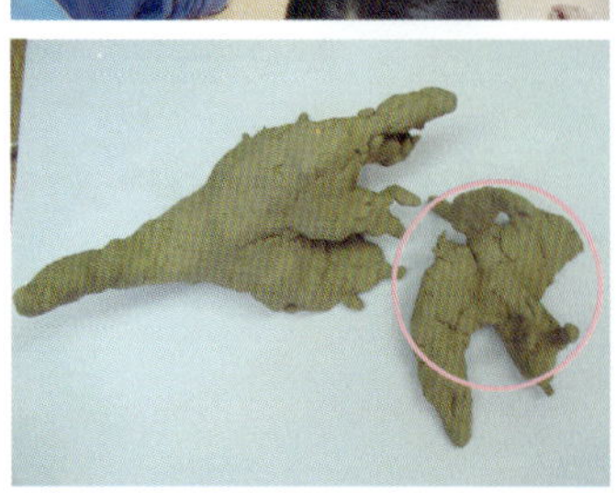

우리 그럼 공룡 뼈를 만들자…
나뭇가지를 뼈라고 하고 찰흙으로 붙이면 되잖아…
그럼 엘라스모사우루스 목이 안 구부러지잖아…
그럼 우리 철사로 공룡 뼈를 만들고 그 위에다가 찰흙을 붙이면 되잖아…

철사를 이용한 공룡 뼈 만들기

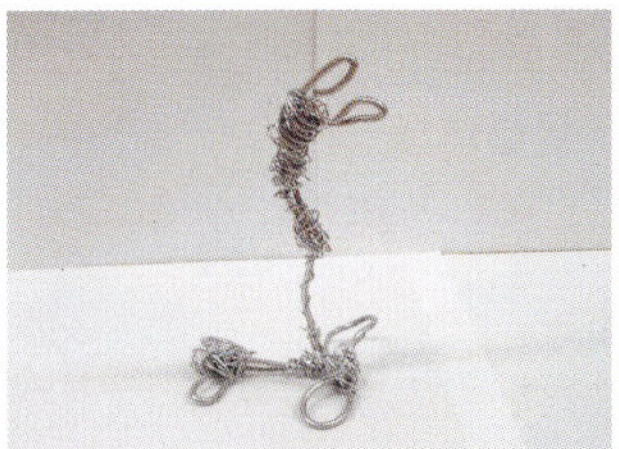
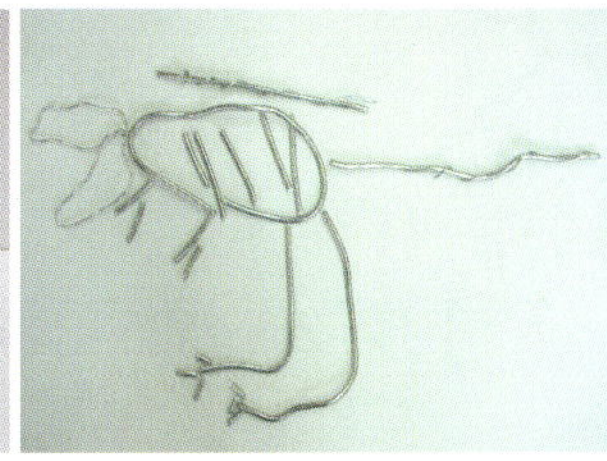

공룡 뼈의 크기에 대한 문제점을 토의

엘사스모사우루스보다 티라노가 더 커야 되는데… 엘라스모사우루스가 목이 더 길어…

티라노사우루스랑 프테라노돈이랑 크기가 비슷하잖아… 뼈를 조금만 더 크게 만들어야지… 그래야 티라노사우루스가 커지지…

철사로 공룡 뼈를 크기를 고려하여 다시 만들기

철망을 이용하여 티라노사우루스 만들기

자꾸 쓰러지잖아~ 공룡 뼈를 다시 만들까? 이사장님께 여쭤보자.

성인의 기술 빌리기

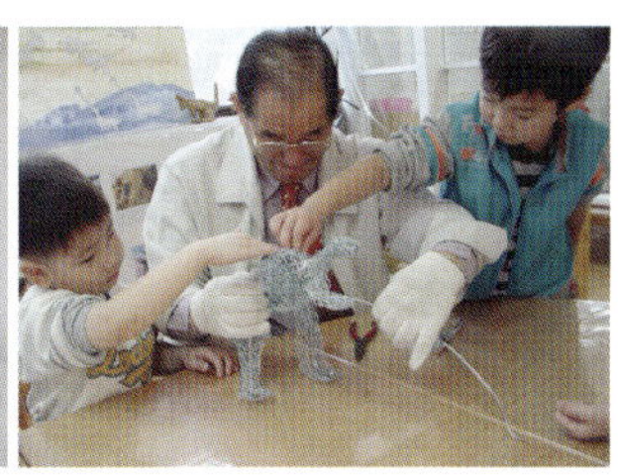

설 수 있는 공룡 완성

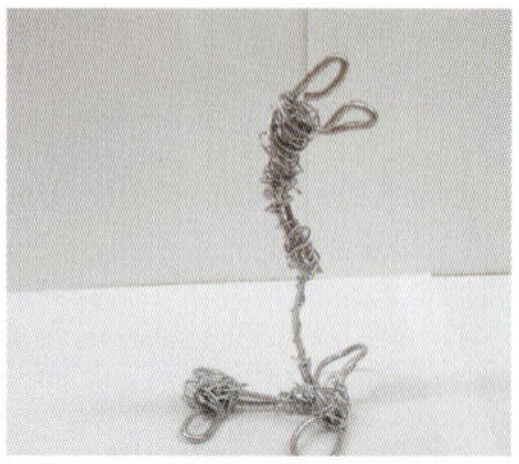

엘라스모사우루스

티라노사우루스

▶ 공룡시대 배경 만들기

공룡 대백과에 백악기 공룡시대 나와 있어.
찰흙을 바르자. 그런데 찰흙이 잘 안 묻어~

본드를 바르고 모래를 뿌리자. 솔방울도 많아 나뭇가지랑 붙이자.

나무 만들기
솔방울은 총 본드로 붙이면 되겠다
나뭇가지에다가… 이렇게 붙이는 건 어때??

▶ 공룡시대 구성

난 화산 만들래~ 화산은 원래 이렇게 구멍이 있어.

▶ 점토로 구성한 3차원 공룡시대

기존 주제 중심 통합교육을 운영할 때는 넓게 알면서 활동마다 맥락이 끊겨 버리잖아요. 깊이 있는 탐색이 없으면서 주제가 끝나면 잊어버리고 얼른 다른 주제로 들어가게 되는데, 다상징적 프로젝트는 처음에 유아들이 낯설어하다가도 진행되면서 호흡이 맞아떨어져 이해가 깊어지잖아요. 그런 걸 경험해요. … 첫 그리기와 경험 후 다시 그릴 때 다르고, 이전 그림을 수정하게 하면 의식적으로 사고하는 것 같아요. 다른 경험을 하고 다른 매체로 표상할 때 반성적 사고가 두드러지는 것 같아요(4세 K교사).

K교사는 프로젝트 학습에서 다양한 매체를 사용하면서 순환적으로 탐색해 나가는 상징화 주기를 통해 유아가 주제에 대해 고찰, 재고찰하게 되고 다양한 매체의 서로 다른 잠재력으로 인하여 학습이 심화됨을 경험하고 실천한다. 유아들은 **그리면서 대상물에 대해 면밀히 생각**하고, 세부 사항을 연구하며 표상할 가장 좋은 방법을 생각한다. **유아들은 그린 그림에 대한 아이디어를 공유하고, 서로 다른 생각을 학습하며 다음 탐색을 위한 갈등을 경험한다.** 교사는 그림을 통해 유아가 사고하는 것에 대해 연구한다. 그림을 살펴보고 유아들과 논의하면서, 유아의 생각에 어떤 불균형이 있으며 이해에 어떤 차이가 있는지를 발견할 수 있다. **교사는 그리기를 학습을 촉진하기 위한 방향을 결정하는 정보로 활용한다.**

▶ 물감으로 냄새 세상 구성하기

아이들이 냄새에 대한 프로젝트를 하면서 냄새를 선으로 표현한 것들을 가지고 벽화 구성을 하였다. 아이들의 그림을 하나의 그림으로 의미 있게 완성시키고 한지에 아이들이 만든 냄새 색을 가지고 그려 주어 벽화 완성!

조심조심해야지~ 물감이 흐르잖아…

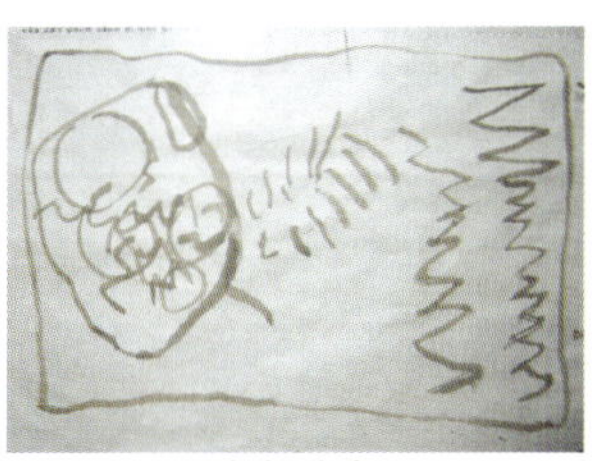

바람 냄새

꽃 냄새

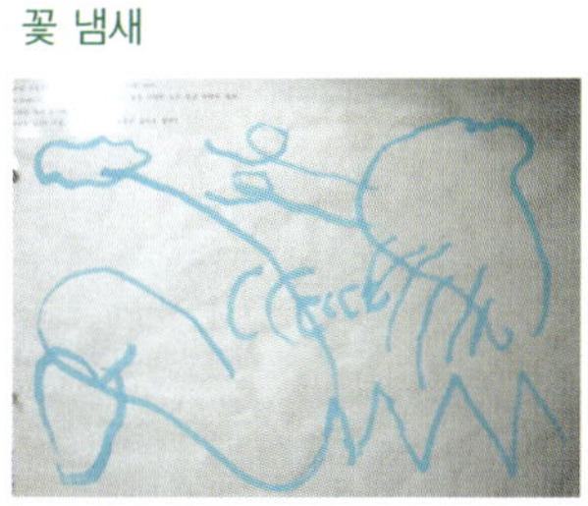

쓰레기 냄새

친구 냄새

우리가 주변에서 맡는 냄새들

교사들은 **그림이나 사진 등도 반성을 위한 도구로 활용한다.** T유치원 3세 교실에서는 루소의 '자화상' 을 감상한 후, 미래 우리들의 자화상을 생각하고 이야기하였다. 의사, 간호사, 엄마, 경찰 등 여러 직업을 가진 어른들에 대해 생각하였으며 자신이 하고 싶은 일들을 의상으로 스스로 표현하여 친구들과 공유하였다(T유치원, 3세 U교사).

교실에 정글을 만들자

T유치원 5세 유아들은 유치원 전체가 공유할 수 있는 축제를 준비하기로 하였다. 한 유아가 '정글' 을 제안하였고, 학급 유아들은 학급 전체를 멋진 정글로 구성하여 친구들을 초대하기로 하였다. 유아들이 탐색한 정글은 그림으로 표현되었고, 탐색, 재탐색하면서 알게 된 정글의 식물, 동물, 곤충들은 주변에서 수집해 온 온갖 매체와 자연물들로 교실 전체에 구성되었다.

정글에 대한 이야기 나누기 / 내가 생각하는 정글 그림 그리기 / 친구들과 공유하기

정글에는 덩굴나무가 많이 있고 가시나무가 많을 것 같아.
늪에는 악어가 살고 야생 뱀도 많이 있을걸.

민재: 뱀이랑 악어가 많을 것 같아.
나무가 크고 많아서 하늘을 가릴 거야.
예원: 민재야 니 그림에서는 엄청 큰 정글처럼 느껴져, 나무 때문인가?
준수: 정글은 당연히 큰 거야, 커야 해.

예원: 나는 정글에 악어가 살고… 나머지는 잘 모르겠어.
장현: 근데 악어가 다리도 없고…왜 그래?
예원: 물속에서 지금 헤엄치니까 위에만 보이는 거야.

준수: 원시인이 살 것 같은데, 옷을 안 입은 원시인이 살 것 같아. 원시인이 악어를 잡아 먹을 것 같고….
예원: 그런데 준수야 저 구름 뭐야?
준수: 구름이 아니라 유령이야, 정글에는 나무랑 사나운 동물들이 많아서 밤이 되면 유령이 나올 것처럼 느껴질 것 같아.

정글 관련 책 보기 / 책에 나온 정글을 지구본 · 세계지도에서 찾아 보기

'습기 차고 더운 환경에서 자라는 식물들을 기생식물, 기생식물이 뭐지? 양치류, 이끼류, 지의류?' '지구본에서 정글 찾을 수 있는데…' '우리집에서 지구본 가져올게' '유럽에 초록색이 많이 있다. 다 정글일까?' '지구본에 있는 초록색은 정글일 수도 있지만 숲일 수도 있고 그냥 초록 들판일 수도 있어.'

지구본에서 정글 찾기 (적도를 중심으로 남위 · 북위 각각 5-6도의 지역에서 볼 수 있는 상록 활엽수 위주의 대밀림)

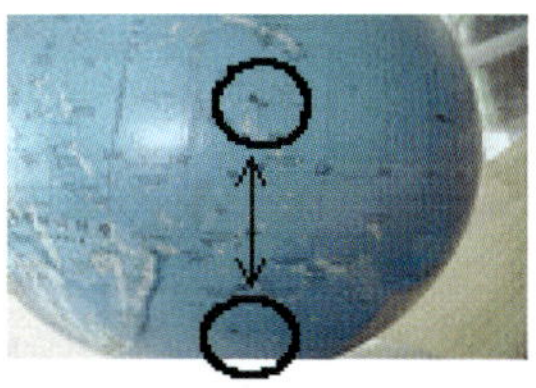

'여기(경도)줄에 숫자 적혀 있잖아, 적도는 모르겠지만 5-6도라고 했으니까 10이래잖아. 그러면 10과 10사이라는 것 같아, 지구본을 쭉 돌리면… 봐… 정글이 나오잖아. 아마존강 지역도 나오고….'
'가로는 위도, 세로는 경도, 위도에서 가장 가운데가 적도라고 했어, 0부터.' '적도 위는 북위, 아래는 남위'
'햇빛이(태양열이 가장 강하게) 내리쬐는 곳은 적도가 지나가는 지역인데 바다랑 가까운가? 바람이 부는가?'
'이런 것에 따라서도(가장 더운 곳이) 달라질 수 있다고 했어.'

정글 관련 책 보기 / 인터넷 검색(기생식물, 초본식물, 지의류, 이끼류, 상록활엽수…)

'정글에 햇빛이 땅바닥까지 비추기 때문에 초본식물과 야자나무, 넝쿨식물이 무성하게 자란다고 했는데 초본식물은 또 뭐지?'
'상록활엽수는 봄.여름.가을.겨울 모두 초록색인 나무래. 가을 겨울이 되어 잎이 떨어지는 넓은 잎은 낙엽 활엽수.' '시계 꽃, 꽃 모양이 시자 같아. 예쁘지? 다른 잎하고 좀 틀리게 세 갈래다.' '전나무는 상록침엽수다.'

교실(아뜰리에)을 정글로 만들자! / 어떻게 구성할 것인지 의논하기

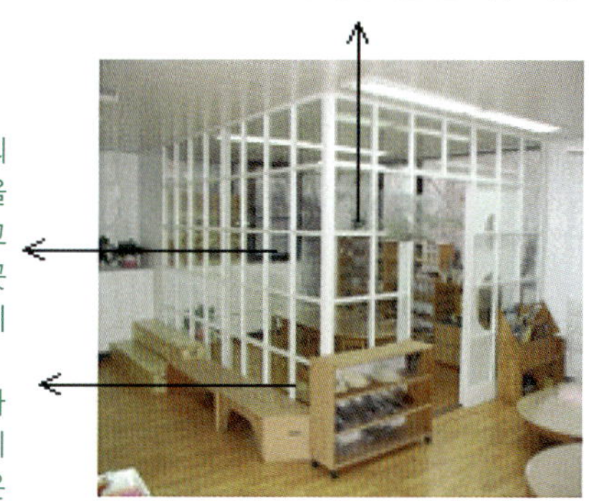

'정글에는 나무가 많아야 해. 천장 위에도 나무가 많아야 하니까… 어떻게 하지?' '밖에 나가서 아니면 산 같은 곳에 가서 나뭇가지를 주워 오면 되잖아.'

아뜰리에에 나무기둥과 나뭇가지 들여놓기

'지저분한 나뭇가지를 씻어서 달자.' '으뜸반 동생들처럼 점토로 붙여 보자.' '조금만 들고 있어, 어울리나 봐야 내려놓지.'

'어! 떨어진다. 어떡하지?' '나무가 얇아서 못으로 박으면 갈라진대.' '넓게 퍼진 큰 가지는 어쩌지?'

'점토로 세웠는데 나무 하나 쓰러졌다. 다른 것도 점토가 다 갈라졌어.' '큰 가지 연결할 때처럼 낚시줄 묶어서 천장에 걸자.' '아뜰리에 나무가 살아 있는 잎이면 정말 좋겠다.' '걸어 놓고 아래를 더 튼튼하게 하면 되잖아.'

아뜰리에에 들여놓은 나무 완성해 가기 / 가위개미가 사는 나무 완성하기

'이렇게 접어서 오리면 한꺼번에 많이 오릴 수 있어.' '가위 개미 엄청 나뭇잎 잘 먹지?' '가위 개미가 좋아하는 나무 두 그루 만들자.' '개미가 많이 먹어서 나뭇잎에 구멍이 뽕뽕뽕 난 거야. 테이프로 붙일 수도 없고 본드로 하면 너무 오래 걸려.' '어떻게 달지?' '구멍이 있으니까 끼울수 있으면 좋겠고.' '본드처럼 뜨거우면 안 돼.'

'철사로 걸어볼까?' (다양한 굵기와 색, 길이 사용해 봄)
'좋아, 이렇게 해서 걸자. 누구나 쉽게 걸 수 있어. 꼬기만 하면 되거든.'

한번에 많은 나뭇잎을 오리기 위한 방법 연구하기

나무에 걸기

나무늘보가 좋아하는 독 있는 나무 구성하기

열매나무 구성하기

나무늘보 만들기

기사선생님 초대하여 나무 고정하기

부모와 함께 정글에 사는 동 · 식물 · 곤충 만들기

아나콘다 만들기

사슴벌레 만들기

무화과나무 완성하기

'맞지? 내 말이? 다섯 갈래도 있어.'

정글에 사는 동 · 식물 · 곤충 이름표 만들기

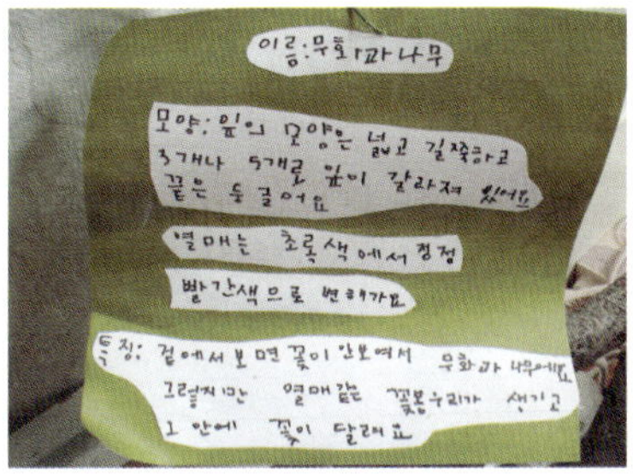

완성된 정글

정글 탐색 후 그리기

	건호	정민	소은
정글 탐색 전 그리기			
정글 탐색 후 그리기			

그림을 통해 생각해 본 우리의 자화상

루소의 '자화상'

여러 작업의 어른 이야기

자신이 하고 싶은 일 표상

군인 아저씨

멋쟁이 아빠

꽃집 아가씨

창의적 작업에 빛의 활용은 레지오 적용 교실에서 다양하게 나타나고 있다. **OHP구성 화면, 라이트 테이블 등도 경험을 반성하는 매체로 다양하게 활용되고 있다.** 유아들은 동화에서 보았던 장면을 구성하여 벽에 투사하기도 하고, 놀이를 위해 원하는 패턴을 만들거나 배경화면을 만드는 작업에 몰입한다. 유아들은 컴퓨터에서 발견한 디자인을 재현하기도 한다. 배운 노래의 내용을 생각하면서 구성해 나가는 모습도 볼 수 있다.

매체4. 표현하는 매체에서 생각하는 매체로

교사가 레지오 접근을 좀 더 이해해 감에 따라 표상을 유아의 '수많은 언어' 중 하나로 인식하게 된다. 교사들은 유아의 감각적 탐구와 창의성을 촉진할 수 있는 발달적으로 적합한 미술활동을 제공하는 데 목표를 두던 것에서 모든 경험의 부분, 표상의 수단, 탐색을 위한 도구, 의사소통의 매개물, 무엇보다도 유아가 생각을 가시화하도록 만드는 한 방법으로 보는 것으로 변화한다. 다음의 5세, 4세 유아 사례에서 볼 수 있다.

▶ 북을 치면 왜 소리가 나지?

5세 유아들은 북을 치면 소리가 나는 이유를 생각하여 그림으로 그렸다. 유아들은 북채로 치면 "공기가 빠진다." "공기가 퍼질 것 같다." "공기가 날아간다" 등으로 생각하였다(S어린이집, 5세 K교사).

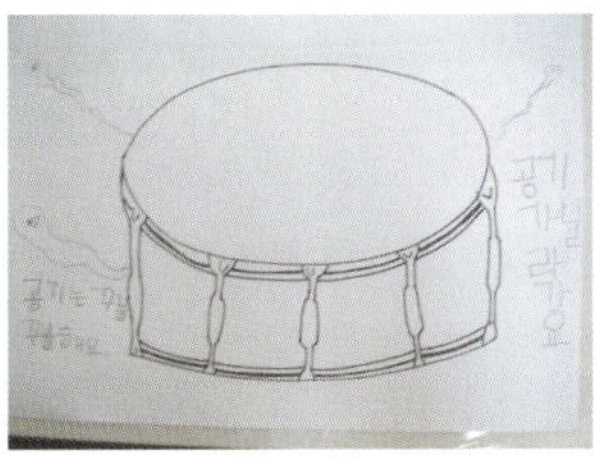

공기가 꾸불꾸불 날아가요.

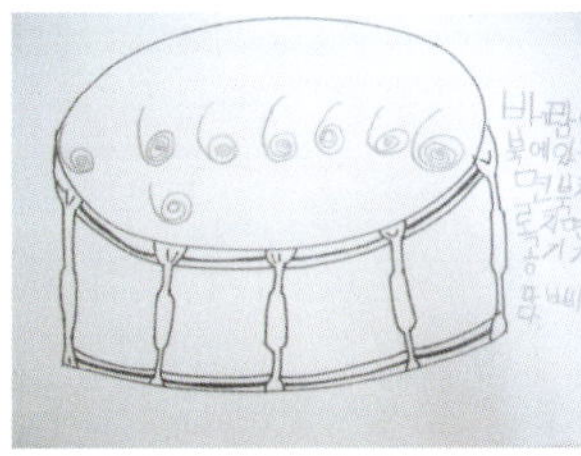

북채를 치면 공기가 빠져요.

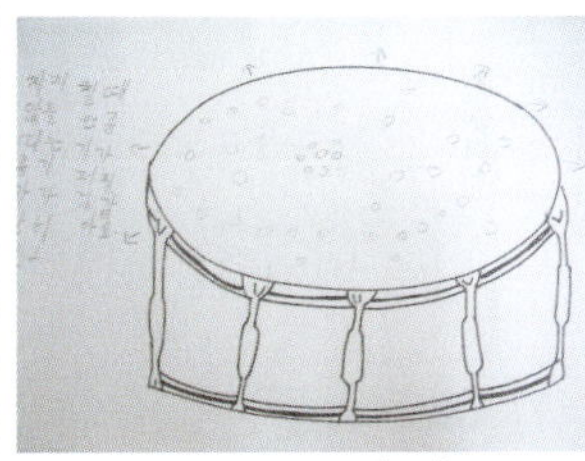

공기가 퍼질 것 같아요.

▶ 새로 올 동생들에게 유치원을 어떻게 알려줄까?

유아들이 신입 원아에게 알려 줄 '유치원 평면도'를 그리면서 각 영역이나 교실의 상징을 창안할 때, 신입 원아들은 유치원의 각 방과 교실 내의 영역을 잘 알지 못하므로 자신들이 아무렇게나 그리는 방법으로는 충분히 의사소통이 되지 않을 것이라고 하였다. … 따라서 다음과 같은 상징이 고안되었다(T유치원, 4세 U교사).

K, U교사는 프로젝트 수행 과정을 통해 **그리기가 유아의 아이디어를 표상하고 생각을 의사소통하는 언어**임을 인식한다. 유아들이 그리는 이미지는 의미를 만들어 낸다. 유아가 그려 내는 표현은 의미 있는 창의적 상징이 되고, 그리고 있는 아이디어와 관련 이해를 도와주는 기록물로 역할한다. 이러한 과정을 학습을 위한 그리기로 이야기하여 왔다.

구리 철사, 구리판, 알루미늄 호일, 링거줄 등의 다매체를 제시함으로써 유아들로 하여금 **선, 면, 2차원 · 3차원 구성물을 조형하여 표상하고 의미를 부여하도록 돕는다. 단위 표상들은 조합되어 큰 구조물이 구성**되기도 한다. 유아들은 교실에 항상 준비되어 있는 구리철사와 링거줄 등의 선, 구리 철사와 구리판 등의 선과 면, 일상 주변 매체 자체의 형태를 이용하여 생각을 표현하고, 고무자석을 다양한 모양으로 잘라 구성놀이에 활용함으로써 표상 기술이 부족한 유아들도 스스럼없이 다양한 언어를 표상해 낼 수 있다.

▶ 구리 철사를 구부리고 연결하여 뭘 만들까?

▶ 서로 다른 매체들을 어떻게 연결하지? (철사와 투명 호스 등)

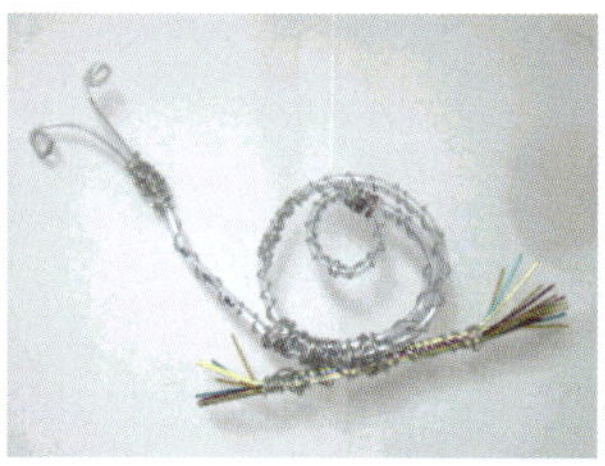
달팽이

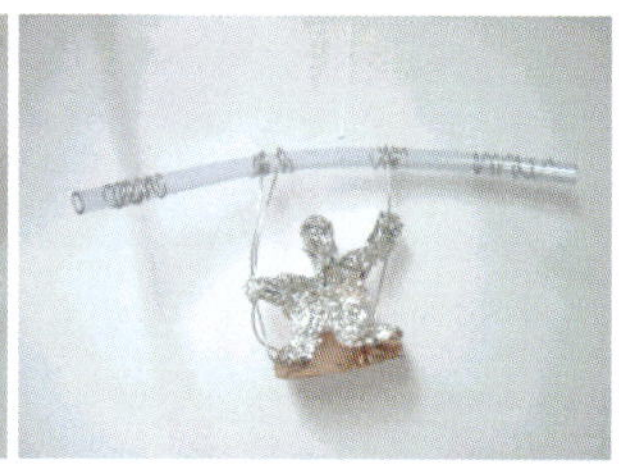
그네

사람

▶ 사람이 움직일 때는… (쿠킹호일로)

▶ 구리판으로 뭘 나타낼 수 있을까?

▶ 교실 전체가 바다라면… (알루미늄 매체로)

문어

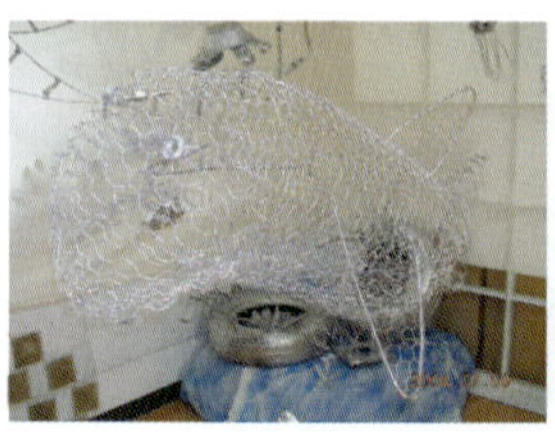
잠수함

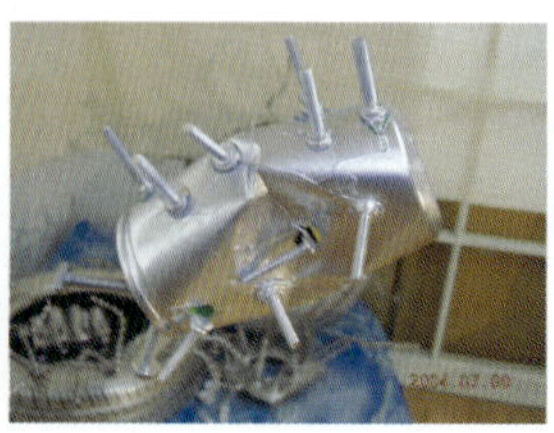
멍게

바다 속 풍경

매체5. 정형화된 표상에서 지성과 창의성이 존중되는 표상으로

기존의 정형화된 미술활동은 Cadwell(2002)이 말한 '지성과 창의성'이 결여된다. 표상과 매체에 대한 교사의 태도는 미술을 유아들이 세계를 이해하는 데 사용하는 또 다른 언어로 인식할 때 달라진다.

▶ 투명 비즈, 구슬, 반구가 놓여진 라이트 테이블 - 개인적으로 자유롭게 구성하기

T유치원 5세 K교사는 다양한 크기의 투명한 반구, 여러 가지 색의 투명 구슬 등 익숙하지 않은 새로운 매체를 라이트 테이블에 제시해 두었다. 유아들은 제시된 새로운 매체로 할 수 있는 여러 가지 놀이를 고안하며 이야기 나누었고, 첫날 개인적으로 자유롭게 구성하였다. "파란구슬을 보고 난 바다가 생각났어. 바다랑 물고기 만들거야." "산에서 주워 온 도토리나무 잎이랑 같이 놓고 도토리보석이 아주 많이 달려 있는 나무를 만들래." "난 외계인을 만들었어. 꼭 선글라스를 낀 것처럼 눈이 아주 크고 머릿속에는 기억할 수 있는 뭔가가 들어 있고 심장만 하나 있어."

파란구슬을 보고 난 바다가 생각났어. 바다랑 물고기 만들거야.

산에서 주워 온 도토리나무 잎이랑 같이 놓고 도토리보석이 아주 많이 달려 있는 나무를 만들래.

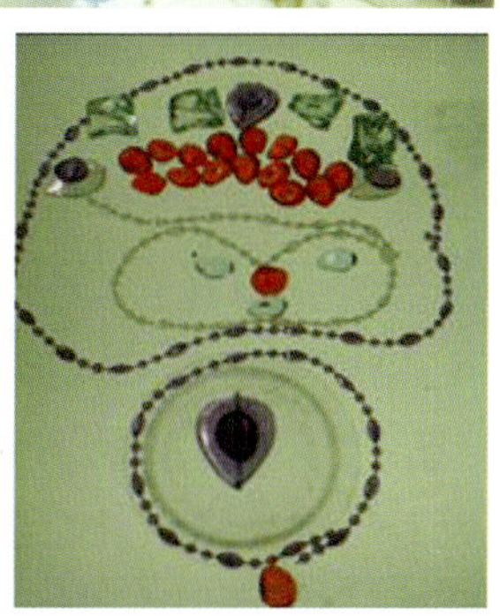

난 외계인을 만들었어. 꼭 선글라스를 낀 것처럼 눈이 아주 크고 머릿속에는 기억할 수 있는 뭔가가 들어 있고 심장만 하나 있어.

▶ 다음 날 친구들과 함께 우주 구성하기

다음 날 유아들은 공동으로 우주를 만들자고 제안하였다. 유아들은 함께 '재미있는 외계인', '우주에 있는 많은 행성' 들을 만들었으며, 자신들이 만든 것들을 조합하여 '우리가 생각하는 우주세상' 을 3차원으로 구성하였다(5세 현장사례). K교사는 익숙하지 않은 매체를 제시하여 유아가 혼자 또는 공동으로 탐색, 작업하도록 하였다. 유아들이 매체를 다루고 사용하는 방법은 학급에서 교사가 어떤 매체를 어떻게 제시하고 사용하도록 하느냐에 따라 달라진다. 매체 사용 방법은 학습되어진다. 다음의 3세 교실, M교사의 이야기에서도 볼 수 있다.

외계인

보석이 가득한 행성과 외계인 병사

여러 조각으로 만들어진 행성

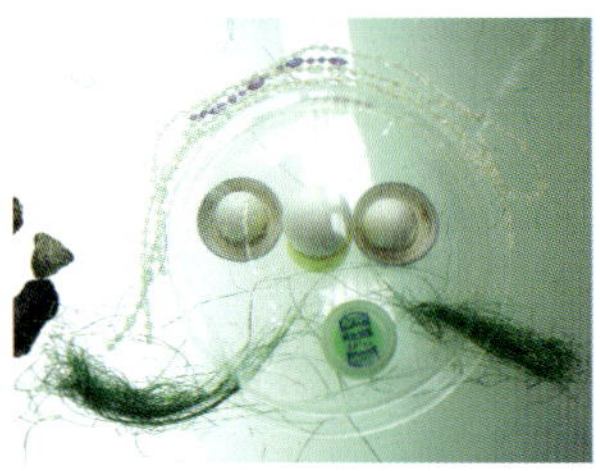

외계인들은 이상하게 생겼을 것 같아.

우리 행성은 띠가 둘러져 있어.

공동 구성한 '우주세상'

이전에는 활동에 필요한 매체들을 교사가 직접 제시해 준 적이 많았다. 그러나 이제는 내가 제시해 준 매체 외의 다른 매체들을 유아가 직접 찾아서 활용하는 경우가 많다. 얼마 전 미술활동을 할 때 이쑤시개로 구성을 한 적이 있었다. 그때 나는 이쑤시개와 접착제만 유아들에게 제시하였는데, 유아들은 제시한 자료뿐만 아니라 다른 자료들까지도 스스로 찾아서 하는 모습을 보여주었다(T유치원, 3세 M교사).

▶ 추상화 기법을 이용한 벽화

레지오 접근은 우리로 하여금 물감과 같은 미술 재료를 존중하도록, 매체를 제시할 때 이러한 존중을 암시하고 미학적 인식을 촉진하는 방식으로 제시하도록, **유아도 미술가와 같은 방식으로 생각하고 다양한 미술 매체에 관심과 주의를 가지고 사용하기**를 가르친다. T유치원 4세 O교사의 교실에서는 기법이 다른 두 가지 추상화 피카소의 '게르니카' 와 칸딘스키의 '원 속의 원' 을 감상하고 서로 다른 특성을 탐색하였다. 유아들은 피카소의 무채색 색채기법과 점, 선, 원으로 구성된 칸딘스키의 표현기법을 접목하여 벽화를 재구성하자고 하였다. 먼저 세모, 네모, 원의 기본 도형을 만들고, 유아들은 기본 도형들을 이용하여 연상되는 밑그림을 그렸다. 각 유아가 그린 밑그림을 연결하여 위에 아세테이트지를 씌우고 아크릴 물감으로 색을 입혔다. 성인이 만든 명화의 색채기법과 표현기법에 영감을 받은 유아들의 벽화를 완성하였다.

피카소의 '게르니카'

간딘스키의 '원 속의 원'

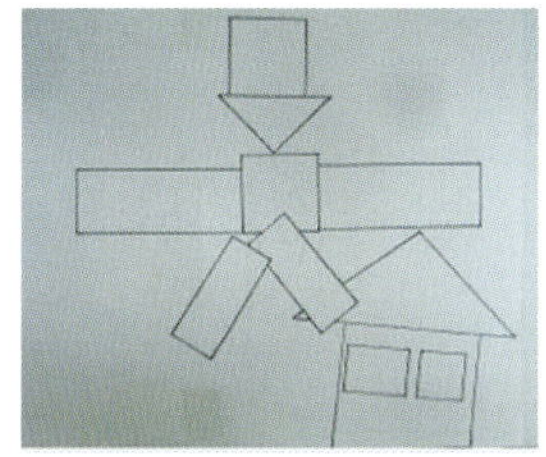

집으로 가는 모습

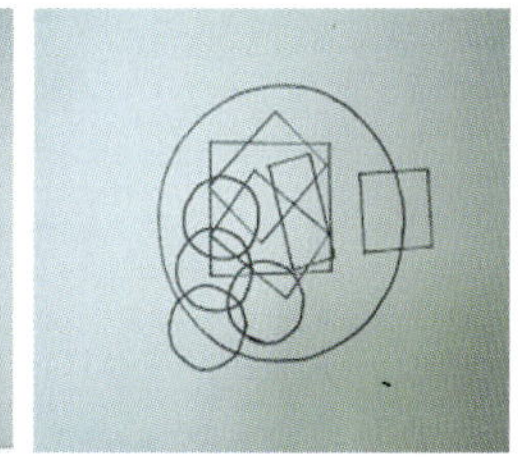

메시지 영역에서 노는 아이들

아크릴 물감으로 완성

▶ 옥상 놀이터 벽을 우리가 꾸미자

S어린이집 5세 유아들은 어린이집을 졸업하면서 자신들이 즐겨 놀았던 옥상 놀이터의 지저분한 벽을 벽화로 구성하기로 하였다. 주변에 있는 벽화를 찾아 견학하고 인터넷, 문헌, 사진 등을 찾아 보면서 벽화의 종류, 기원, 다양한 재료 등을 알아 보았다. 벽의 높이와 넓이를 재고 큰 붓, 롤러, 방수 페인트, 색소 등을 준비하여 지저분한 벽을 정비하였다. 나무를 그리고 손바닥으로 페인트를 찍어 칠한 벽화, OHP로 패턴을 크게 투사하여 밑그림을 그린 후 채색하여 벽화를 구성하였다. 프로젝트를 진행하면서 벽화의 의미를 재방문하고 공원 그림을 디자인하여 구성하기도 하였다. 유아들이 그림을 그려 구성한 벽화는 더한 탐색 욕구를 불러와 칠하기 벽화, 찍기 벽화, 패턴 활용 벽화, 타일을 이용한 벽화, 핸디코트를 이용한 벽화, 동판 벽화, 거울 벽화 등 다양한 벽화를 구성해 내게 하였다.

바탕 색칠하기

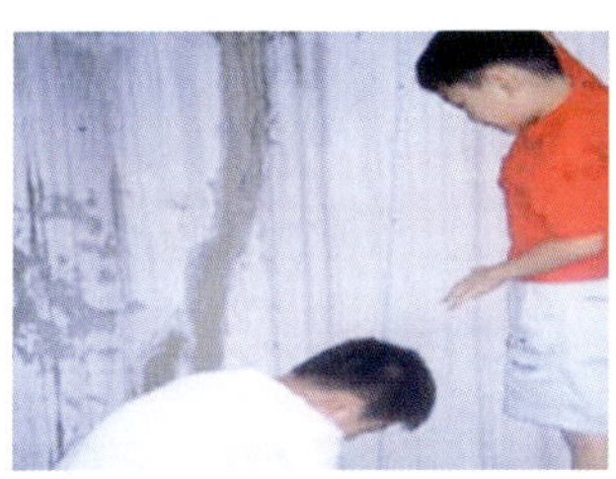

벽 높이와 넓이 재어 보기

방수 페인트 칠하기

바탕색 칠하기

손바닥 찍기를 이용한 벽화

패턴을 이용한 벽화

패턴 찾아 보기

패턴 결정하기

패턴 연습 과정

OHP 이용 밑그림 그리기

채색하기

타일을 이용한 벽화

타일 그림 그리기

타일 붙이기

타일 그림 재방문하기

핸드코트를 이용한 벽화

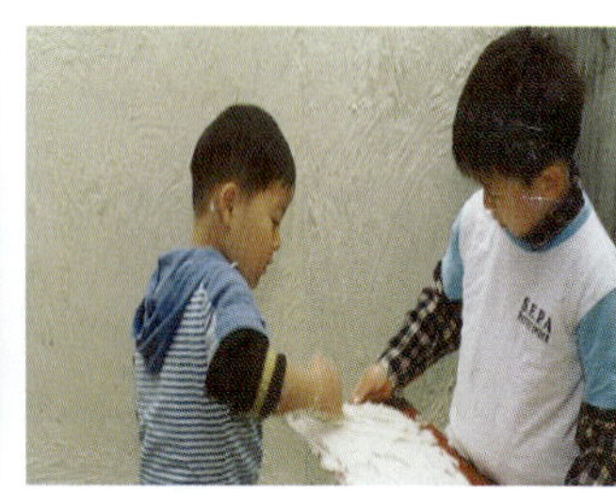

핸드코트 바르기 및 꾸미기

거울을 이용한 벽화

'거울 나라' 계획하기

재료 준비하기

공원 같은 벽화 그리기

자전거 첫 그리기

그림 수정, 보완

그림 조합 및 원근감 표현하기

밑그림 라인드로잉

동판 벽화

매체6. 발달 수준보다 매체 제시 조건을 고려하는 교사로

다음 I 교사의 경우처럼 반성을 위한 도구로서 교수 매체를 활용하는 데 어려움을 느끼고 갈등하는 교사도 있다.

그림을 그리면 유아가 어느 정도 알고 있는지 구체적으로 아는 데 도움이 되지만, 정말 알고 있는데 그림 표현이 안 되는 유아들이 있어요. 이야기해 보자 하면 다 아는데 그림으로 그려 보자 그러면 그림을 못 그려서 표현하지 못해요. 그런 아이들은 어떻게 해야 할지 모르겠어요(I교사).

▶ 엄마 뱃속의 태아가 어떤 모습으로 있을까?

S어린이집의 4세 교실에서 엄마 뱃속의 태아가 어떤 모습으로 자라고 있을지 교사가 제시한 틀 속에 유아들은 자신들의 생각을 표현하였다.

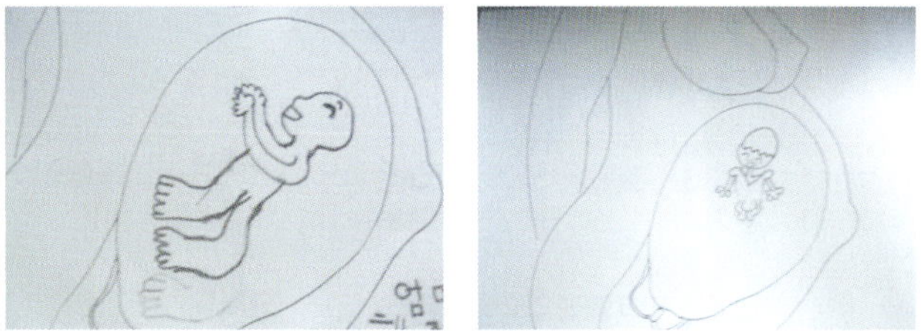

그리기 전에 어떻게 그릴지 생각하는 것이 중요하다고 생각해요. 그림으로 표현하는 방법을 몇 번 제시해 주면 다른 경우에도 생각을 하면서 그릴 뿐 아니라 큰 종이, 작은 종이를 달라고 하거나 칸을 나누고 순서를 정해서 그릴 줄을 알아요. 아이들이 자기 생각을 체계적으로 표현하는 방법을 알아가는 것 같아요(G교사).

읽긴 하는데 쓰지 못하는 아이가 있었어요. 다람쥐가 얼마나 자는지 좋아하는 기호를 사용하여 그리라고 했더니 동그라미를 15개 그렸어요. 밤은 별, 낮은 새를 그려서 표현하고, 동그라미를 둘로 나누어 밤을 검정색으로 표현하였어요(V교사).

G교사의 질문 방법, 매체 제시 조건, 생각을 체계화하는 방법, 순서를 정하고 칸 나누는 방법, V교사가 사용한 상징적 기호를 사용하는 방법 등은 유아들의 그림 표현을 도울 수 있다. 그리고 이러한 매체를 다루고 활용하는 방법은 학습되어진다.

▶ 3세 유아들이 구성한 교통안전 포스터, N유치원

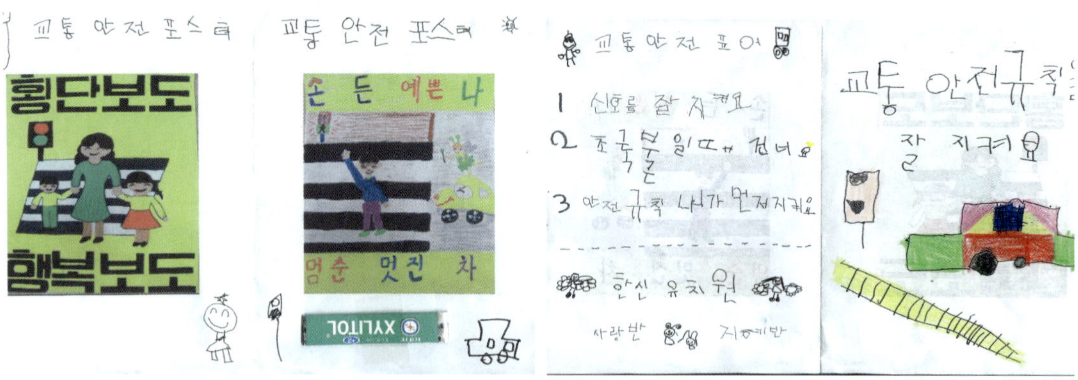

OHP를 이용하여 인형극 배경을 만들자

인형극을 하기 위해 배경그림을 크게 그려야 하는 경우나 벽화 구성 시 OHP를 사용하여 배경을 협의하여 그리고 벽면에 크게 투사한 후, 그려 낼 수도 있다. 배경 초안을 그리기 힘든 경우는 슬라이드 투사기와 플렉시글래스 이젤을 화용하기도 한다.

무엇보다 유아들의 그리기는 '생각을 가시화' 하는 것이므로 생각을 심화, 확장하는 탐색 경험은 유아의 그리기를 위해 중요하다.

마트 첫 그리기, T유치원 4세

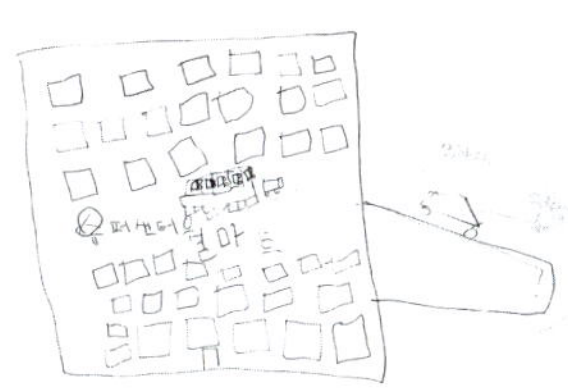

유치원 전경 그리기, H유치원

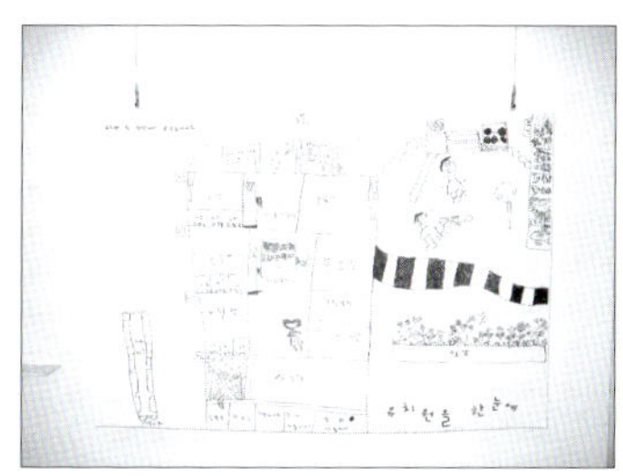

탐색 전 · 후 지폐 그리기, I유치원 5세

첫 그리기

'돈' 탐색하기

탐색 후 그리기

유아들이 고안한 우리 유치원 지폐 만들기

천원권

오천원권

만원권

▶ 물감 사용 지원하기

벽화를 그리면서 **어른들로부터 적절한 지원을 받을 때** 유아는 **다양한 종류의 물감에 영향을 받고** 기술이 증가함을 알 수 있다. 교사의 섬세한 도움으로, 유아들은 **색칠하기를 위한 보다 세련된 칠하기 기술을 개발**할 수 있다. 교사들은 공동 이젤을 사용하고 바퀴가 달린 카트 위에 다양한 색 물감을 담아 제시한다. 물감 사용 경험이 많은유아들에게는 반투명 잉크와 아크릴 물감, 포스터 물감과 같은 다양한 종류의 물감을 경험하게 한다. 때로, 몇 가지 물감색을 한정하여 다양한 색조와 명암을 제시할 수도 있다. 이는 유아로 하여금 색상의 점진적인 그라데이션을 인식하도록 한다.

OHP필름에 그리기

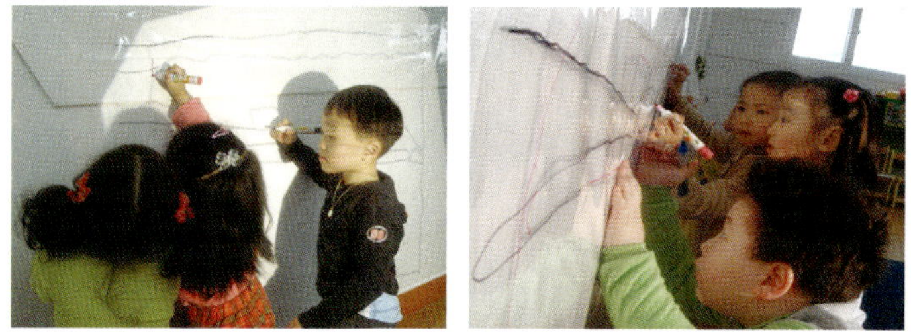

밑그림 그리기

유채꽃 색칠하기

노란 유채꽃 벽화

▶ 찰흙작업 지원하기

교사들은 먼저 유아가 **점토의 가용성을 탐색하고 그 매체에 대한 많은 가능성을 혼자 힘으로 발견하도록 격려한다.** 유아들은 물을 첨가했을 때 점토가 얼마나 더 말랑해지는지, 말랐을 때 얼마나 조작하기 힘든지 관찰한다. 자연적으로 유아들은 점토 모양을 만들기 위해 손을 사용하여 공, 코일, 판자 모양으로 빚고, 굴리고 납작하게 만든다. 유아들은 다른 도구를 이용하여 점토에 자국을 만들거나 점토 조각을 덧붙여 장식할 수 있음도 발견한다. 이러한 유아들의 초기 경험은 코일을 만들어 **형태를 구성하고 점토판 위에서 모양을 만드는 다**

▶ 우리가 원하는 공룡 가족 만들기

난 마이아사우라 만들어야지.
마이아사우라 둥지부터….
둥지 진짜 쉬워… **그릇처럼 만들면 돼!!**
그리고 둥지 안에 새끼도 있어야지….
우와… 새끼 정말 귀엽다…
어떻게 만들었지??
이젠 마이아사우라 만들 거야…머리랑
몸 먼저 만들고…다리를 붙여야지…
C: 왜 눈은 없어??
이제 만들 거야….
주사기로 눈 만들어야지.
우와… 진짜 눈 같아….

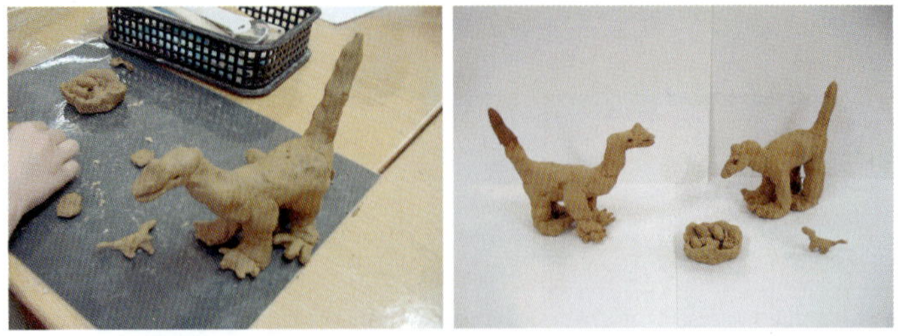

입도 잘 만들었다.
입은 어떻게 만들었어?
이걸로 잘랐어… 이마에 혹도 만들고….
정말 잘 만들었다!!
마이아사우라랑 똑 같아…
마이아사우라 가족이야!

마이아사우라

양한 기술을 학습할 때 도움을 준다. 점토와 점토를 연결시키는 방법, 가장자리를 거칠게 하기 위한 도구 사용 기술 등도 알려 줄 수 있다. 만일, 특정한 점토 형태를 만들고 싶다면 철사를 구부려 틀을 만들거나 사물의 형태를 몰딩하는 기술을 시범 보일 수도 있다. 머리나 항아리를 만들기 위해 종이로 형태를 만들어 조형하는 방법을 보여줄 수도 있다. T 유치원의 4세 유아들은 한동안 점토 작업을 하느라 분주하게 보냈다. 주제는 '공룡' 이었으며, 공룡의 세세한 부분을 만드는 것에서, 부분 연결하기, 누워 있는 공룡 세우기 등 공룡을 만들기 위한 다양한 방법이 사용되었다. J교사는 **유아들이 어떻게 서로에게 배우는지, 어떻게 유아가 다양한 공룡에 대한 아이디어를 탐구하기 위해 점토를 사용하고 있는지 유아들의 대화**를 기록화하였다.

찰흙으로 공룡을 만들면서 유아들은 점차 도구를 활용할 수 있게 되었고, 도구를 사용하면서 공룡의 특징을 보다 구체적으로 나타낼 수 있게 되어 갔다.

빛의 가능성 탐구

레지오 에밀리아 학교 방문객들이 가지고 돌아오는 가장 강력한 기억 중 하나는 미술의 매체로서 빛의 활용이다. **유아들이 빛의 가능성을 탐구하도록 다양한 방법을 연구**해 보자. 표면이 투명한 물체나 종이 외에도 티슈나 투명 비닐 위에 펠트펜을 사용하여 그리거나 잉크로 칠할 수 있다.

그 외 다양한 주변 매체나 자연물들을 이용하여 주제에 따른 유아들의 수많은 언어들이 표상된다. 경우에 따라 검은 도화지를 이용한 구멍 그림 등의 기술이 사용되기도 한다. 교사들은 유아들이 빛의 가능성을 탐구하도록 다양한 방법을 연구한다. 라이트 테이블, OHP 위나 옆에 다양한 매체가 있는 매체장은 물론 주제와 관련된 자연물이나 책 등을 놓아 유아들의 표상을 자극한다.

라이트 테이블 위에 나타낸 유아들의 백 가지 언어

우리집에는 연못이 있어. 개구리랑 올챙이 키울 거야.

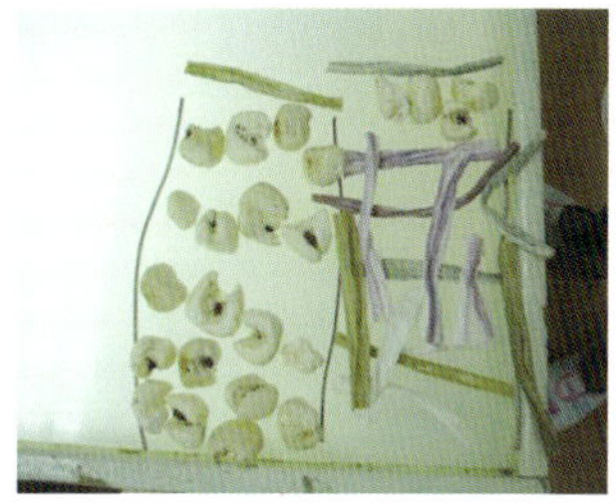

헨젤과 그레텔에 나오는 과자 집이야.

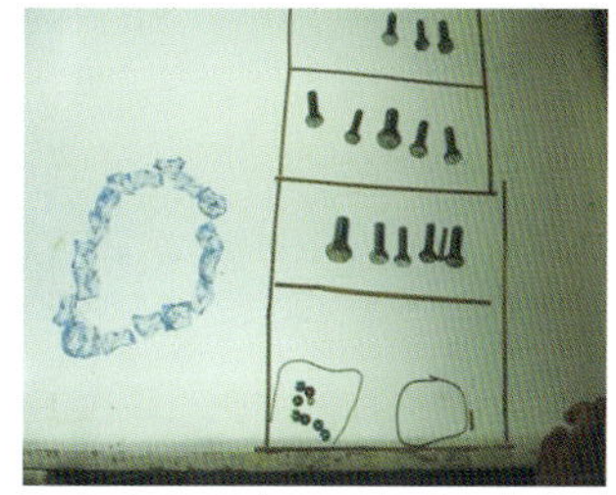

63빌딩 보다 훨씬 더 높은 집을 만들 거야.

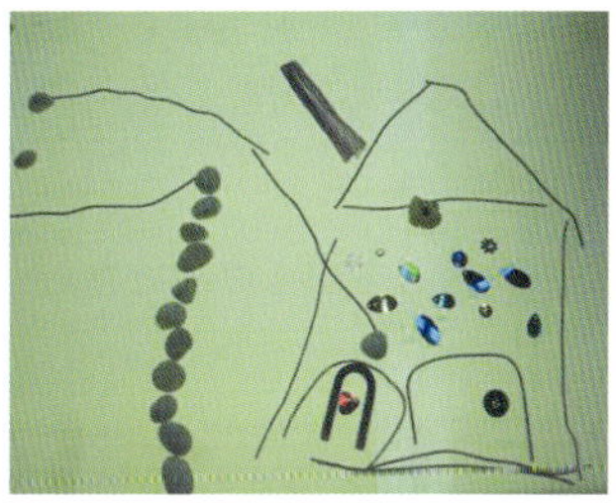

나무로 집을 만들 거야. 옛날 초가집처럼.

나무와 연못이 있는 집에서 살 거야.

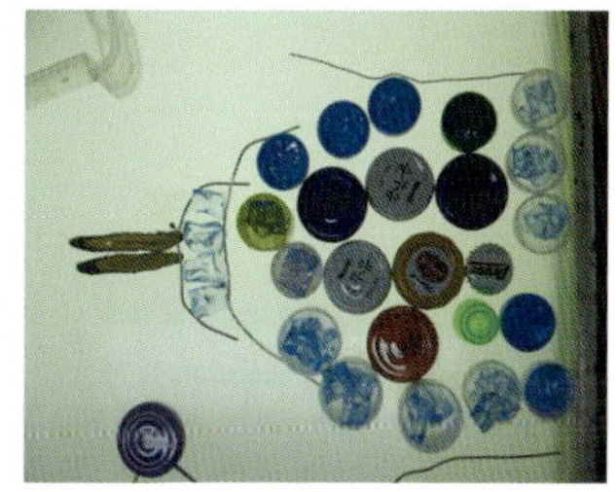

여름에도 시원한 얼음집을 만들 거야.

영아반 교실에도 활용되는 빛

어린이집에서는 1세, 2세 영아들도 3차원 구성, 2차원 놀이, OHP구성, 플렉시 글레스 이젤, 라이트 테이블 그림자 스크린 등을 이용하여 주어진 매체와 주변 매체를 끌어와 화면을 구성하고 놀이하는 장면이 일상화되어 있다.

공간 구성

2차원 극놀이

상황극 놀이

배경자료 선택하기

학기 초에는 OHP 위에 적합한 배경 화면을 제가 한두 장 제시하였어요. 2학기에 들어와서는 다양한 배경 화면을 30장 정도 준비하여 클리어 파일에 넣어 OHP 옆에 놓아두었죠. 이제 유아들은 원하는 배경을 선정하여 투사하고 배경에 어울리는 상황극놀이를 협의하여 역할을 정하고 구성하는 것을 볼 수 있어요(T유치원, 5세 J교사).

매체7. 고립된 활용보다 관계와 협력을 중심으로

최근 몇 년 동안 기관들은 준비된 교육 과정, 만들어 주는 교육 과정에서 발현적 교육 과정으로 변화해 왔다(김은희, 2006). 발현적 교육 과정은 유아들의 학습 경험을 위한 준비를 보다 융통성 있고 자발적으로 만든다. 발현적 교육 과정에서 교사들은 유아들과의 대화와 관찰을 통해 유아가 사고를 표상하고 탐구를 심화, 확장하는 데 필요한 매체들을 탐구한다. 레지오 교사들은 더 이상 고립적인 매체를 선택하지 않는다. 대신 매체와 매체 간 관계, 유아와 매체 간의 관계를 고려하고 이 관계가 활동의 의미를 어떻게 심화시킬지에 대해 사고한다. 다음에서 **매체 간 관계**를 연구하고 학습에 활용하는 교사들을 볼 수 있다.

3차원 구성놀이를 하는 유아들 중 한 남아가 나를 불러 사진을 찍어달라고 했다. … 막혀 있는 블록 하나를 살짝 치우자 블록과 블록 사이에 공간이 나타났다. 그게 바로 공룡마을의 '비밀의 방'이라고 하였다. 새로 만들어진 비밀의 방을 다른 유아들에게도 소개하였다. 다음 날에는 놀이 도중 한 여자아이가 "만지지 마, 엄마 공룡이 출산 준비를 하고 있단 말이야!!"라고 이야기하였다. 비밀의 방을 열어 봤더니, 정말 큰 공룡 한 마리가 누워 있고, 작은 구슬들이 여기저기 놓여 있었다. 그 후에도 그 비밀의 방은 '보석을 숨겨 놓는 곳', '화산이 폭발하면 아기 공룡들이 숨어 있는 곳', 또 '병에 걸리면 바르는 약초를 보관하는 곳' 등 늘 새로운 모습으로 비밀의 방이 변하고 있다(5세 K교사).

▶ 함께 만든 우주도시

▶ 함께 구성한 바다

링거줄에 물감을 넣어 3차원 구성놀이 영역에 매달아 주었다. 그리고 무엇처럼 보이는지 생각해 보고 이야기 나누었다. "바다 같아." "바다 속!" "파도가 치는 것 같아~" 바다로 구성하기로 하고, 요즈음 아이들이 관심을 갖고 있는 철사를 이용해 바다 속에 있는 것들을 구성하기로 하였다. 바다와 관련된 책과 인터넷 자료들을 찾아보면서 만들고 싶은 것들을 탐색하고 구성하였다. 매체는 철사와 링거줄 그리고 곡식들과 다른 아뜰리에에 있는 것들을 원하는 대로 사용할 수 있다. 아직 소근육이 발달되지 않아 어려움도 있었지만 철사와 철사를 이어 가는 과정은 교사의 도움을 받기도 하고 잘 하는 친구를 불러와 도움을 요청하기도 하면서 진행되었다. 4~5명 친구들이 힘을 합쳐 만든 상어! 지느러미, 꼬리, 얼굴, 이빨, 눈 등을 각 친구들이 역할을 나누어 만든 후 이어 주었다. 물고기, 오징어, 문어 등을 3차원 구성놀이 영역에 구성해 준 후 지금은 철사 영역 위에 모빌처럼 구성해 주었다(3세 U교사).

바다같아. 파도가 치는 것 같아.

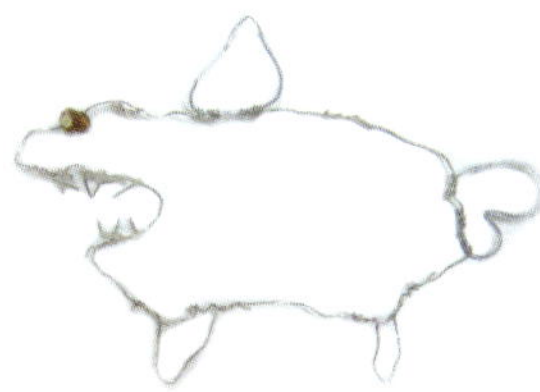

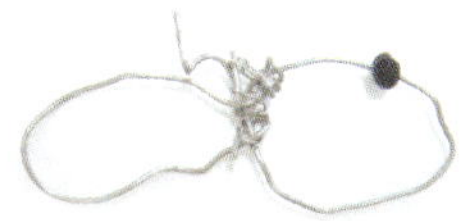

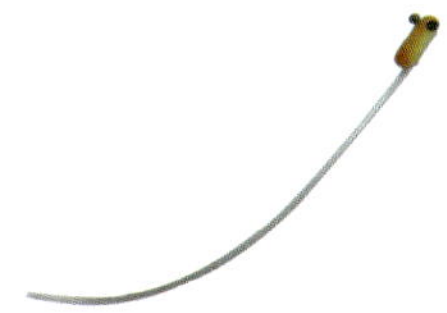

물고기

오징어

문어

철사 영역 위에 모빌 구성

K교사는 다양한 모양의 블록과 인형을 3차원으로 구성하는 유아들을 관찰하면서 유아들의 관심사를 이해한다. 3세 교실 U교사가 매달아 둔 물감 넣은 링거줄을 유아들은 파도, 바다라고 하였고, 철사와 링거줄을 연결하여 원하는 바다 속 생물들을 구성하도록 하였다. 다음의 4세반에서 **유아와 매체 간 관계**, **유아들 간 관계**를 볼 수 있다.

우리 함께 바다를 꾸며볼까?, T유치원 4세

4세반의 라이트 테이블에 비즈와 단추를 내어 주었다. 새로운 매체를 보면서 상호작용 하기 시작한 아이들…여러 가지 비즈를 빛에 비춰 보던 아이들은 하늘색 비즈를 모으면서 바다를 떠올리게 되었고, 바다를 구성해 보기로 했다.

바다다.

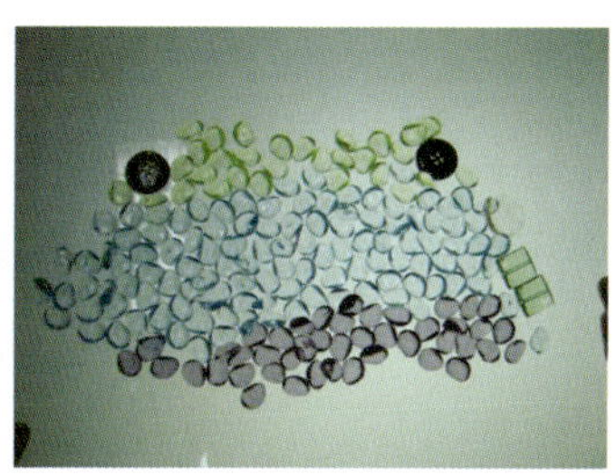

바다와 등대

바다 속에서 흔들리는 해초

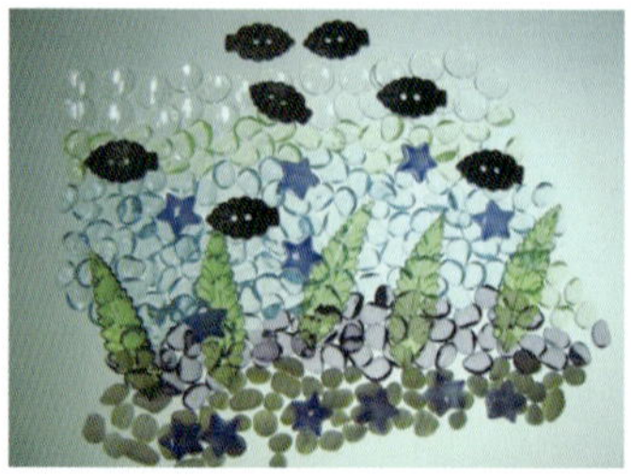

바다 속 불가사리와 물고기

바다 속 소라마을 문어 그리고 꽃게

바다를 비춰 주는 등대

사람들이 타고 온 잠수함과 해

등대 아래 모래사장

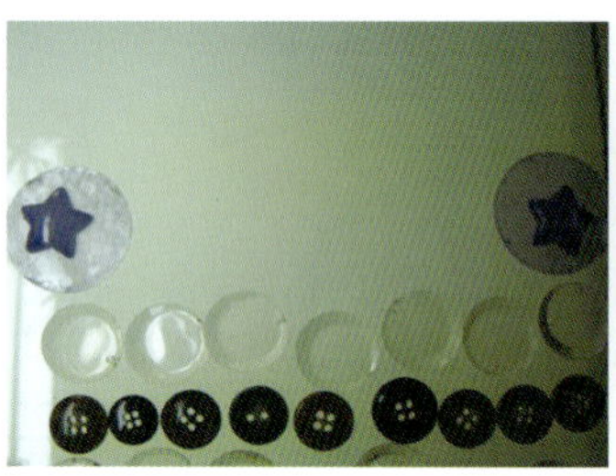

모래사장의 큰 바위와 불가사리

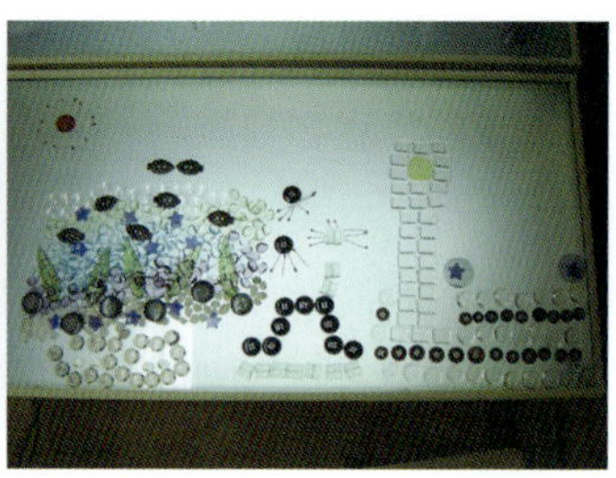

친구들과 만들어 간 바다

바다 속 가장 깊은 곳은 어두우니까 보라색 비즈로 구성하자~.
그 위에는 하늘색, 그 위에는 연두색, 그리고 투명한 비즈로….

바다를 완성한 유아들은 부족함을 느끼게 되어 바다 속을 구성하기 위해 친구들 도움을 요청하기로 하였다. 다른 친구들과 함께 이어 구성하기로 하였다. 활동을 위해 다른 여러 가지 모양과 빛깔의 비즈와 단추, 그리고 조약돌 등 필요한 매체를 좀 더 지원해 주었다.

유아들은 깊은 바닥의 모래와 돌을 조약돌로 해초와 미역들을 나뭇잎으로 하기로 하였다.

바다 저 깊은 바닥에는 모래와 돌이 많이 깔려 있어.
꼭 바닷물에 흔들흔들거리는 것 같다.

이후 불가사리도 만들고 물고기도 만들었다. 문어, 소라마을, 꽃게도 살게 하였다. 바다 밖을 구성하는 쪽으로 관심이 모아졌다. 단추를 사용하여 등대, 빛, 잠수함, 하늘 위 해도 만든다. 바다 근처 모래사장도 구성하였다. 여러 가지 돌들, 바위, 물 밖 불가사리를 꾸민다.

바다 근처엔 모래사장처럼 여러 가지 돌들이 많이 깔려 있어.
한 줄은 비즈, 한 줄은 단추….
등대 밑에다 만들어 줄래~.
모래사장에는 큰 바위도 있어~ 바위는 양쪽에 두 개가 좋겠다.
불가사리는 물속에만 있는 게 아니야~ 물 밖에도 있어.
여기 이 바위에 숨어 있는 불가사리를 꾸며 볼래.

아이들과 함께 이어 구성하여 바다를 완성하게 되었고, 친구들과 함께 감상하였다.

관계 속에서 한계 없이 매체를 사용하여 협의하고 구성해 가는 이러한 교실에서 유아들은 문제에 직면하고 해결 방안을 제안해 보며 문제를 해결해 가는 민주주의를 경험한다. S 어린이집에서는 비즈가 아니라 종이점토를 사용하여 바다 속을 꾸몄다.

▶ 종이 점토로 구성해 간 바다, S어린이집 5세

예전에는 문제 상황에서 해결책을 토의하는 것이 불가능하였다. 요즘엔 유아들과의 대화에서 사용할 재료에 대한 제안과 해결책이 금방 나온다. 상호 토의를 통해서 다양한 해결책을 모두 함께 이야기하는 데 이제는 5분밖에 걸리지 않을 정도로 토의가 잘 이루어진다(5세 J교사).

▶ 자연물로 구성한 오리 연못

OHP 구성놀이에서도 언제나 상호작용하면서 협력하여 놀이가 이루어진다. 그룹 속에서 어떤 상호작용이 이루어지는지 관찰 기록하는 것도 흥미롭다(4세 K교사).

▶ 월드컵 경기장을 꾸미자

월드컵 열기가 한창이던 때, 어느 교실에서는 학급 유아들이 역할을 나누어 축구골대, 축구공, 축구선수, 응원하는 사람들을 라이트 테이블 위에 구성하였다.

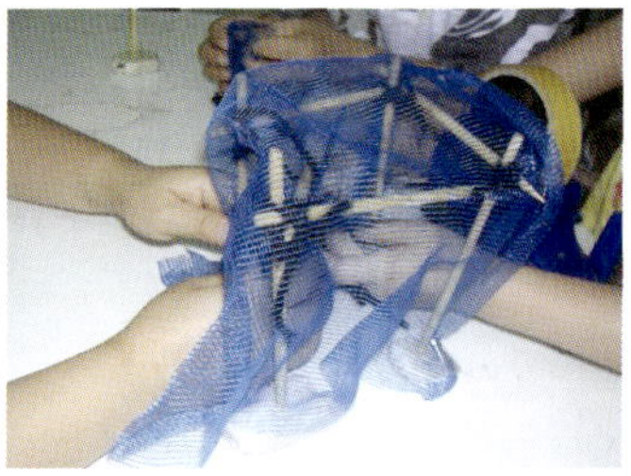

▶ 친구 편지함을 어떻게 해야 알 수 있을까?

어느 4세 교실에서는 개인 메시지박스를 구분할 수 있는 방법을 협의하였다. 자신의 얼굴을 친구와 함께 탐색, 재탐색하는 과정을 거쳐 내 얼굴을 그리고 개인 메시지 박스가 구분되며 친구들이 잘 알 수 있도록 함으로서 메시지 영역의 놀이가 활성화될 수 있었다.

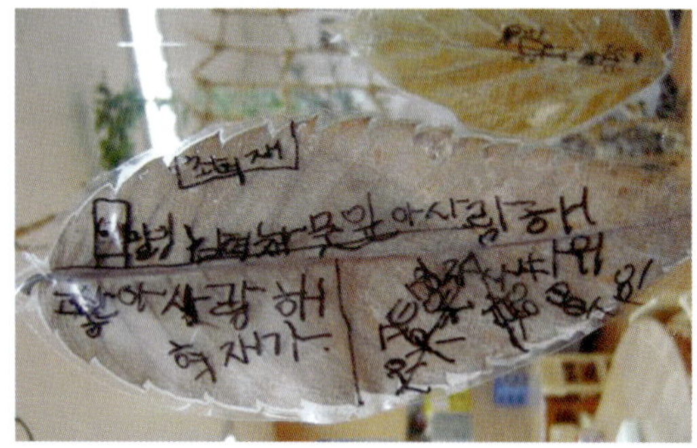

유아들이 구성한 메시지

친구 얼굴 그리기

개별 메시지함

▶ 함께 구성해 간 탈극

레지오 프로젝트에서 **유아들은 다양한 모듈의 다양한 매체를 연합해서 아이디어를 표상한다.** T유치원의 4세 교실에서는 유아들이 말한 '이상한 탈 쓰고 춤추는' 탈극 프로젝트에서 다양한 매체를 사용하여 탈을 만들었다. 유아들은 자신이 아는 탈에 대해 그림으로 스케치하고, 실제 탈을 관찰하면서 서로 다른 탈의 형상을 탐색하였다. 탈을 쓰고 몸을 움직여 춤을 추면서 리드미컬한 춤을 추기 위해 음악의 장단을 연구한다. 동화를 각색하여 등장할 탈의 종류를 정하였다. 동화에 등장하는 도깨비, 코끼리, 개미, 고슴도치, 코뿔소, 공작, 부엉이, 사자, 악어, 이매탈 등의 탈을 만들기 위해 첫 그리기 후, 탐색과 피드백을 통해 수정, 재수정, 표상, 재표상하기를 거듭하면서 구체적인 탈의 형상을 그림으로 그렸다. 디자인된 형상대로 신문지 죽을 이용하여 탈을 만들고 헝겊으로 옷을 만들어, 자신들이 고안한 음악 장단과 역할에 맞추어 탈극 공연을 하였다. 유아들의 탈극은 어김없이 5세 형님들과 교사들의 피드백을 거치면서 구성, 재구성되었다. 이러한 방식으로, 유아들은 문제나 아이디어를 다양한 관점에서 생각하도록 안내된다.

코끼리탈

악어탈

고슴도치탈

개미탈

코뿔소탈

도깨비탈

사자탈

부엉이탈

고슴도치옷

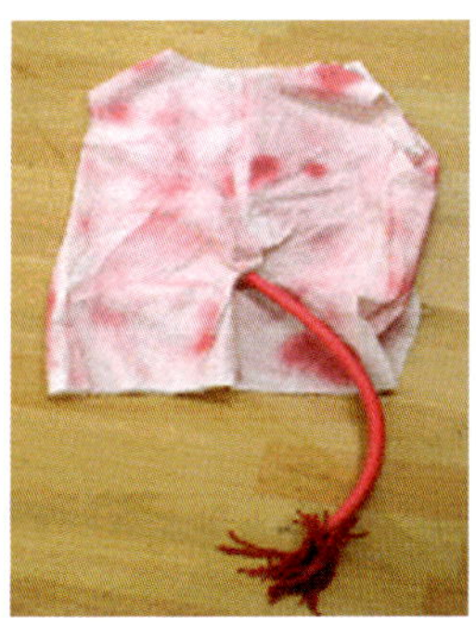
사자옷

공작옷

악어옷

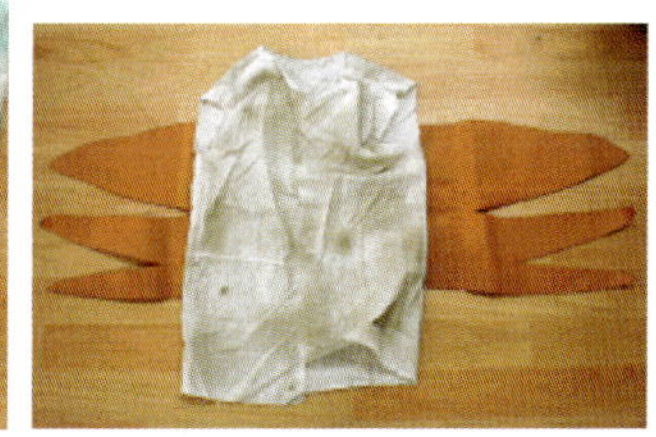
부엉이옷

공연과 피드백

공연하기

매체8. 결과 중심의 미술작품에서 토론과 설명을 위한 지식 재구성의 근거로

레지오 적용 기관에서는 유아들이 탐색하면서 표상하는 그리기와 2차원, 3차원 구성물들을 일반 결과 중심의 미술작품으로 다루지 않는다. 유아의 탐색, 조사, 연구해 가는 학습의 깊이를 심화·확장시킬 수 있는 지식 재구성 과정에 반드시 재고해야 할 도구로 본다. 따라서 교사들은 한 가지 주제를 중심으로 이루어지는 탐색 과정뿐 아니라 탐색에 따라 가시화되는 표상물에서 유아의 의도, 생각, 미시적인 이해와 지식의 구성 과정을 추적하는 기록과 이에 수반되는 연구 시간을 반드시 갖는다. 이러한 기록과 연구는 단위활동에 대해, 한 학기 또는 일 년 간의 장기적인 변화에 대해, 연령 간의 차이를 횡적, 종적으로 비교하는 다면적, 다차원적 방식으로 행해지며, 이에 대한 분석과 반성에 따른 공간 변화와 매체 지원이 수반된다.

8.1 단위활동에 대해

▶ 신사임당의 '초충도를' 감상하고

5세 유아들은 교사가 제시한 신사임당의 '초충도' 중 양귀비꽃과 곤충에 관심을 보였다. 양귀비꽃의 생김새와 양귀비꽃의 전설을 알아 보았다. 여러 가지 꽃의 전설이 담긴 동화를 보고 이야기를 나누었다.

할미꽃이랑 히아신스처럼 슬픈 이야기도 있고, 양귀비꽃처럼 아름다운 이야기도 있어.

▶ 양귀비꽃은 어떻게 생겼을까?

유아들은 우리도 벽화를 그려 보자고 제안하였고, 양귀비꽃을 탐색해 보는 것이 필요하다고 생각하였다. 같은 종류의 꽃을 찾아 자세히 살펴보았고, 교실에 양귀비 화분도 준비해 두었다.

줄기에 털이 많이 나 있어요.
꽃잎이 네 장으로 되어 있어요.

꽃의 내부 구조와 그것의 이름이 무엇인지 궁금하여 찾아 보기로 하였다.

… 암술이랑 수술이 있어.
꽃이 피기 전에 동그란 걸 봉오리라고 한대.
꽃받침도 있고, 씨도 들어 있어.

양귀비꽃을 그리자

양귀비꽃과 곤충을 어떻게 나타내고, 어느 위치에 그릴지 각자의 생각대로 그려보았다. '나비랑 땅 속에 있는 지렁이', '양귀비꽃 안에는 암술이랑 수술… 꽃받침'. '꿀벌이랑 사슴벌레'. '더듬이가 있는 장수풍뎅이 그릴 건데…' 벽화에 들어갈 양귀비꽃은 OHP를 이용해서 투사하고 확대하여 자세히 비닐에 라인드로잉 하였다. 협의와 탐색을 통해 벽화에 들어갈 꿀벌, 배추흰나비, 주황부전나비, 지렁이를 여러 번의 수정 끝에 우리들이 만족할 수 있게 그렸다. 이렇게 완성된 곤충들을 양귀비꽃 주변에 옮겨 그렸다. 초충도 벽화의 밑그림이 모두 완성이 되었고, 이야기를 만들고 그 이야기에 맞게 벌, 나비, 지렁이의 위치를 정했다.

우리가 지은 이야기를 들으면 우리의 초충도가 어떤 그림인지 다른 사람들도 알 수 있을 것 같아요.

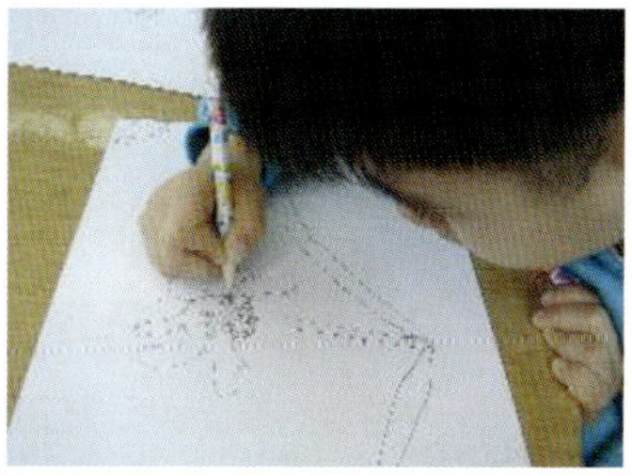

벽화 밑그림 그리기

우리가 지은 이야기에 맞도록 한지로 모자이크 하자

초충도 벽화의 모든 밑그림이 완성이 되고, 적절한 매체를 정하고 벽화를 어떻게 구성할지도 생각해 보기로 하였다.

물감으로 색칠해요.
난 모자이크 해봤었는데 그게 좋을 것 같아.
우리 '한지' 로 만들어요, 옛날에 많이 쓰던 종이 말이야.

여러 색의 한지 중 풀의 느낌과 무늬가 많이 들어가고 모양과 색이 풀과 비슷한 것으로 선정하였다. 아이들이 직접 손으로 마구 찢어서 우리들만의 초충도 벽화를 꾸며 보기로 하였다.

종이를 찢는 소리가 너무 재밌어.
종이를 꼼꼼하게 붙여야 더 예뻐.

한지에 풀을 붙이니까 종이가 더 진해지는 것 같애.

▶ 곤충은 어떻게 넣지?

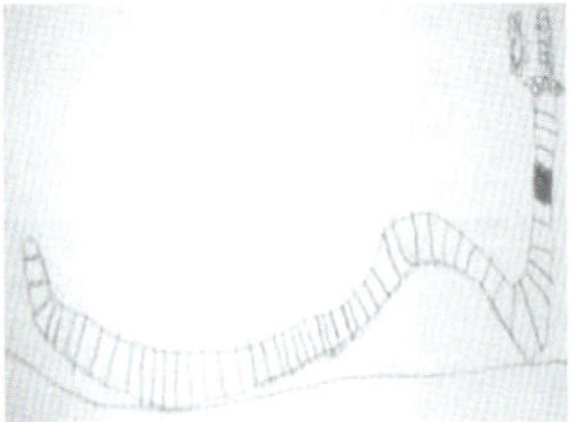

뱀

벌

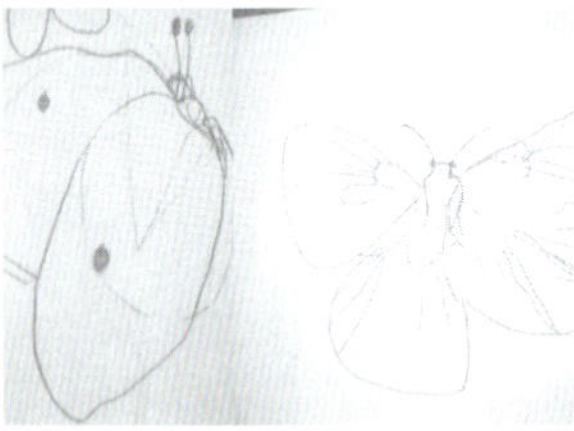

나비

▶ 곤충은 자연물로 만들자. 날아가는 것처럼….

주변의 곤충은 실제로 날아가는 것처럼 보이도록 자연물로 만들기로 하였다.
여러 차례 탐색과 수정을 통해 벽화가 완성이 되었다. 교실의 여러 화초들과 함께 창가에 걸어 두기로 하였다.
우리들이 만든 벽화가 초충도 그림보다 더 색깔이 이뻐. (T유치원, 4세 현장사례)

선유도공원을 다녀와서

H유치원의 5세 유아들은 주변에 있는 선유도공원을 다녀왔다. 블록 구성 영역에서 유아들은 자신들이 보고 온 선유도 공원을 구성하기 시작하였다. 이건 분수, 이건 사람, 가로등, 울타리, 잔디도 있어야 해 잔디를 블록으로 구성하기는 한계가 있었으므로 라이트 테이블 영역 활동을 교사가 제안하였다. 유아들은 투명한 필름에 잔디와 꽃을 그렸다. 선유도 공원 표시를 그리기도 하였다. 교사와 유아들은 함께 OHP에 선유도 공원 배경을 만들어 투사하였다. 다음 날 유아들은 구경 온 사람들을 새로이 구성하였고 선유도 공원에서 어떤 것을 가장 많이 보았니? 라는 교사의 질문에 유아들은 미처 생각하지 못한 나무, 놀이터, 놀이기구를 더하였다. 교사가 제시한 식물로 유아들은 잔디와 나무를 구성하여 며칠 간에 걸쳐 선유도공원이 교실에 구성되었다. 학급의 N교사는 다음과 같이 이야기하였다.

이건 분수야.

자전거도 만들어야 돼.

나무, 가로등도 있어.

OHP 필름에 잔디, 꽃을 그렸어.

교사가 제시해 주는 작은 매체 식물을 제시하였더니 유아들은 놀이기구와 함께 잔디, 나무 등을 만들면서 공원을 재구성하였다. 작은 아이디어를 제안해 줌으로써 유아들은 더 많은 이야깃거리를 만들어 내는 듯했다(H유치원, 5세 N교사).

숲 프로젝트를 하면서

환경보호 단체의 제안으로 유아들이 수행하고 있는 숲 프로젝트를 하면서 주변 산을 다녀온 유아들은 산에서 수집해 온 다양한 자연물들을 활용하여 자신들이 보고 온 숲을 3차원으로 구성하였다. 며칠간 유아들의 구성활동이 전개되었고, 교사들은 유아들의 구성 내용, 구성 과정을 기록 연구하면서 구성 방법, 매체 활용 등을 협의해 나갔다(T유치원, 4세 현장사례).

초록색 그물이 위에 매달려 있으니까, 숲 같아.

OHP위에 나뭇잎을 올려놓으니까 숲 같지?

교실에 숲을 만들자

3차원 구성 영역에 있는 초록색 그물망을 달아 놓고 OHP로 비춰 보니 숲처럼 보였다. 주변 산에서 주워 온 나뭇잎과 밤송이, 도토리, 나뭇가지 등의 매체를 지원해 주었다. 정말 숲처럼 보일 수 있도록 그물망에 나뭇잎을 붙여 주자는 이야기가 나와 나뭇잎을 붙여 구성하기로 하였다.

큰 대를 세워 나뭇잎과 밤송이를 붙여 울창한 밤나무 숲을 구성하였다. 숲에 사는 다양한 곤충들을 만들어서 붙이기로 하였다.

나뭇잎이 잘 붙어 있나 볼까?

떨어지지 않게 잘 붙여.

똑바로 세워서 숲을 만들어보자.

산에 어떤 곤충들이 있었지?

매미

장수풍뎅이

거미

숲에 사는 곤충들을 만들어서 붙인 후 상황극놀이를 하며 교실 안에서 또 다른 숲을 느껴 보는 시간을 가졌다.

여기에 앉아 있으니까 곤충들이 정말 기어다니는 것 같아.

낙엽을 만질 때마다 바스락거려~.

여기 들어와 봐. 정말 숲같아~

8.2 장기간에 걸쳐

교실의 여러 영역에서 이루어지는 활동들을 기록해 나가다 보면 교사는 한 학기 내지는 일 년간 등 **장기간에 걸친** 유아들의 변화 발달을 볼 수 있다. 물론 이러한 관찰은 교사의 연구자적 마인드와 혜안이 있을 때 가능하며 이는 교사의 의식적인 노력에 달려 있다. 앞서 소개한 T유치원 5세 교실의 3차원 구성놀이 영역에서 교사가 읽어 낸 유아들의 발달 과정이다.

초기- 단위 기계에만 관심

3차원 구성놀이 영역에서 처음으로 활동하던 학기 초에는 벽면에 비친 그림자에는 별 관심이 없었고, 놀이 영역의 기능과는 다르게 활동하는 모습을 많이 보였다. OHP 위에 자료를 올려놓으며 OHP에만 관심을 가지거나, 책상 위에 블록을 쌓으며 블록의 형태에만 관심을 가지거나 하였다.

벽면 그림자 고려하여 쌓기

배경과 관계지어 구성

OHP 기계, 책상 위 블록에만 관심 가지기

중기- 그림자와 블록 구성 연결

차츰 시간이 지나면서 벽면에 비친 그림자를 고려해 가며 쌓기도 하고, 친구가 구성하고 있는 것과 서로 어울리게 적절한 매체를 올려놓기도 했다. 그림자와 블록 구성을 연결시키고 '성'이 배경과 포개지자 '거미줄'에 걸려 꼼짝 못한다고 표현하기도 한다. 열심히 공사하며 도시를 세우고 있다가 벽면에 서로 다른 색을 비추면서 해가 뜬다거나, 해가 진다거나, 바람이 분다거나… 날씨와 연관시켜 놀이하기도 하였다. 벽면 그림자나 쌓기 배경과 관계지어 구성한다.

후기- 스토리 만들어 구성하기

현재는 목표를 세우고 계획하는 시간을 갖기도 하고, 자신이 구성한 내용에 짧지만 스토리를 구성하기도 한다(T유치원, 5세 J교사).

8.3 연령별 · 시기별로 분석하여

레지오 적용 기관은 학급 간 연령 간 유아들이 탐색 내용을 공유하고 협력하는 활동이 자주 이루어진다. 이를 위해 교사들 간에는 지속적인 협의가 이루어져야 한다. D유치원 교사들은 학기 초 3월에서 6월까지 이루어진 유아들의 블록구성놀이를 **연령별, 시기별로 비교**하였다. **3세** 학급의 블록놀이는 학기 초 단위블록 자체에만 관심을 보인다. 중기에 들어와 주제 없이 만들기를 시작하고 만드는 과정에서 반복에 의해 집, 울타리와 같은 하나의 구성물을 완성한다. 6월경에 이르러 몇 명의 유아가 소그룹으로 '기찻길'이라는 하나의 주제를 가지고 입체적인 쌓기가 이루어지며 기차역을 구성하기 위해 필요한 다른 매체를 활용하여 기차역의 사람, 주변 나무를 구성한다. **4세** 유아의 경우 학기 초, 개별적으로 평면으로 원모양을 늘어놓거나 단순 반복하는 쌓기나 도미노활동이 주로 이루어진다. 중기에는 2, 3명의 유아가 그룹을 형성하여 매체를 단순히 조합하는 형태로 놀이하다 동그란 기찻길과 같은 원하는 형태의 구성이 이루어진다. 6월 들어, 길을 연결하여 만들고 표지판을 세워 표시하는 한편, '반대방향으로 가는 기차' 등과 같은 가상의 일어날 수 있는 상황을 생각하여 구성물을 변경하기도 한다. **5세** 학급에서는 학년 초 그룹으로 놀이하지만 주제나 목적이 분명하지 않은 단순히 반복되는 쌓기가 주로 이루어진다. 중기에 들어 유아들은 또래 간에 무엇을 표현할지 주제나 목적을 가지고 구성하며 자신의 구성물에 대해 설명한다. 6월경에는 주제나 목적이 분명해지고, 구성물을 만들면서 협의를 통해 생각을 더하거나 변형하여 표현한다. 예를 들어 우주선을 형태만 만들다가 엔진, 날개 등이 필요에 따라 추가, 변형된다. 도미노를 만들다 기능적인 면을 추가하기 위해 미끄럼대를 만들고 아래에 도미노를 연결하여 늘어놓는다.

▶ **블록놀이 변화 과정**, D유치원 3세

▶ 3세

초 기

꽃밭에 있는 나비 만들기

개별적으로 나무 블록을 다양하게 쌓기

평면적으로 모양을 표상해 그 형태만을 나타내거나 단순 반복하는 쌓기, 도미노 활동이 주로 이루어졌다.

중 기

혼자 쌓기를 하다가 다른 유아와 함께 집과 울타리를 만들고 있다.

주제 없이 만들기를 시작하나, 만들어 나가는 과정에서 시행착오를 통해 하나의 구성물을 완성한다.

후 기

소집단 유아가 함께 하나의 주제를 가지고 입체적인 쌓기 활동이 이루어지며, 필요한 경우 다른 매체도 연합하여 구성한다.

기차역과 기찻길 만들기
나무 블록으로 기차역을 만든 후, 기찻길을 가져와 연결하며 기차역 안에 있는 사람과, 주변 나무 등 환경을 구성하였다.

▶ 4세

초 기

단순 조합의 형태로 놀이

중 기

2, 3명의 유아가 그룹을 형성하여 기찻길을 구성한다.

동그란 형태의 기찻길 구성

후 기

연결된 길을 만들고, 표지판을 세워 표시하기도 한다. 학기 초 구성된 길 위에 기차들을 일렬로 올려놓았으나, 기차들이 짧아지면서 반대방향으로 가는 기차들도 생각하여 구성하기도 하게 되었다.

▶ 5세

초 기

주제나 목적이 분명하지 않은 쌓기의 단순반복이 주로 이루어진다.

중 기

무엇을 표현할지에 대한 목적을 가지고 있으며, 자신의 작품을 소개하거나 설명하기도 한다.

후 기

'달나라 우주선 만들기' – 우주선 모양을 만들다 활동 과정에서 엔진, 날개 등 필요에 따라 변형되었다.

'블록 도미노' – 단순한 블록놀이로 시작하여 미끄럼틀 아래 블록을 놓고 도미노를 만들었다.

	학기 초	학기 중	학기 말
3세	–단위 블록에 관심	–주제 없이 만들기 –만들면서 반복에 의해 집, 울타리 등 구성	–소그룹으로 주제 있는 입체적 쌓기 –다른 매체 활용 주변 구성
4세	–개인적 쌓기 –단순, 반복적 쌓기 –도미노	–2, 3 유아 간 쌓기 –단순조합 쌓기놀이 후 원하는 형태 구성	–협력적 쌓기 –놀이를 위한 상징물 활용 및 가상의 상황 구성
5세	–집단으로 쌓고 놀기 –주제나 목적이 분명하지 않은 단순 반복 쌓기	–또래 간 주제나 목적 있는 구성물 –구성물에 대한 설명	–분명한 주제나 목적 하에 구성 –협의를 통해 생각을 더하거나 필요에 따라 추가 및 변형

▶ **도미노 구성놀이**, M유치원

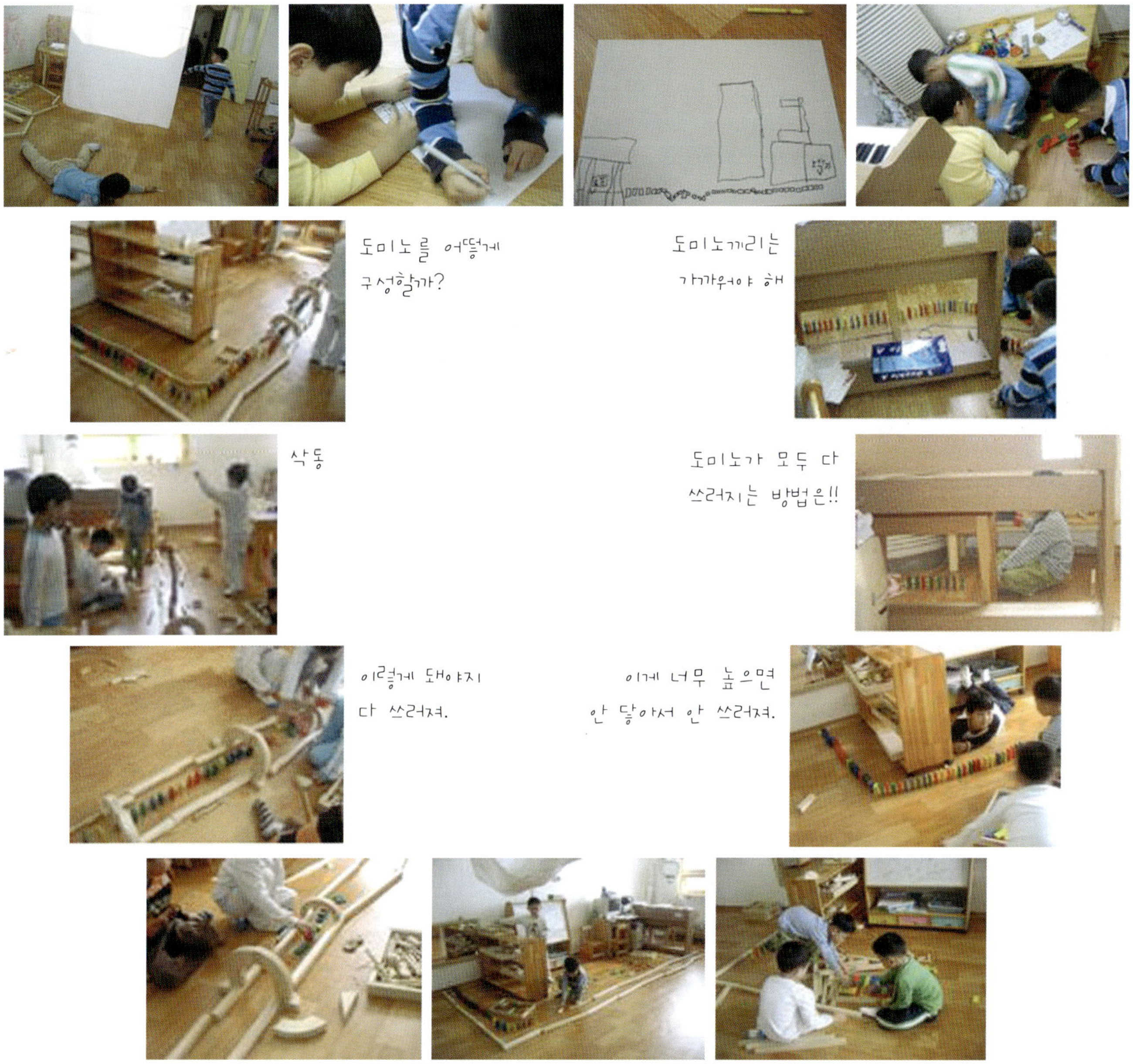

상기한 바와 같은 교사들의 연구자적 태도는 다음 D교사의 경우와 같이 교사들의 매체와 교사로서의 역할에도 변화를 가져온다.

이전에는 프로젝트를 진행하면서 계획했던 주기에 맞추려고 노력하며 부모님들의 기대에 맞추기 위해 항상 결과물에 많이 신경을 썼다. 지금은 다양한 매체들을 단순히 보기보다는 유아들의 학습과 지식 구성에 도움을 줄 수 있는 자료로 보는 시각을 갖게 되었다(5세 D교사).

매체9. 주변 매체 끌어들이기

레지오 적용 기관의 교실을 돌아보면서 '일상에서의 특별함' 이라는 익숙한 말을 자주 생각하게 된다. 뻥튀기로 만들어진 3차원 구성물, 구멍 뚫린 철망 주변에 종이끈을 빼곡히 매듭으로 묶어서 만든 나무, 냄비, 빨래판, 주걱, 계란판, 캔 등 주변 일상용품을 나무대에 마끈으로 묶어 리듬악기 틀을 만드는가 하면 은색 스프레이 락카를 뿌려 교실 전체를 바다로 구성하기도 한다.

뻥 튀기로 만든 3차원 구성물

끈 묶기를 이용한 구성물

주변 일상용품을 이용한 리듬악기 틀

어딘가에서 많이 본 듯한 눈에 익은 명화를 유아들이 의도를 담아 재구성하거나 재디자인하여 의미를 부여하고 투명한 아세테이트에 계절 꽃으로 색을 입히거나, 갖가지 색깔의 콩, 보리, 쌀, 수수, 조, 옥수수, 팥, 은행, 잣 등의 곡식으로 색을 입히기도 한다.

아르침볼도 '가을'

곡식으로 재구성한 '할아버지와 새'

온갖 주변의 계절 먹거리들이 레지오 적용 교실에서는 매체로 둔갑한다. 예쁜 모양을 갖춘 꽃이나 얇게 저민 과일은 모빌로 구성되어 교실 공간에 매달리고, 그 아래에 오이, 호박, 버섯, 솔방울, 마카로니뿐 아니라 밥상에서나 만날 수 있는 마늘, 고추, 버섯, 가지, 호박 등이 갖가지 매체나 색깔을 입고 다른 모양으로 변신해 있다.

솔방울로 만든 구성물

호박, 버섯, 마늘 등의 자연물로 만든 모빌

물들이기

뿐만 아니라 포도, 오미자, 치자, 양파, 푸른색을 가진 나뭇잎들은 찧거나 끓여서 각종 헝겊에 물을 들인다. 염색한 천은 조각으로 모자이크하여 벽화로 재구성하거나 대나무로 만든 직조 틀에 날실 씨실로 엮여 있다. 이러한 교실이나 기관을 운영하는 교사와 기관장들은 다음 J교사의 경우처럼 모두 주변에 관심이 많다.

봉숭아 찧기

천에 물들이기

염색 천으로 직조하기

만들어 주는 환경일 때는 제가 매체를 아이들에게 제시해 주고 그것으로 활동을 했었는데, 지금은 교사가 계속 생각을 하게 된다. 주변 사물을 보면서도 '저걸 이용해 보면 어떨까?' 하고 항상 생각하게 되고, 아이들도 항상 주변에서도 여러 가지 재료들을 알아서 가지고 오는 경우가 많다(5세 J교사).

기존 유치원에서는 블록 쌓기에 블록만 활용하지만, 우리는 여러 가지 재료들을 함께 다양하게 사용하면서 나도 아이들의 생각에 놀랄 때가 많다. 기존 유치원에서는 영역별로 단위교구를 진열해 놓지만, 우리는 때로 곡물이나 자연물 등의 다양한 재료를 활용한다. 부모들도 아이들도 유치원 환경에 관심이 높아져서 아침에 등원할 때도 유치원을 한 바퀴 돌아본다(T유치원, 원감)

환경을 구성하면서 '아이들에게 가장 좋은 놀잇감이 무엇일까?' '어떤 것이 가장 흥미로울까?' 하는 생각을 많이 하게 되었다. 공장에서 만든 훌륭한 교구들이 많이 있지만 그것보다는 자연물이 아이들에게 훨씬 더 좋은 놀잇감이라는 것을 깨닫게 되었고, 아이들과 함께 자연물들을 구해 오는 것부터가 교육의 시작이라는 것을 알게 되었다. 또한 교사 스스로 아이들과 산책을 하고 나뭇잎들을 줍고 가져온 자연물들을 가지고 활동을 하면서 상호작용 하는 것을 즐기고 행복함을 느끼게 되었다(H어린이집, 4세 교사).

▶ 매체 재활용 공간

이러한 주변 매체의 폭넓은 활용뿐 아니라 환경친화적인 인식과 창의적인 교육적 가능성을 높일 수 있도록 공동체별, 지역별, 아니면 거시공동체 차원의 매체 재활용센터 구성을 제안한다. 개별 기관들은 나름의 재활용 공간을 마련하고 유아, 교사, 부모가 공조하는 매체 재활용 공간을 구성, 운영하고 있다. 이에 지역사회의 체계적인 지원을 더하여 센터가 구성된다면 현장 교사들의 수고와 노력이 가벼워지면서 유아들의 생각은 보다 크게 표현될 것으로 생각된다.

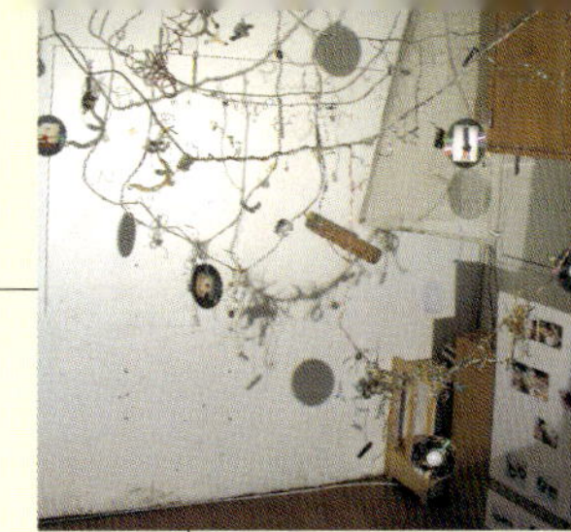

06
Chapter

영역별 공간 만들어 가기와 매체 활용하기

01 Piazza

피아자에는 학교 전체 유아들이 공동으로 사용하는 가게놀이 영역, 의상놀이 영역, 리듬악기 영역, 인형극장, 삼각거울 등이 있어 관계 형성과 상호작용을 유도한다. 기관의 모든 방과 연결되는 피아자 공간에는 아름다움과 조화로움이 묻어 있음을 알 수 있다. 교사와 부모가 함께 창안하거나 만든 산뜻하고 기능적인 가구, 벽의 색, 유리벽을 통해 들어오는 빛, 건강한 초록식물 등에서도 심미적인 환경을 엿볼 수 있다. 가능하다면 유리벽과 창문을 넓혀 자연채광을 받아들여 학교 전체를 밝게 해주고 자연을 끌어들인다. 피아자에는 다음과 같은 영역들이 구성될 수 있다.

1.1 의상놀이 영역
1.2 리듬악기 영역
1.3 인형극장
1.4 가게놀이 영역
1.5 삼각거울
1.6 올록볼록 거울

모형교실 피아

현관을 넓혀 만든 피아자

모든 실과 연결되는 유치원의 피아자

1.1 의상놀이 영역

각 학급에는 극놀이를 할 수 있는 공간이 계획되어 있지만 피아자에 있는 의상놀이(dress-up) 영역은 학교 전체 유아들이 공동으로 활동할 수 있는 공간이다. 각종 의상과 거울을 비치하여 다양한 역할놀이, 극놀이, 상징놀이가 이루어진다. 다양한 역할, 문화를 표상할 수 있는 여러 가지 옷과 신발, 액세서리를 변화 있게 준비한다. 두 개의 반원을 마주보게 놓아 경우에 따라 무대나 공간을 구성할 수도 있으며, 사회적 상호작용을 활성화한다. 원 안쪽 면에는 옷을 걸 수 있는 장치와 거울을 부착한다.

▶ 내가 되고 싶은 역할

등산화 · 여성 구두 · 슬리퍼 등과 같은 여러 가지 신발, 액세서리, 경찰복 · 교복 · 의사 가운 · 소방관복 등과 같이 다양한 역할놀이를 할 수 있는 유니폼 등을 제시하여 주변의 다양한 역할을 탐색, 극화한다. 기모노 · 한복 등과 같은 세계 여러 나라의 전통 옷을 제시하여 다른 나라의 문화나 역할을 극화할 수도 있다.

▶ 세계 여러 나라 전통 접하기

세계 여러 나라의 의상과 관련 소품들을 준비하여 다양한 나라에 대한 관심이 발현될 수 있도록 한다. 여러 나라의 문화와 풍습에 대해 탐색하고 놀이에 활용한다.

세계 여러 나라의 전통의상

▶ 연주하고 춤추고

지휘복 · 사물놀이 옷 등의 연주복과 발레 의상 · 에스파냐의 플라밍고 의상 · 하와이의 훌라춤복 등과 같은 무용의상, 장구 · 소고 · 마이크 · 리듬막대 · 보면대 · 발레슈즈 · 캐스터네츠 등을 비치하였다. 리듬악기 영역의 다양한 악기와 연계하여 연주하고 춤추며 세계의 음악문화와 민속춤을 즐기며 리듬 · 박자 · 멜로디를 경험한다.

지휘복 · 사물놀이복 · 장구 · 소고 등

플라밍고 · 발레 · 훌라춤복 등

▶ 이야기의 재구성 – 혹부리 영감

「혹부리 영감」 등과 같은 이야기를 바탕으로 유아들과 함께 혹부리 영감과 도깨비 의상, 방망이 · 건 등의 관련 소품을 제시하고 옛날 초가집을 구성한다. 집앞에는 건초로 싸리문을 만들고 삼베 그물을 이용하여 초가지붕을 표현하였다. 그 외 솔방울, 글루건으로 만든 고드름 등으로 추운 겨울 모습을 나타낼 수 있다.

영역 틀 안에는 옛 생활 모습을 극화할 수 있도록 돗자리와 디딤돌 등을 놓고 짚으로 만든 여러 가지 생활용품을 배치하였다. 역할놀이를 위해 옛날 술잔과 호리병으로 상차림을 해보았고, 키 · 소쿠리 · 짚신 · 고무신 등의 소품을 준비하였다.

의상 영역 안 역할놀이 환경

역할놀이를 위한 의상

▶ **동화 속으로**

동화 속에 나오는 주인공의 의상을 준비하여 자유로운 상상의 세계를 여행해 볼 수 있도록 하였다. 유아들이 쉽게 접하는 동화를 선정하여 극화하거나, 재구성해 보는 프로젝트로 진행시킬 수 있다. 유아들은 이야기를 재구성할 뿐만 아니라 동극에 필요한 옷이나 소품 등을 탐색 제작해 볼 수 있고, 청중을 위한 포스터 · 초대장 등을 표상할 수 있다.

극놀이 포스터

「어린왕자」 · 「백설공주」의 의상

「피터팬」 · 「슈퍼맨」 극화 의상

「백설공주」 극을 위한 소품들

▶ **가고 싶은 곳의 재구성 - 바닷가에서**

의상 영역을 '바닷가'로 구성하여 여름의 분위기를 느낄 수 있도록 하였다. 수영복을 입고 다양한 물놀이나 모래놀이를 신체적으로 표현하며 즐기고 탐색할 수 있다.

▶ **내 생애 가장 따뜻했던 겨울 이야기**

다양한 수영복이 걸려 있는 의상놀이 영역 내부

모래놀이를 할 수 있는 바닥

영역에 비치된 누비옷

영역에 비치된 '도롱이' 와 '설피'

짚신과 설피와 함께 놓인 짚으로 만든 럭비공

바닥에 그려진 '사방치기'

입동을 맞아, 강원도 지역의 전래놀이를 탐색하고 극화할 수 있는 영역을 구성하였다. 옛 사람들이 겨울에 흔히 입었던 '누비옷' 을 만들어 입어 보고 극화한다. 계절과 지역에 따른 옷의 특징들을 탐색할 수 있다.

'도롱이' 는 지금의 비옷과 같은 역할을 한다. 눈과 비가 올 때 누비옷 위에 입으면 눈과 비가 그대로 떨어지기 때문에 옷이 덜 젖을 수 있다. '설피' 는 눈 때문에 걸어다니기가 힘든 눈이 많은 지역에서 짚신을 신고, 설피를 신어 눈이 많이 와도 걸어다니는데 큰 지장이 없었다. 지역의 생태적 특징에 따라 행해져 왔던 놀이도 함께 탐색하고 기관으로 불러와 놀이에 활용한다.

▶ 미래의 내 모습, T유치원

미래에 자신이 되고 싶은 역할을 표상할 수 있는 다양한 직업 의상들

다양한 유니폼

의사 가운 등

1.2 리듬악기 영역

유아는 생득적으로 여러 소리의 음색에 관심을 가지고 있으므로 다양한 음색을 가진 악기를 실험 · 탐색해 볼 수 있는 환경을 구성한다. 간단한 악기를 연주하여 리듬 패턴을 만들어 보거나, 유아가 만들어 낸 패턴을 여러 가지 악기로 합주해 본다. 악기는 상업적으로 개발된 것보다는 주변에서 소리 나는 물건은 모두 악기가 될 수 있으며, 우리 몸도 다양한 소리를 만드는 악기가 될 수 있음을 경험한다. 악기 소리를 자유롭게 탐색 · 실험하기 위한 적절한 환경 구성이 필요하다. 적절한 환경이 지원될 때 악기는 소음을 만들기 위한 것이 아니라 실험하기 위한 것임을 알게 된다. 유아들이 활용할 수 있는 타악기는 북, 트라이앵글, 탬버린, 캐스터네츠, 우드블록, 심벌즈, 마라카스, 방울, 기리, 리듬막대, 목탁, 손가락 심벌즈, 징, 봉고 등과 같다. 간단한 타악기들을 탐색하고 원리를 적용하여 주변 폐품 등으로 만들어 보고, 다양하게 사용하는 방법을 창안해 보는 활동은 많은 학습의 기회를 갖게 한다.

어떤 소리가 날까?

나무로 짠 틀에 일상생활에서 사용하는 물건들을 매달아 리듬악기 영역을 구성하였다. 양푼냄비, 장구, 소고, 박, 냄비 뚜껑, 계란판, 고무 호스, 빨래판 등을 끈으로 매달아 소리를 실험한다. 선반에는 종, 소리벨, 캔으로 만든 마라카스, 물의 높낮이가 다른 컵 등을 만들어 구성하였다. 유아들이 리듬을 탐색 구성하여 자그마한 음악회를 열어 보거나 리듬합주, 난타연주를 해보는 활동으로 연계한다.

캔과 전구의 안에 다양한 크기와 밀도를 가진 알맹이를 넣고 흔들어 소리가 나게 하고, 투명한 유리잔에 물 높이를 각각 다르게 담아 두드려 보면서 서로 다른 소리를 탐색한다.

악기로 활용되는 냄비, 빨래판, 기리, 분유통으로 만든 장고, 조롱박 마라카스, 후라이팬, 피리, 막대 등

전구 · 캔 · 깡통 · 마라카스와 유리잔 실로폰

그 외 투명 호스관 · 냄비 뚜껑들

봄의 리듬

봄이 연상되는 닭과 달걀을 소재로 한 마라카스를 만들어 보았다. 리듬악기 전체에, 아지랑이 피어나는 봄에 사물이 깨어나는 봄의 이미지를 닭과 달걀로 표현하였다. 종이접기로 만든 닭, 병아리, 달걀 마라카스를 흔들 때 나는 소리를 탐색할 수 있다.

생수통으로 만든 장구와 타악기를 비치하여 전통 국악의 리듬을 탐색 · 구연해 본다. 또한 조롱박이나 대나무 채반을 긁거나 두드리면서 리듬감 있는 소리를 창안해 본다.

바닷가에서

여름과 연관되도록 바다 속을 소재로 구성하였다. 조개를 여러 개 이어서 풍경처럼 구성하고, 투명 호스를 이용하여 파도치는 소리를 표현할 수 있도록 하였다. 그리고 파란색 그물망으로 물결을 표현하고, 아랫부분에는 바다 속의 산호와 불가사리를 붙여서 움직임과 소리를 표상하여 리듬 패턴을 구성할 수 있다.

철망과 부딪혀서 찰랑거리는 조롱박과 대나무 채반

「봄」을 탐색하면서 표상된 달걀, 병아리, 닭 마라카스와 아지랑이

서로 다른 재질의 종이로 만든 마라카스

바다 속 산호와 조개 · 불가사리

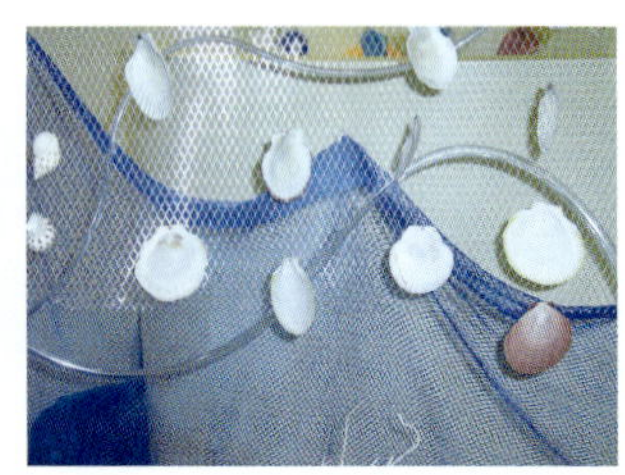

그물과 투명 호스로 표상한 파도

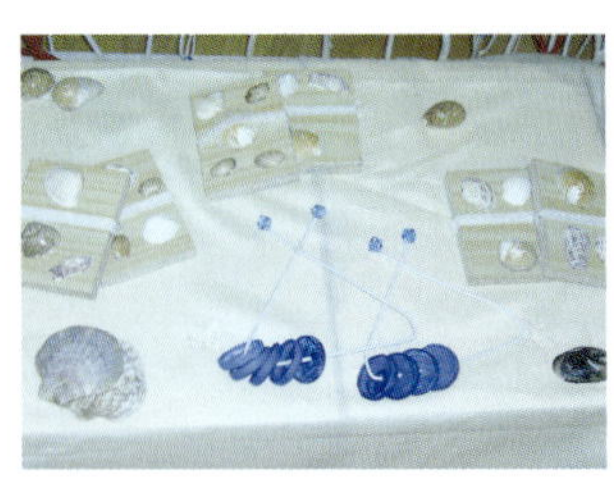

옷걸이와 병뚜껑으로 만든 캐스터네츠, 조개로 만든 우드블록

▶ 가을 음악회를 열자

가을 음악회를 준비하며 일상생활에서 볼 수 있는 물건들을 사용하여 리듬악기 영역을 구성하였다. 유아들은 역할을 나누어 리듬합주를 탐색 · 준비한다.

긁거나 두드리거나 흔들면서 만들어 보는 소리

선반에 준비된 다양한 마라카스, 종, 더블 캐스터네츠

빨래판, 주걱, 조롱박, 달걀판, 국자를 서로 부딪치거나 긁으면서 만들어 보는 소리

생수통을 이용하여 만든 북과 나무젓가락에 노끈을 감아 만든 북채

▶ 유치원 피아자 한 켠의 리듬악기 틀, T유치원

유치원 피아자 한 켠에 다양한 주변용품들을 수시로 변화 있게 제시함으로써 그 자체의 소리나 리듬을 창안할 수 있으며, 극놀이 · 인형극 · 역할놀이 시 배경음악을 구성해 볼 수도 있다.

▶ 겨울 소리 만들기

겨울 나눔 행사를 준비하면서 여러 가지 재질의 사물들로 악기를 연주하고 소리를 만들어 보도록 하였다.

쳐서 소리를 만드는 악기들

선반에 비치해 놓은 긁거나 두드려서 소리를 만드는 악기들

1.3 인형극장

인형극장에서는 유아들이나 경우에 따라 교사가 사전에 계획한 인형극을 하거나 또는 즉흥적으로 이야기를 구성하여 극화한다. 프로젝트에 참여한 유아들이 프로젝트 관련 경험들을 발표하기도 하고, 특정한 느낌과 감정을 극화하여 표상하기도 한다. 여기서 유아들은 청중으로 참여하여 서로 다른 관점을 경험하고 생각을 나눈다.

▶ 「피노키오」 줄 인형극

피노키오 인형극을 할 수 있도록 준비된 인형극장 내부

▶ 「집 나가자 줄줄줄」 손 인형극

전면에 보이는 인형극 배경

인형극에 사용될 동화에 나오는 등장 인물들은 손장갑, 다양한 천, 부직포를 이용하여 표현하고 입 부분과 몸통 전체에 철사를 연결하여 움직일 수 있게 하였다.

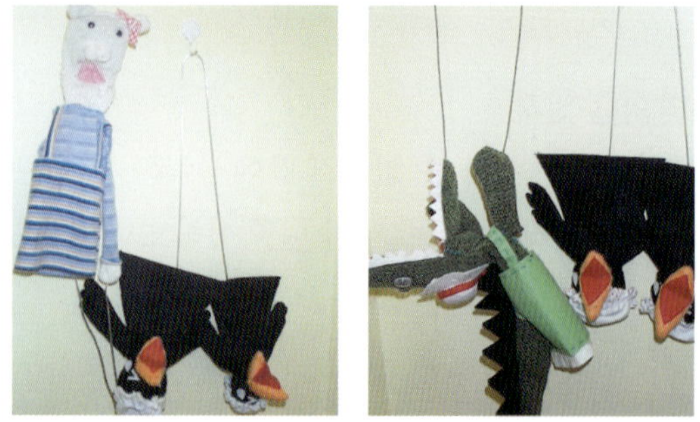

인형극 틀 안에 준비된 인형들

▶ 「사랑에 빠진 개구리」 막대 인형극

유아들의 흥미가 있거나 학습 내용과 관련된 재미있는 동화를 각색하여 대본을 만든다. 협의를 통해 이야기에 적합한 인형의 유형을 정하고 사용할 매체를 정한다. 부모나 교사의 도움을 받아 인형을 만들고 관련 배경판을 만들어 극화한다.

동화 내용을 재구성하거나 정리하여 극놀이 대본을 만든다. 인형극장 안에 비치함으로써 극놀이 시 읽고, 말하는 총체적 언어 경험을 할 수 있다.

배경과 재구성된 대본

▶ 「쥐순이의 신랑감」 입체 막대 인형극

「쥐순이의 신랑감」동화의 주인공을 막대 인형으로 만들고 손과 발이 움직이도록 한다. 배경을 입체적으로 제작하면 인형극의 생동감을 더할 수 있다.

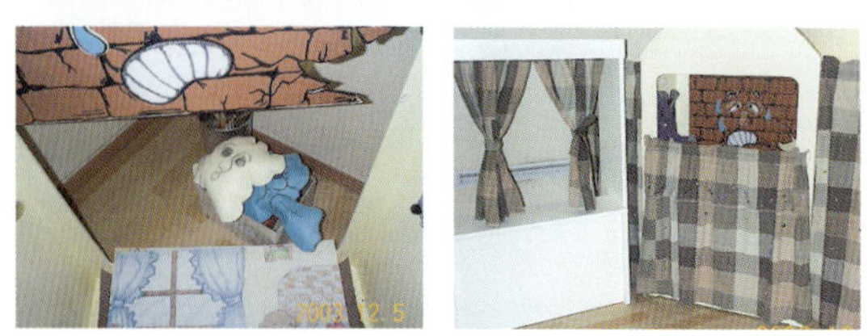

입체감을 살린 인형극 배경

「피노키오」 줄 인형극

분위기에 어울리는 천으로 막을 하고, 수채화 물감이나 유화 등 다양한 재료를 사용하여 배경을 채색한다. 마리오네트(marionettes)라고 부르는 줄 인형은 위에서 줄이나 철사로 조정된다. 줄 인형은 유아들이 조작할 수 있도록 간단한 원리만을 적용하여 만들며, 인형 뒷면에 무게를 줄 수 있는 물건을 붙여 줄이 꼬이는 것을 방지할 수 있다. 십자형 막대에 조정 막대를 연결시켜 조작이 용이하도록 할 수도 있다.

관절 부분 부분이 움직이도록 만든 줄 인형

배경

「오즈의 마법사」 막대 인형극

색연필과 파스텔을 이용하여 「오즈의 마법사」 인형극에 필요한 배경을 만든다. 인형 사이나 뒤에 막대를 연결하여 막대 인형을 만든다. 동화를 재구성하여 대본을 만들고 역할을 나누어 극화한다. 동화를 재구성하여 동극 등으로 연결해 본다.

인형극 배경

철 · 털실로 만든 사자와 허수아비

유아들이 구성한 인형극막 「나비」, T유치원

「잭과 콩나무」 막대 인형극, Y어린이집 5세

① 배경 만들기

먼저 거인이 사는 성을 그린다. 협의를 통해 가장 적합한 배경 그림을 정한다. 정해진 그림을 OHP로 확대하여 라인드로잉 하고 색을 입힌다.

배경 칠하기

② 인형 만들기

어떤 종류의 인형을 만들 것인지 협의한다. 정해진 인형을 만들 수 있도록 기술을 지원한다. 조작하기에 적합한 기능을 더한다.

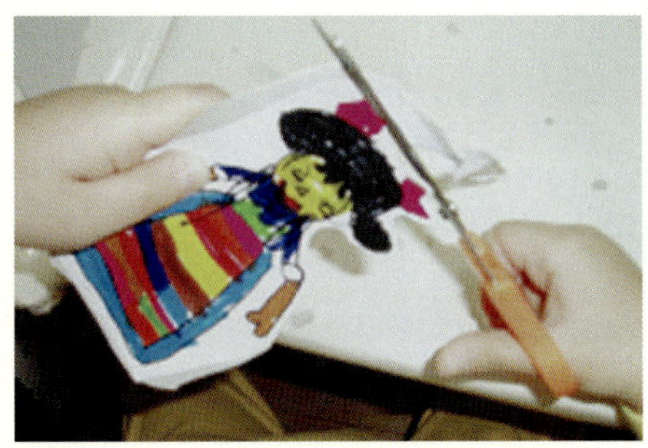

종이로 막대 인형 만들기

③ 인형극 틀 꾸미기

인형극 틀을 꾸민다.

④ 막대 인형극

역학을 정하여 극화하기

친구 초대하여 공유하기

▶ 「마법나라 뽀루」 손 인형극, D어린이집 5세

① 인형 만들기

② 대본 탐색

성인들이 상용하는 극단의 대본을 구하여 대본 내용이나 사용된 기호의 의미를 탐색한다.

③ 대본 수정하기

상호작용을 통해 대본을 재구성하는 기회를 갖는다.

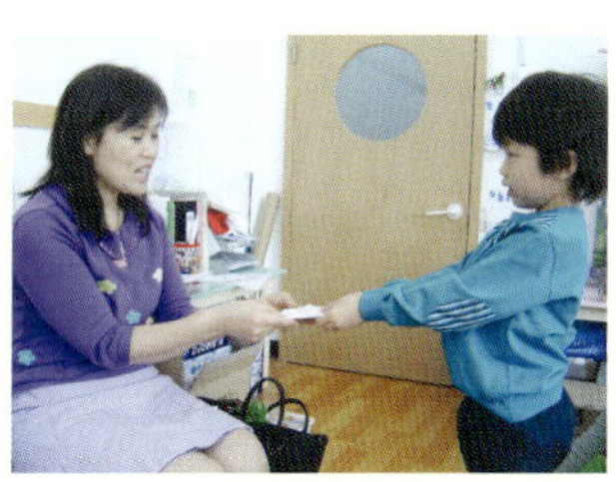

④ 인형극 틀 만들기

제작된 인형에 적합한 인형극 틀의 유형, 크기, 모양 등을 디자인하고 합의된 인형극 틀을 공동 제작한다.

인형에 맞도록 제작된 틀

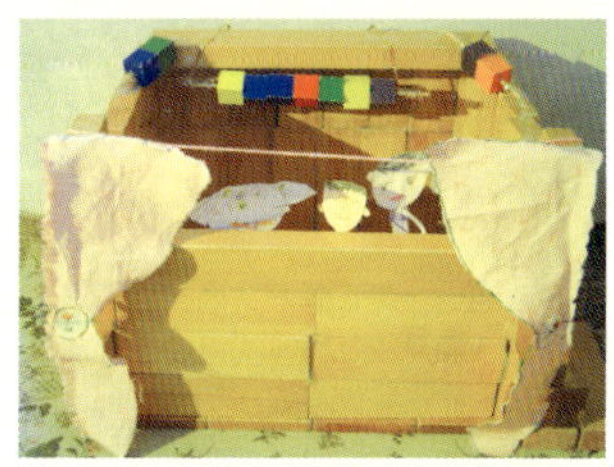

막대 인형극

⑤ 공연하기

▶ 「훌쩍왕자님과 잉잉공주님」, T유치원

▶ 「완두콩 6형제」, B어린이집

유아들이 재구성한 이야기에 적합한 인형을 만들고 부모 도움을 받아 인형극 틀을 만들었다. 포스터를 만들어 인형극을 알리고 다른반 친구들과 공유하는 기회를 가졌다.

부모님들의 도움을 받아 구성한 인형극 틀

인형극을 알리는 포스터

1.4 가게놀이 영역

물건을 사고파는 실생활 경험을 통해 유아들은 수 세기, 수의 가감, 분류, 서열 등과 관련된 수 개념뿐만 아니라 양, 크기, 무게 등의 인습적인 의미를 학습하고 활동 속에서 자연스럽게 돈의 역할과 주변 사물들에 대해 알게 된다. 유아들은 실제 매체들을 탐색하고 관찰하고 협의하는 과정에서 생산자와 소비자의 역할을 경험 할 수 있으며, 물건을 사고파는 과정에서 일어나는 문제를 해결할 수 있는 능력 또한 기를 수 있다.

▶ 장터로 오세요~

선반에는 가게에서 흔히 볼 수 있는 사과, 모과 등의 실제물과 모형 과일통조림, 생선 통조림 등을 구성하여 유아들이 실제 가게에서 많이 볼 수 있는 것들을 직접 탐색하고 관찰할 수 있다. 계산대에는 저울을 준비하여 양과 무게에 대한 개념을 활동 속에서 자연스럽게 경험해 본다. 가게놀이에 필요한 돈을 고안하여 놀이에 활용할 수 있도록 한다.

가게에 어울리는 소품들

물건이 놓여 있는 선반

▶ 곡식 가게

결실의 계절인 가을을 맞으면서 추수한 햇곡식들을 모아 쌀가게 놀이를 할 수 있다. 갖가지 콩, 팥, 쌀, 찹쌀, 현미, 밤, 수수, 조, 보리 등 여러 곡식들을 투명한 병에 담아 선반에 준비한다.

가게 선반의 곡식들

가을 분위기의 소품

측정, 측량을 경험할 수 있는 저울과 도구

계산기와 저울이 놓여 있는 계산대

계산대에는 가게에서 사용하는 계산기와 영수증뿐만 아니라 쌀가게에서 볼 수 있는 곡식의 무게를 잴 수 있는 양팔저울, 쌀 되를 놓아 측정과 측량을 경험하게 하고, 계산기와 저울이 놓여 있는 계산대를 구성하여 측정, 측량을 경험할 수 있게 하며, 측정 단위에 관련된 어휘 저울과 도구를 활용하는 기회를 갖는다.

가게 영역의 전면 공간에는 빨간 고추 말린 것과 표주박을 매달아 가을에 어울리는 쌀가게 분위기를 더하였다. 또 쌀가게 옆으로 갈대와 옥수수, 미니 지게 등을 놓아 가을 분위기를 느껴 본다.

가게 앞에 매달린 모빌

전통그릇가게

가정과 연계하여 찻잔, 항아리, 자기 등 각종 전통 그릇들을 수집 · 분류한다. 그릇의 종류와 이름, 쓰임새 등을 알아 갈 수 있으며, 가격을 정하고 사고파는 경험 속에서 관련 놀이가 확장될 수도 있다.

선반의 그릇들

정면에서 보았을 때 전통 그릇집의 이미지를 느끼도록 짚으로 지붕을 만들어 초가집으로 구성하고, 표주박으로 시골의 느낌을 살렸다.

전면에 걸린 모빌

가게 분위기를 돋우는 장독

가게 한 켠에는 항아리, 보리, 옥수수, 지게, 전통 문살 등으로 시골의 정감을 더하였다.

우리가 꾸민 문방구

다양한 프로젝트 과정에서 도출된 유아들의 표상 내용으로 문방구 용품을 개발해 본다. 개발된 문방구 용품들로 문방구 영역을 구성한다. 유아들은 자신이 직접 만들고 꾸민 내용으로 구성된 용품을 판매하며 긍정적인 자기 확인감을 느낄 수 있고, 가격을 매겨 보고 사고파는 관계를 형성할 수 있다. 한편 벼룩시장 같은 형태로 자신이 쓰던 물건을 가져와서 팔아 보고 물물교환을 해보는 놀이로 연결해 볼 수 있다.

유아들의 표상자료로 꾸며진 물품이다. 풀이나 수첩, 색연필, 엽서, CD케이스 등의 물품으로 구성하였는데 편지지, 봉투, 파일 케이스 등 실제 사용 가능하도록 제작한다.

유아들의 표상 내용으로 구성된 문구용품과 책정된 가격

▶ 아트 숍

봄과 관련된 프로젝트를 진행하면서 봄에 피는 꽃들을 탐색한 후 내가 좋아하는 꽃을 직접 그려 보고 액자로 만들었다. 가게의 이름도 정해 보고 봄에 어울리도록 나뭇잎을 더하여 물씬 봄 분위기를 더 느낄 수 있다. 액자별로 금액을 정해서 붙여 놓았다. 물감, 먹물 등으로 꽃을 표현하고 다양한 종이를 이용하여 틀을 구성하였다.

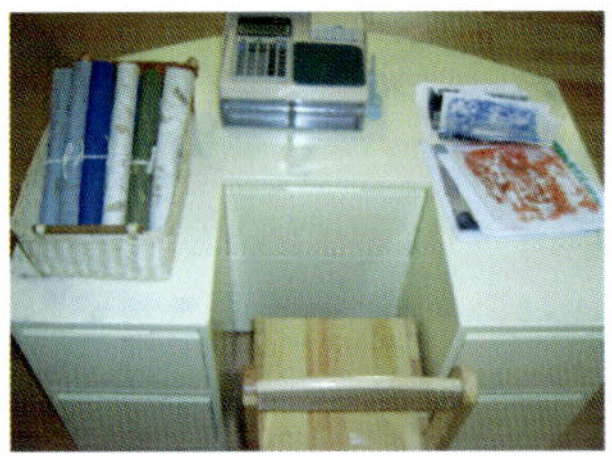

화선지, 먹, 벼루, 붓 등 다양한 물품들이 전시된 계산대

액자별 금액 정하고 붙이기

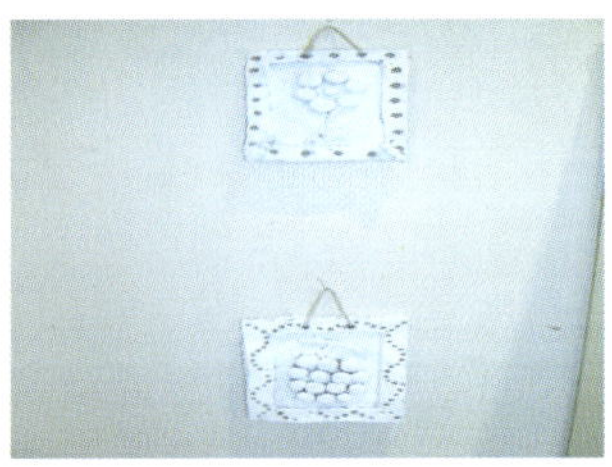

지점토를 이용하여 구성한 액자

▶ 알곡이 가득

가을을 맞아, 가을철에 나는 풍성한 과일과 곡식으로 가게를 구성한다. 물건을 담아 갈 수 있는 봉투도 만들고 함께 가게 이름을 협의하여 간판을 단다. 곡식을 담는 용기는 투명한 그릇을 이용하여 내용물이 보일 수 있도록 하여 손쉽게 구분할 수 있다. 저울과 계산대도 준비하였다. 가게놀이 영역에서는 언어뿐만 아니라 수 개념 활동이 통합되어 이루어지며 경제 개념을 학습하는 기회 또한 가질 수 있다.

콩, 조, 벼, 수수, 쌀 등의 실제 가을 곡식과 배, 사과, 밤, 감들의 가을 과일

가게 간판과 어우러지는 조롱박, 고추, 감 등의 모빌

▶ 파티 용품 가게

유아들에게 익숙한 파티나 축제에 사용될 수 있는 소품들을 만들어 가게를 구성한다. 유아들이 표상한 내용으로 생일잔치에 필요한 카드를 만들고 다양한 포장지와 다양한 크기의 상자를 이용하여 선물 꾸러미를 만든다. 유아들이 파티를 좀 더 즐겁게 즐길 수 있도록 가면을 만들어 활용하고, 가면극, 역할극으로 연장될 수 있도록 한다.

왕관, 초, 카드 등의 파티 용품

유아들이 만든 카드 모빌

얼굴에 쓸 수 있는 가면

인형가게놀이, T유치원

유아들이 사용하지 않는 인형들을 집에서 가져와 인형가게놀이에 활용한다.

잎새 세탁소, P어린이집 3 · 4세

부모들의 직업을 알아 보는 프로젝트와 연계하여 유아들은 세탁소 견학을 다녀왔다. 이후 세탁소를 구성하여 가게놀이를 운영하였다.

유아들이 간판을 만들고 구성한 세탁소

식료품 가게놀이, S어린이집 5세

시장과 마트를 살펴본 후, 유아들이 제안한 가게놀이가 이루어졌다. 유아들은 스스로 다양한 물건들을 가져왔고, 가게놀이가 활성화되면서 화폐를 제작하고 영수증을 재구성 고안하여 놀이에 이용하였다.

문방구, S어린이집 5세

유아들이 만든 문구 용품으로 문방구가 이루어지고 있다.

▶ **꽃가게,** G어린이집 5세

기관 주변의 봄꽃들을 탐색하고, 꽃시장을 견학하면서 꽃가게로 연결되었다.

▶ **음식점놀이,** D어린이집

음식점놀이에 관심을 가지면서 가게놀이 영역을 레스토랑으로 바꾸어 주방과 식당이 구성되었다. 손님과 서빙하는 사람, 주방장 등의 역할을 나누고 소품을 준비하였다. 음식점에서의 역할극이 이루어지는 과정에서 사회적 예절과 매너를 학습한다.

▶ **아이스크림 가게,** D어린이집

유아들이 좋아하는 아이스크림은 어디서든 환영받는다. 아이스크림 가게 놀이는 모든 유아들이 즐겁게 참여한다.

적합한 대화 나누기

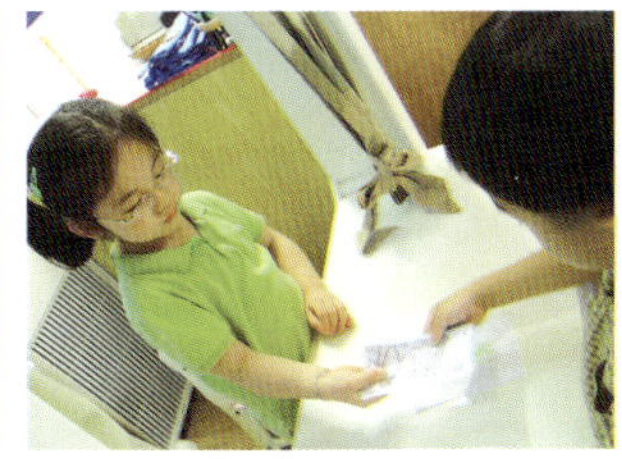
돈 주고받으면서 경제 개념 알기

▶ **미용실,** D어린이집

가게놀이는 상황에 따라 역할극과 함께 이루어지기도 한다. 남 · 여 유아 모두 관심 있는 미용실놀이는 다양한 상황이 발현되면서 지속적인 문제 해결과 사회적 상호작용이 이루어진다.

남아도 좋아하는 미용실 놀이

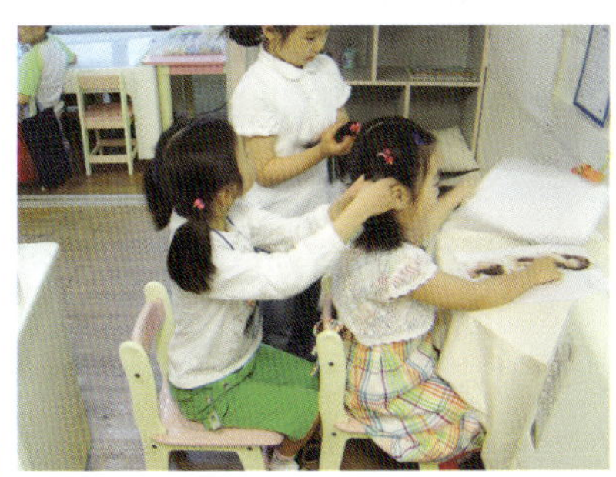
성인의 문화 접하기

1.5 삼각거울

거울은 반사의 성질을 가지고 있어서 여러 조각으로 이루어질 때 재미있는 만화경을 만들어 낸다. 유아들은 삼각거울 안에서 자신의 모습을 비추어 보고 탐색할 수 있다. 자신의 앞모습, 뒷모습, 옆모습 등 평소에 의식하지 못했던 자신에 대해 탐색함으로써 스스로 이미지를 만들어 간다. 그러한 과정에서 자신과 주변을 인식하고 관계를 형성하기도 한다. 이는 자아개념을 갖는 기초가 된다. 삼각, 육각의 거울을 만들어 활용해 볼 수 있다.

▶ **나뭇잎이 만드는 삼각거울 속 만화경,** G유치원 5세

▶ **영아들이 자신을 발견하는 순간,** G어린이집 1세

▶ **벽면 삼각거울**

1.6 올록볼록 거울

거울의 굴곡을 이용한 올록볼록 거울 앞에서 모습을 자유롭게 표현하면서 놀이할 수 있다. 굴곡에 따라 유아는 축소 또는 확대되어 나타난다. 거울 앞에서 홀쭉한, 뚱뚱한, 혹은 키가 작은, 키가 큰 등으로 변화되는 모습에 무한한 상상력과 표현력을 기를 수 있다.

02 교 실

매일 아침 유아들이 학교에 오면 학급별 모임을 갖는다. 유아들은 준비된 활동 중에서 선택하거나 프로젝트를 계속하기도 한다. 유아의 흥미에 따라 사용할 수 있도록 다양한 매체나 도구가 개방된 선반, 테이블, 라이트 테이블, 이젤 위 또는 투명한 용기에 준비되어 있다. 유아들은 혼자, 소그룹으로 또는 대그룹으로 활동한다. 교실에는 언제든지 소집단 상호 작용이 가능하도록 가구들이 배치되어 있다. 교사는 정보를 보여주기보다 유아들이 스스로 대상물들을 다루고, 문제를 발견하며, 가설을 구성하고 검증하며 해결해 나가도록 지원한다.

유아들은 상호작용과 의사소통을 통해 함께 문제를 해결하고 놀이하며 표상하도록 격려된다. 교사들은 지원하고, 안내하고, 모니터하기 위해 끊임없이 유아들의 활동을 관찰하고 기록화한다. 유아들의 생각, 언어, 개인 간 기술에 대해 구체적인 관찰과 기록화를 수행하면서 필요할 때 개입하여 지원한다.

교실은 교사가 유아의 행동을 항상 관찰할 수 있고 유아들은 활동에 몰입할 수 있도록 물리적 · 기능적으로 적절히 구획화하여 구성된다. 실물 환등기, 슬라이드 프로젝트, OHP, 라이트 리플렉터, 자연적 · 전기적 빛 등 공학적 기자재를 포함하여 다양한 매체를 통해 유아들의 표상을 지원한다. 흔히 교실에는 다음과 같은 영역들이 구성된다.

2.1 메시지 영역
2.2 라이트 테이블
2.3 2차원 구성놀이
2.4 3차원 구성놀이
2.5 그림자 극놀이
2.6 그림자 인형극장
2.7 감각상자
2.8 직조 및 조작 영역
2.9 역할놀이 영역
2.10 블록 영역
2.11 자석구성 영역

모형교실

T유치원 교실

2.1 메시지 영역

개개인 유아, 교사, 아틀리에스타, 요리사들의 개별 편지함이 준비되어 있어서 물건을 서로 교환하거나 메시지를 통해 의사소통하도록 한다. 메시지함은 이름과 사진이 부착되어 있기 때문에 메시지함의 내부를 볼 수 있어서 교사의 개입 없이도 유아들 스스로 그 기능을 이해하고 활용한다. 어린 유아의 경우 아크릴 등과 같은 투명한 재질이 좋으며, 나이든 유아의 경우는 불투명하게 구성할 수도 있다. 매개물을 사용한 상호 교환을 통해 유아들의 읽기, 쓰기 능력을 자극하고 추상적인 '우정'이 표현되는 상호 교류를 이해하게 된다. 3년 동안 유아들이 쓰는 메시지의 질은 점진적, 자연적으로 수정되어 결국 읽고 쓰는 능력으로 발달하게 된다.

친구에게 쓰는 편지

쓰기 테이블 위에는 다양한 모양과 재질의 종이와 펜을 준비한다. 한쪽 코너에 동시집, 동화책, 그림책, 신문, 우편번호책, 잡지 등을 배치해 두면 유아가 자연스럽게 일상생활과 연계된 총체적인 언어활동을 경험한다.

다양한 크기와 종류의 종이(세모, 동그라미, 네모 등의 모양지, 원고지, 모눈종이, 도화지, 은행 지로용지, 기름종이 등)를 배치한다. 쓰기 매체는 색연필, 사인펜, 연필 등을 3가지 이하 색으로 구성한다. 또한 여러 가지 스탬프로 편지지를 꾸미거나 자신만의 우표를 만들어서 활동할 수 있다.

다양한 편지 쓰기 종이

메시지 영역 앞의 쓰기 테이블

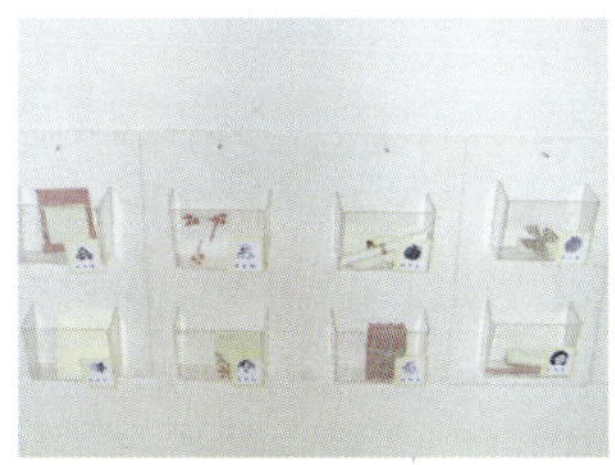
유아가 그린 개인의 상징과 이름이 부착된 투명한 메시지 박스

재미있는 메시지를 걸 수 있는 모빌대와 상호작용을 위한 이동 가능한 3단 긴 의자

유아들이 창안한 우표와 우체통을 이용한 편지놀이

도장을 찍을 수 있는 스템프

반 유아 수만큼의 메시지함

▶ 메시지 영역, T유치원

메시지가 들어 있는 함과 쓰기 책상

▶ 메시지함을 장식할 내 얼굴, T유치원 4세

눈에는 동그란 까만 눈동자를 그리고 코에는 숨 쉴 수 있는 콧구멍을 그려 줘.
코랑 입을 연결해 주는 인중을 그리고 소리를 들을 수 있게 귀도 그려 줘. 입에는 이도 그려야지.

내 얼굴을 완성한 후, 메시지함에 붙여 나의 편지함을 구분하였다.

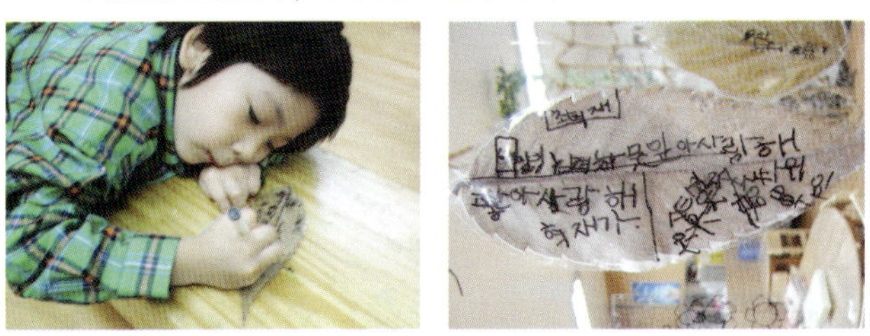

완성된 메시지 센터에서 코팅한 나뭇잎에 편지를 쓴 후, 친구들의 메시지 박스에 넣기도 하고 줄로 매달아 메시지 영역에 걸어둘 수도 있다.

▶ 내 메시지박스 꾸미기, Y어린이집 4세

개별 유아가 창안한 상징이 부착된 메시지함

▶ 동화 주인공에게 편지 쓰기

유아들이 관심을 갖는 문학작품을 읽고 주인공에게 편지 쓰는 활동을 해본다. 쓰기 테이블에는 여러 가지 동화책과 동시, 동화의 주인공이 붙어 있는 편지지와 다양한 종류의 필기도구 등을 준비한다. 또한 신문과 잡지 등을 놓아 두면 신문을 활용한 활동(NIE: Newspaper In Education)을 할 수도 있다.

동화 주인공을 복사하여 구성한 편지지

친구에게 전하는 메시지

봄소식 전하기

봄을 맞아 영역 전체에서 봄을 느낄 수 있게 한다. 각각의 개인 편지함에는 자기가 좋아하는 꽃을 붙여 본다. 유아들이 사용하는 메모지에도 다양한 봄 꽃을 붙인다. 좋아하는 꽃이 붙어 있는 메모지를 선택해서 친구에게 메시지를 전할 수도 있다. 이 같은 방법으로 학기 초에 아직 서먹한 친구 간 관계 형성을 시도할 수 있다. 책장에 봄의 주제에 맞는 동화책이나 관련 서적을 놓아두면 새로운 관심이나 탐색거리를 찾을 수 있고, 발견된 재미있는 그림들을 메시지에 첨가할 수도 있다.

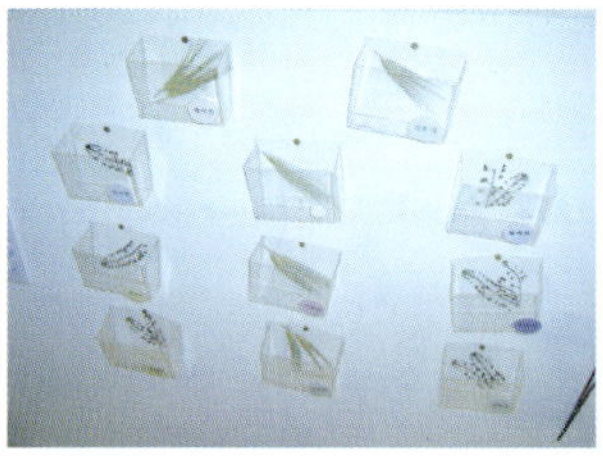

좋아하는 꽃으로 구성된 개인 편지함

쓰기 책상

함께 쓰는 편지를 위한 이젤

비오는 날 생각나는 사람에게 편지 쓰기

비가 많이 오는 장마철에는 못 쓰는 유아용 장화와 버려진 우산살을 이용하여 재미있게 편지함을 구성해 볼 수 있다. 자기만의 표상으로 각자의 편지함을 만들고 구슬을 낚싯줄에 엮어서 빗줄기를 표현할 수도 있다. 메시지 영역에 아늑함을 주기 위해 우산살을 낮게 달고 메시지를 걸 수 있다.

장화로 만든 메시지함

메시지를 공유할 수 있는 우산살 모빌대

▶ 재미있는 돌멩이 글자놀이,
G어린이집 5세

▶ 가을날 할머니, 할아버지께 편지 쓰기

가을날 추석을 맞아
시골 할머니, 할아버지께
편지를 써본다.

▶ 나뭇잎에 써보는 편지,
J어린이집 5세

크리스마스 카드 보내기

겨울의 특별한 날인 크리스마스를 맞아 카드 쓰기가 자연스럽게 발현되었다. 크리스마스 분위기를 내기 위해 전구를 크리스마스 트리 모양으로 붙이고 메시지함을 배치하였다. 영역 앞에는 아세테이트지를 걸어 안락하고 경쾌한 공간으로 영역이 구분될 수 있도록 하였다. 테이블 위에 작은 트리를 마련하여 트리를 꾸밀 수도 있다. 다양한 카드 모양의 종이와 봉투, 크리스마스 분위기의 여러 가지 종이를 비치해 둔다. 선물을 포장하여 친구의 메시지 박스에 선물을 전달해 줄 수 있고, 카드를 만들어 함께 공유할 수도 있다. 메시지 영역 책상 뒤에는 커다란 크리스마스 트리가 세워져 있어 유아들이 좋아하는 편지를 매달아 공유할 수 있다.

겨울 안부 묻기

유아들의 글쓰기를 위한 메시지 영역은 교사의 지도 없이 자유롭게 친구에게 전하고 싶은 말을 써서 마음을 표현하는 곳이다. 편지를 주고받을 때의 기쁨과 상호관계를 느낄 수 있으며, 의사소통 과정에서 글자를 사용하여 자연스럽게 읽고 쓰기를 학습할 수 있다. 가족이나 할아버지, 할머니께 겨울 안부를 묻는 편지를 보내 본다.

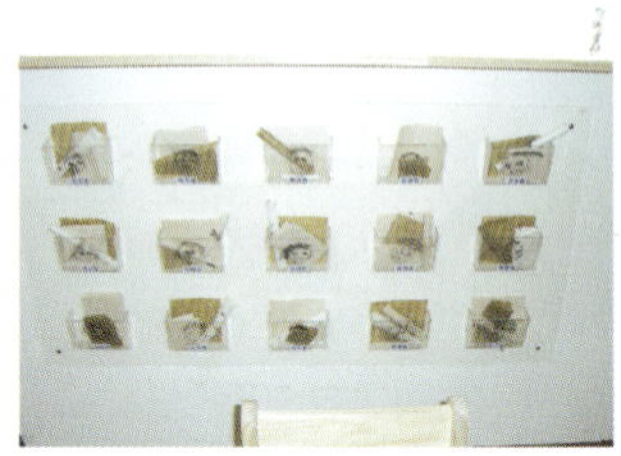

한지에 써보는 편지

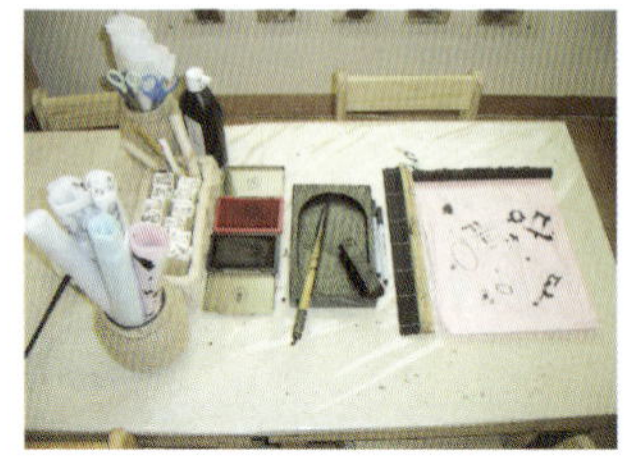

한지, 먹, 벼루, 붓을 사용한 쓰기 책상

평범한 흰 종이나 색종이를 이용하여도 좋지만 '입동' 에 어울리는 한지를 편지지로 해본다. 한지는 왠지 모를 따뜻함과 고유한 느낌을 줄 수 있다. 연필이나 색연필 대신 먹물을 사용해 보면 유아가 글쓰기에 더욱 흥미를 느끼며 새로운 매체를 경험할 수 있다.

불우한 친구에게 따뜻한 마음 전하기

초가집 모양의 편지함

부모의 마음을 담은 소망나무, T유치원 5세

부모가 아이에게 보낸 편지를 모아 '소망나무'를 만들었다.

결석한 친구에게 보내는 이야기가 있는 편지

결석한 친구에게 하루 학급에서 진행된 이야기를 써서 보내 본다. 3단 의자와 연결하여 공유하는 기회도 갖는다.

친구에게 편지 써요, T유치원, 5세

편지가 도착했어요, J어린이집

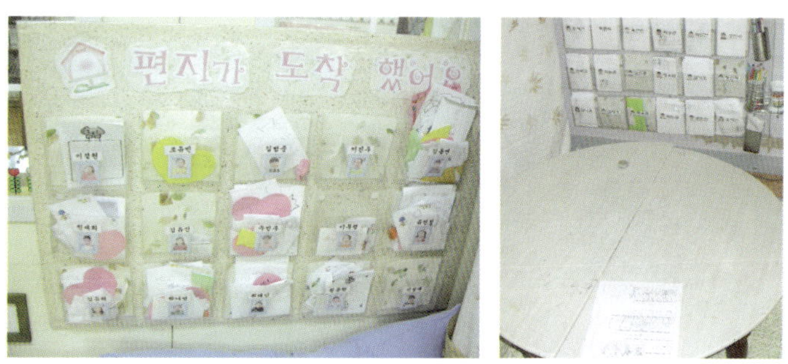

2.2 라이트 테이블

라이트 테이블의 사용은 레지오 학교에서는 일반화되어 있다. 일상적인 사물을 빛을 통해서 보고, 사물에 대한 다양한 이미지를 갖게 함으로써 표상활동을 자극한다. 예를 들어 색의 혼합을 경험하거나, 검정 도화지에 구멍을 뚫어 빛 그림을 구성하기도 하며, 경우에 따라 소집단으로 점토와 철사를 사용하여 모형을 만드는 작업대로 이용하기도 한다. 실물 화상기를 함께 설치하여 다양한 각도에서 유아가 자신의 표상을 다른 관점에서 보고 사물에 대한 새로운 시각을 가질 수 있다.

▶ 따뜻한 봄날

봄의 따뜻한 햇볕, 개나리 · 철쭉 · 진달래 등의 봄꽃, 연두색 잔디와 봄나물 등을 탐색한 후 연상되는 따뜻한 봄날을 라이트 테이블 위에 표상하였다.

따뜻하고 생기 있는 날씨를 표현한 연두색 천 위에 싹이 돋는 봄 식물과 나비

다른 시각을 갖게 하는 투사된 TV 모니터

뿌리를 탐색할 수 있는 투명 비커

▶ 거미줄, B어린이집, 3세

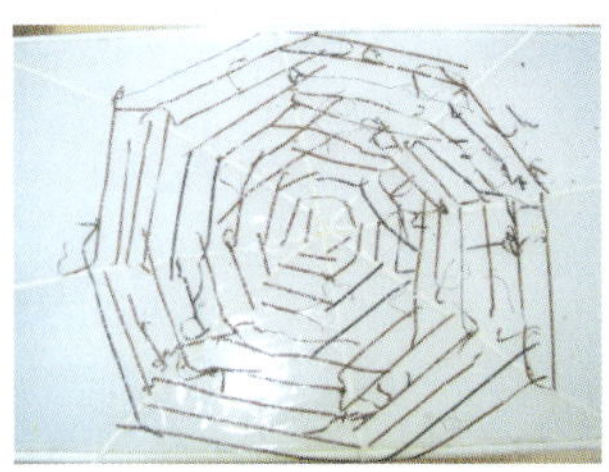

테이프 필름으로 거미줄을 만들자.

밀가루 반죽으로 거미를 만들 수 있어.

거미줄 완성

▶ **땅 속 나라,**
E어린이집 3세

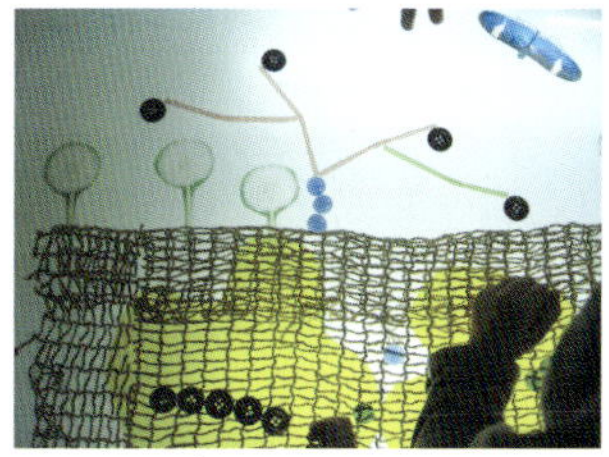

사과가 달려서 사과나무야.

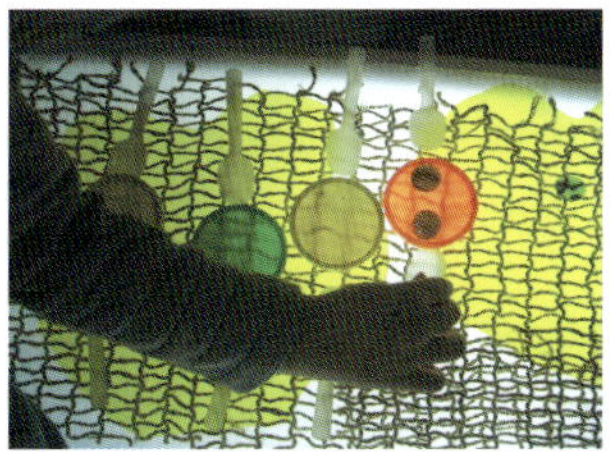

이건 장수풍뎅이야.

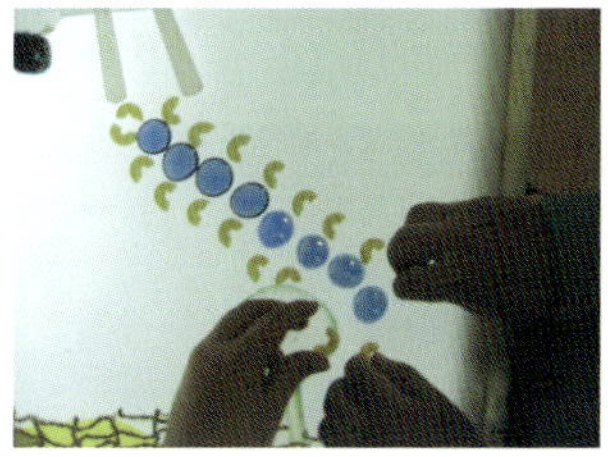

지네가 밖으로 나왔어.

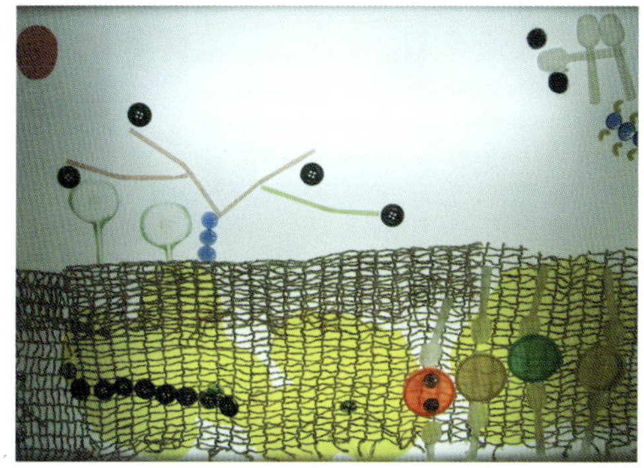

다리가 진짜 많아.

▶ **봄 닮은 색물감,**
B어린이집 3세

물감으로 무지개를 만들자.

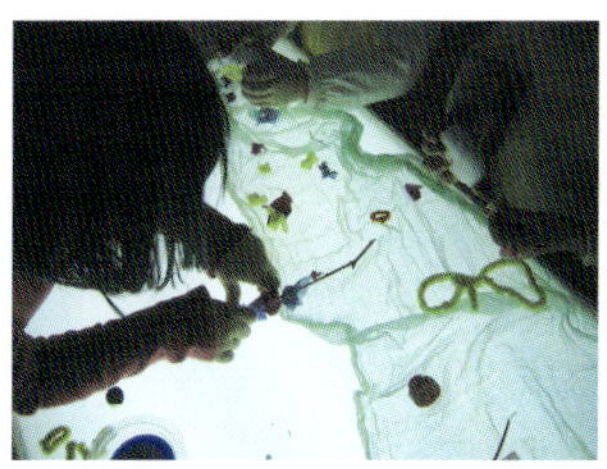

여긴 나비도 있어… 풀밭에는 꽃도 있어야지….

▶ **꽃이 달라 보여요,**
M어린이집 3세

토끼풀 반지 해 봤어??

색깔이 달라 보여.

▶ **새싹요정나라,**
Y어린이집 4세

산책에서 주워 온 나뭇가지와 씨앗으로 뭘 할까?

▶ **콩 싹이 잘 나는 라이트 테이블,**
Y어린이집 4세

싹이 조금 나기 시작할 때 라이트 테이블로 옮겨 관찰하기
(라이트 테이블의 온기로 인해 더욱더 잘 자람)

새싹은 이렇게 생겼어.

▶ **노란 구슬 개나리꽃,**
Y어린이집 2세

▶ **개나리꽃,**
N어린이집 4세

나비,
S어린이집 3세

파도치는 여름바다

색 구슬과 철사 그물망을 사용하여 시원한 느낌을 표상하고 색깔 천을 사용하여 푸른 바다를 표현하였다. 또한 구슬로 바다에서 거센 파도가 칠 때 생기는 물방울을 구성하였다.

자동차 만들어 봐요,
J어린이집 2세

빵빵 비키세요~ 자동차 나가요.

이건 보석 자동차야.

자, 공룡아저씨 빨리 타세요.

비 내리는 모습,
H어린이집 3세

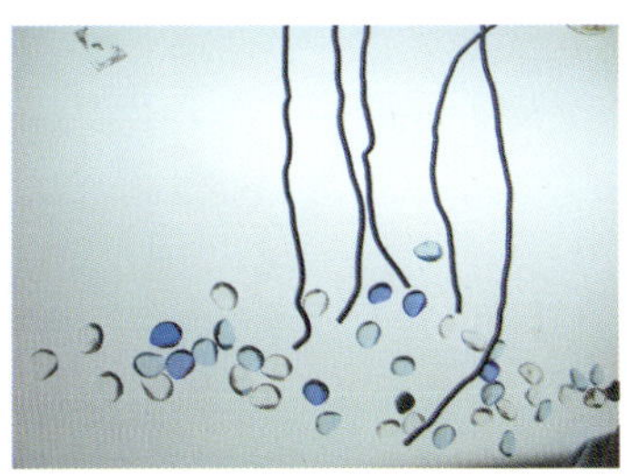
쭈욱쭈욱~ 뚝뚝

▶ 모래로 구성한 길,
H유치원 3세

눈이 된 톱밥

눈이 된 톱밥 선생님. 근데 차에 눈이 쌓였어요.

산을 만들어서요, 터널을 만들면 되잖아요.

터널에는 불이 켜 있잖아요. 이렇게 불뚝 튀어나온 게 불빛이에요.

▶ 기차,
G어린이집 5세

▶ 자동차 길 만들기,
G어린이집 3세

사람이 건널목을 지나가고 있어요.

높은 아파트 건물이야….

주차장도 있어야 해요.

▶ 빗방울,
D어린이집

▶ **바다 속 풍경,** T유치원

▶ **가을 들판**

매체장에 준비된 셀로판지, 우리 주변에서 볼 수 있는 여러 가지 나뭇잎(은행나뭇잎, 단풍잎, 느티나무 등)과 말린 꽃잎, 빛이 투과되는 다양한 색의 구슬, 필름 등을 사용하여 해바라기와 잠자리, 코스모스가 핀 가을 들판을 구성했다.

이동 가능한 라이트 테이블과 매체장

매체장은 나무를 이용하여 실용적으로 칸을 만들고, 다리에는 바퀴를 달아 쉽게 이동이 가능하도록 한다. 매체장의 각 칸에는 다양한 나뭇잎, 꽃잎, 빛이 투과되는 투명한 플라스틱 용기, 필름 못, 풍선 전구, 망사, 스팽클, 조개껍질, 빛이 투과되는 것과 되지 않는 여러 가지 색구슬 등 유아들이 매체를 꺼내 쓰고, 정리하기 쉽게 한다.

매체를 쓰기 좋게 정리할 수 있는 매체장

▶ **가을 농촌,** D어린이집

수집해 온 자연물로 가을 농촌 표상하기

▶ **전통문양 만들기,** J어린이집 4세

산이랑 나무랑 바람이 있어요.

▶ **나무껍질로 구성하기,** Y어린이집 5세

잘라 볼까? 상어 모양 같다.

나무껍질로 구성을 해 보았어요.

나무를 꾸며 보자.

▶ **가을**

노란색과 초록색 셀로판지를 이용해 봄과 여름의 푸르른 느낌에 갈색을 더하여 가을이 다가옴을 표현하였다.

라이트 테이블 · 화상기 · TV 모니터의 연계

▶ **물 위의 도시 베네치아,** I유치원 5세

베네치아 풍경을 감상한 후, 부모와 함께 다양한 매체로 표상하였다.

소집단마다 다르게 표상된 베네치아

라이트 테이블 위 구성

3차원 구성

▶ 황금빛 가을 들녘

가을을 맞아, 라이트 테이블 위는 가을 들녘의 넘실대는 황금빛 물결을 구성하였다. 실제 벼와 염색한 천을 이용하여 가을의 황금빛 물결을 표현하였고, 촛불을 켜 분위기를 살렸다. 라이 트테이블에 구성된 가을 들녘을 화상기를 이용하여 다양한 각도로 포착하여 TV 모니터에 비춰 봄으로써 구성된 화면에 대한 폭넓은 이미지를 갖게 한다. 불투명한 재질과 투명한 재질의 사물을 빛과 어우러지게 함으로써 음영의 강도를 경험할 수 있다. 매체장에는 가을 나뭇잎을 비롯하여 구슬, 천, 불투명 셀로판지, 구리 등을 준비한다.

가을 자연물이 준비된 매체장

위에서 바라본 라이트 테이블

실물 화상기로 비춰 본 모습

▶ 동물원에 갔었어요, G어린이집 2세

얼굴에 털이 많은 사자

나무를 오르는 원숭이

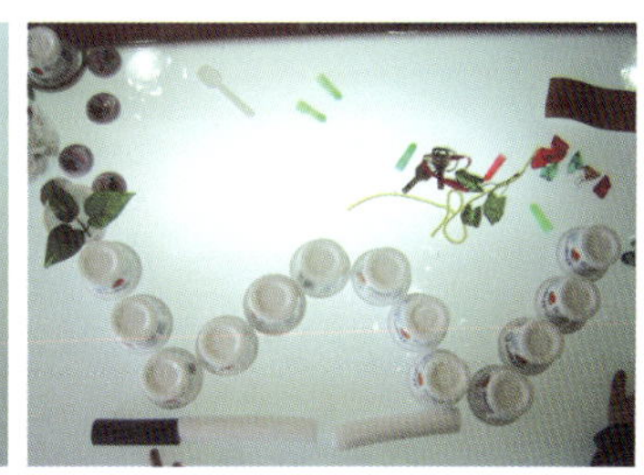

동들동글하고 기다란 뱀

▶ 한강변에서 자전거를 타요, G어린이집 3세

얼굴도 만들고,

한강도 있어.

▶ **정글,**
G어린이집 4세

▶ **붉게 물든 산**

여러 가지 색으로 물든 가을 나뭇잎들을 주워 모아 연상되는 이미지를 표상하였다.

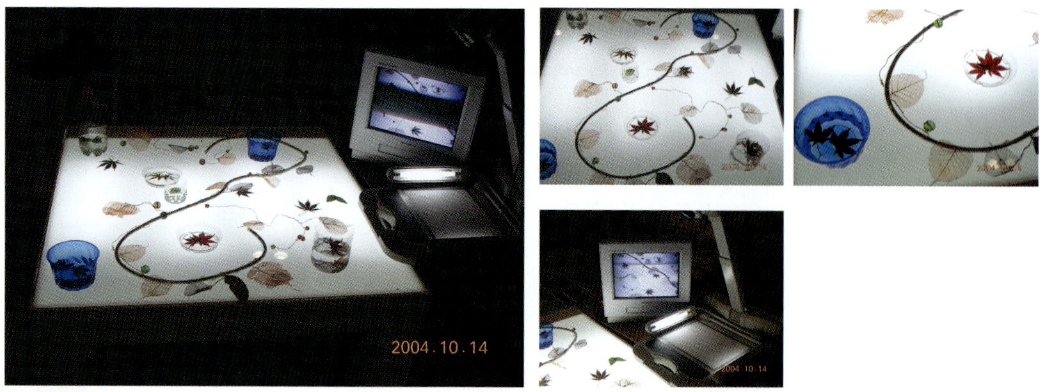

매체장에 모아진 갖가지 가을 나뭇잎과 주변 매체들

▶ **가을 풍경,**
D어린이집 5세

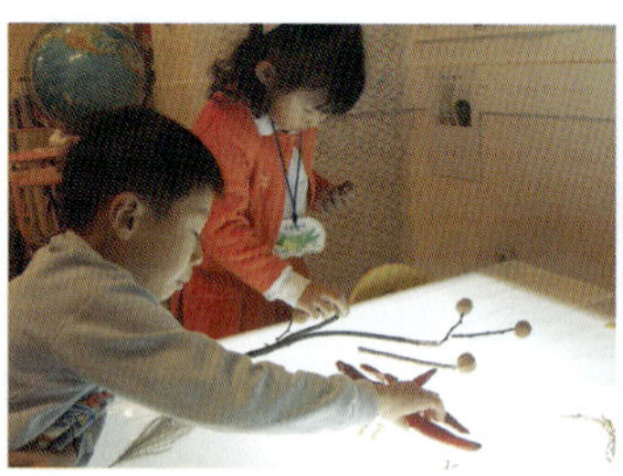

벽에 앉아 있는 잠자리 만들 거야.
호두가 열렸어.

낙엽이 떨어지고 있어.
잠자리들 먹이를 준 거야.

▶ **가을 낙엽,**
T유치원

▶ **꽃이 폈어요,**
E어린이집 2세

나비가 꿀을 빨아 먹어~.

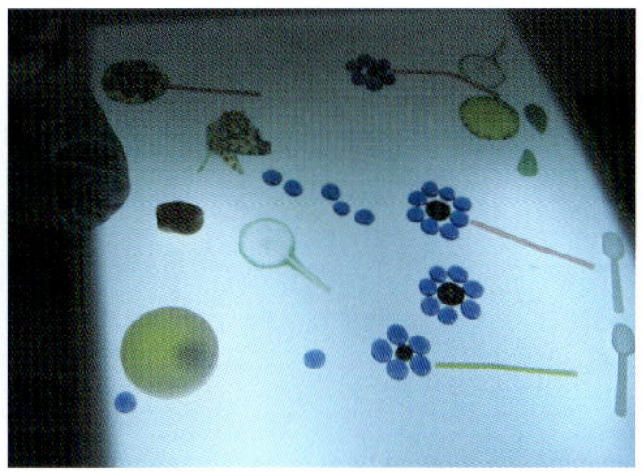

꽃잎은 불면 날아가는 거야.

해바라기꽃이 많이 있어~.

▶ **첫눈 내리던 날**

비닐 호스, 마른 나뭇가지, 구슬, 종이, 아크릴 물감 등을 사용하여 늦가을에서 초겨울까지의 저녁노을과 주변 환경을 관찰하고 표현하였다. 앙상한 나뭇가지를 비닐 호스관에 꽂아 세워 겨울나무를 표현하였다. 종이를 구겨서 형태를 만들고 락카를 뿌려 완성한 산의 흐릿한 하얀 빛은 마치 초겨울 첫 눈이소복히 앉은 듯하다.

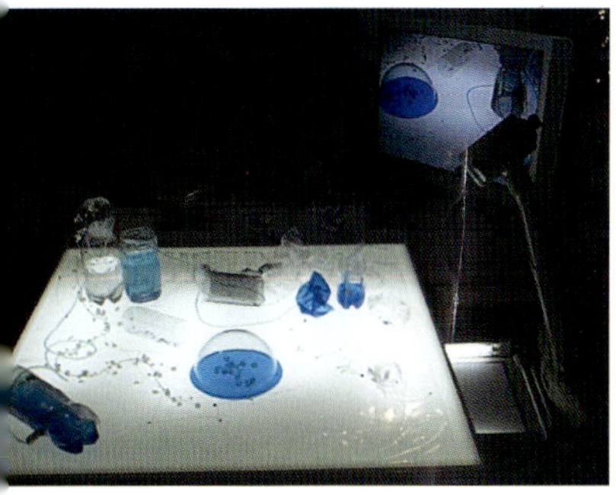

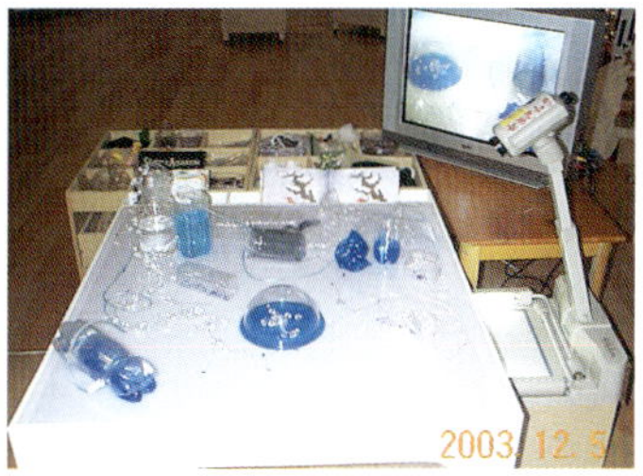

물이 얼음으로

투명 PET병, 파란색 물, 투명 링거줄 등을 이용하여 물이 얼음으로 변화되는 과정을 표상하였다. 파란색 물감을 탄 물은 전체적으로 차가운 느낌을 주어 겨울을 느끼게 한다.

겨울을 주제로 한 책들을 함께 놓아 탐색하거나 다양한 관점을 갖도록 한다. 유아들이 겨울 기온의 변화, 주변 환경의 변화 등을 탐색한 후 다양한 매체를 가져와 구성할 수 있다.

▶ **팝콘을 이용한 눈꽃,**
S어린이집

▶ **구멍 그림,**
T유치원 3세

검은 도화지에 뚫은 구멍은 빛 그림을 만든다.

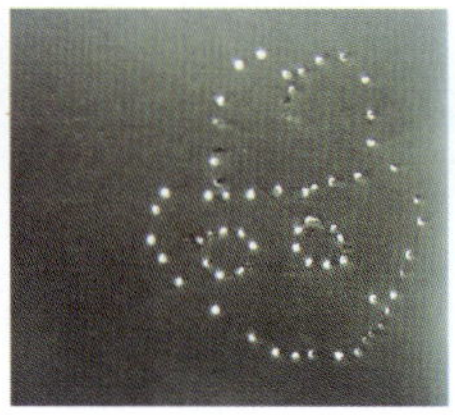

토끼

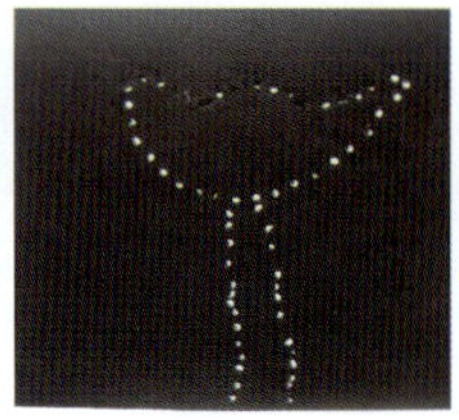

튤립

왕관

▶ **추운 겨울,**
T유치원

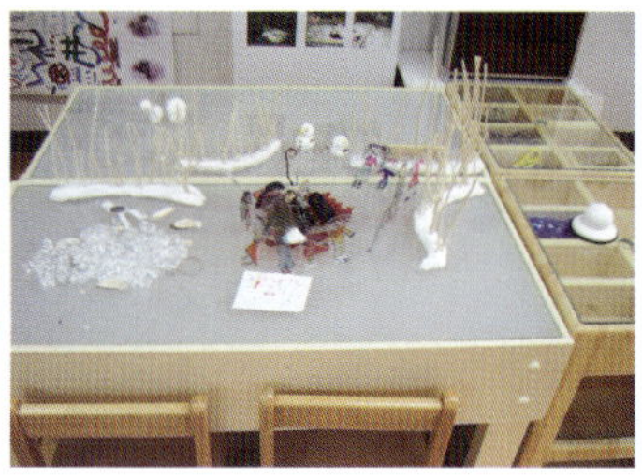

▶ **자연물 염색**

매체장에 제시되는 매체는 그 종류에 따라 유아로 하여금 자유로운 상상을 한계 없이 불러오게 한다. 활동 과정을 통해 유아들은 흰색 실이나 옷감을 예쁜 색으로 물들이는 염색을 경험하고 색깔을 더 잘 내게 하는 염료를 알게 된다. 요즈음에는 대부분 공장에서 합성한 인공 염료를 사용하고 있지만, 우리의 고유한 자연으로부터 얻은 염료를 사용하여 우리의 색을 만들어 보자.

염료가 되는 자연물들

염색 과정을 상징한 라이트테이블 표면

헝겊에 자연물을 들이는 활동을 위해 홍차잎, 양파껍질, 치자, 말린 고추뿐만 아니라 흰색 다양한 종류의 천, 면, 끈 등을 준비하였다.

▶ **서로 다른 집,**
T유치원

꽃가게처럼 꽃이 아주 많은 집에서 살래.

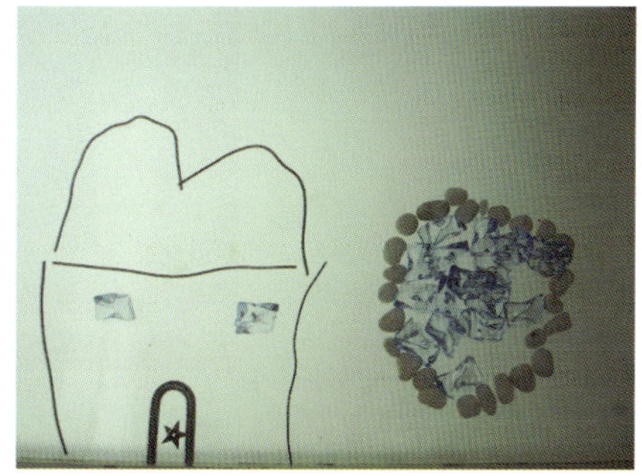

개울가가 있는 아주 큰 집에서 수영도 할 거야.

수영장이 집만큼 커서 매일 매일 물놀이를 할 거야.

집 안에 목욕탕을 크게 만들어서 매일 수영도 할 거야.

▶ **얼음나라**

얼음나라 남극, 북극을 탐색하거나 추운 겨울날 얼음에서 느껴지는 이미지를 답이 없는 매체로 표상해 본다.

매체장

모니터링 해본 화면

라이트 테이블 위

▶ 운석이 만든 크레이터, D어린이집 5세

여기 구멍 만들었다.

난 큰 거 만들 거야. 원래 수성에는 큰 것도 있고, 작은 것도 있어.

여긴 화산이 폭발한 것 같다.

▶ 개미집, L어린이집 1 · 2세

▶ 얼음나라, T유치원 4세

함께 구성한 얼음나라

2.3 2차원 구성놀이

OHP, 실물 환등기, 슬라이드 등의 기기를 활용하여 2차원 벽면이나 스크린에 영상을 구성하는 놀이 영역이다. 영상 그 자체를 구성하거나 극놀이, 역할놀이 배경으로 활용하여 연장놀이가 이루어진다.

▶ OHP로 만드는 이미지

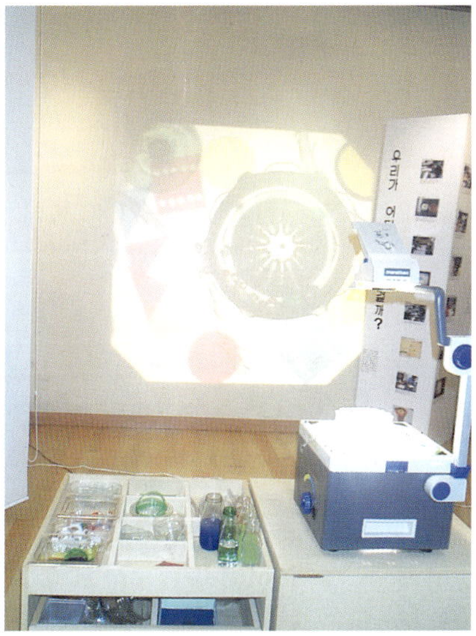

OHP 기기의 빛을 투사하는 기능을 활용한다. OHP 위에 색 셀로판지, 투명 호스, PET병, 투명 유리 보울 등 다양한 투명 매체를 올려놓아 재미있는 2차원 화면들을 매일 변화 있게 구성할 수 있다. 사용 가능한 매체들이 담겨 있는 이동 가능한 매체장을 함께 제시한다.

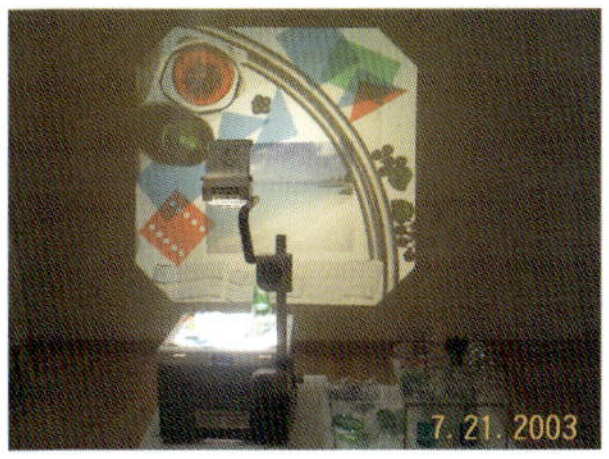

물 담긴 투명 PET병, 색 셀로판지, 필름 등으로 구성된 벽면 이미지

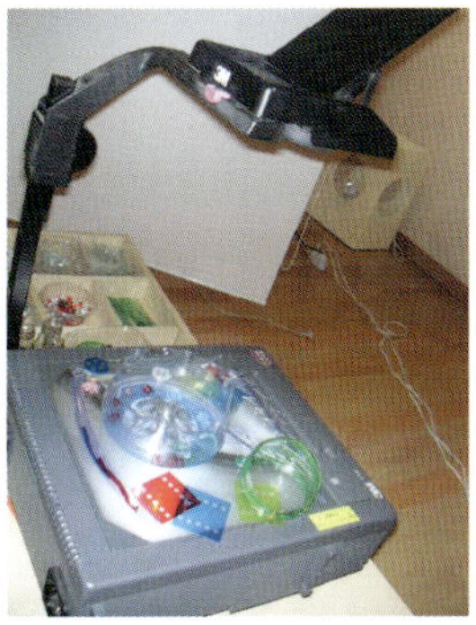

▶ 슬라이드 프로젝트로 만든 극놀이 배경

생활 속에서 만나는 정겨운 장면이나 전경들을 슬라이드 필름 속에 담아 투사하면 2차원 극놀이를 위한 멋진 배경이 연출된다.

▶ 동그라미를 이용한 2차원 구성놀이, E어린이집 3세

단위 모양으로 잘라진 색 셀로판지는 영아들에 의해 OHP 위에 놓여질 때 어떤 형태로든 구성 · 재구성되어진다. 영아들은 만들어진 영상에 의미를 부여한다.

▶까만 것과 하얀 것, H유치원 3세

빛에 투사되지 않는 매체들은 매체가 가진 실루엣이 또 그렇게 멋진 형태를 구성해 낸다.

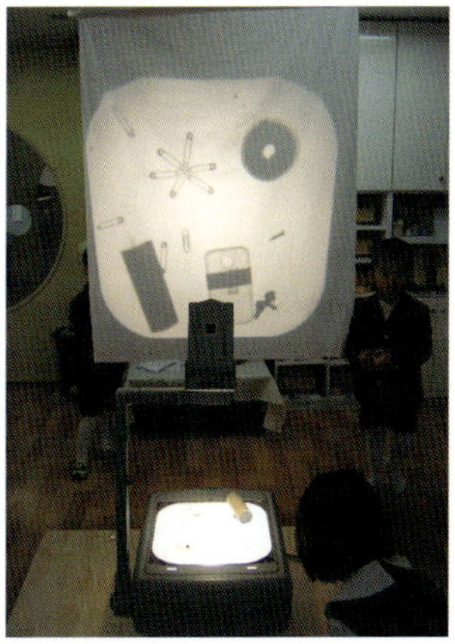

▶ 개나리

OHP를 사용한 2차원 구성은 선 · 면 · 형을 가진 3차원 입체물을 사용하여 나타내고자 하는 주제를 2차원 평면으로 표상하는 미학과 과학이 담겨 있다. 동일한 매체들로 여러 가지 다른 이미지를 구성할 수 있고, 서로 다른 매체로 동일 주제를 표상할 수도 있다. 어린 영아나 그리기 기술 발달이 부족한 유아도 손쉽게 성취감과 만족감을 얻을 수 있다. 단, 대상 주제에 대한 탐색 경험이 전제되어야 한다.

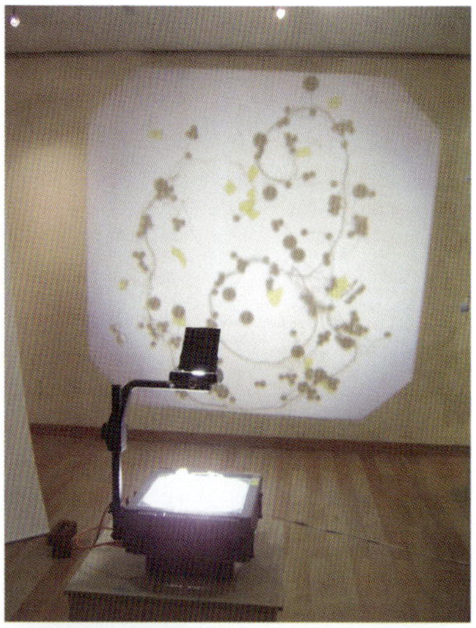

OHP 위 구성된 모습

▶ 바다 속에서

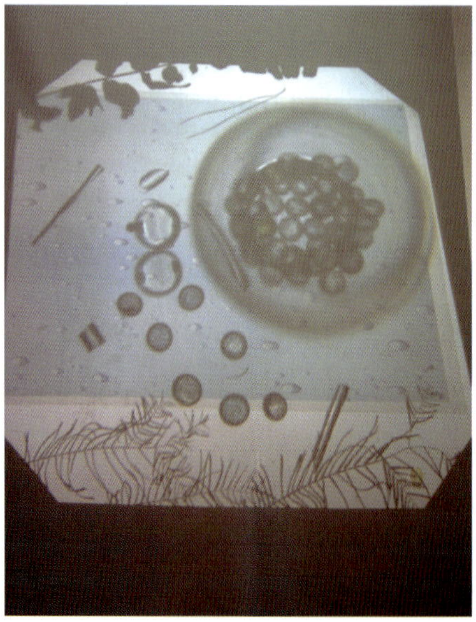

벽면에 투사된 '바다 속'

투사된 바다 속 장면을 배경으로 다양한 극놀이가 연장될 수 있다. 파란색 셀로판지를 이용하여 바다 속을 표현하였고, 여러 가지 풀잎으로 바다 속 해초와 수초를 표현하였다. 다양한 색깔의 구슬들은 바다 속에서 생기는 물방울을 표현하였다.

바다 속을 표현하기 위한 OHP 위 구성

▶ 색과 그림자를 합치면?, H유치원 3세

가설, 실험, 추론, 표상, 재표상 과정이 반복되면서 2차원 구성놀이는 한계 없는 유아들의 실험 공간이 된다.

장수풍뎅이는 무얼 먹을까?, D어린이집 3세

장수풍뎅이에 대한 탐색을 통해 알아 낸 지식들은 OHP 위에 표상되어 벽면에 2차원으로 구성된다.

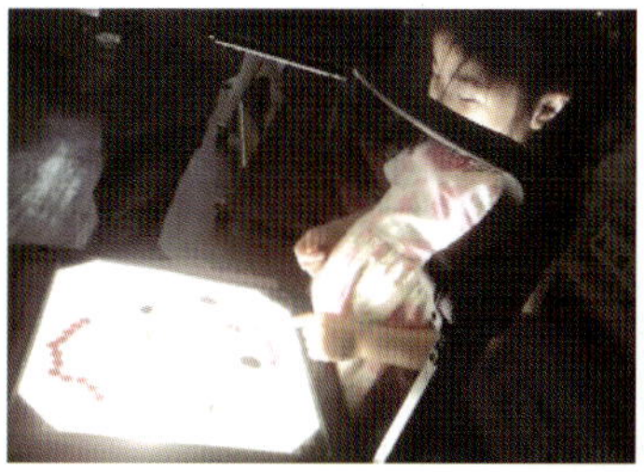
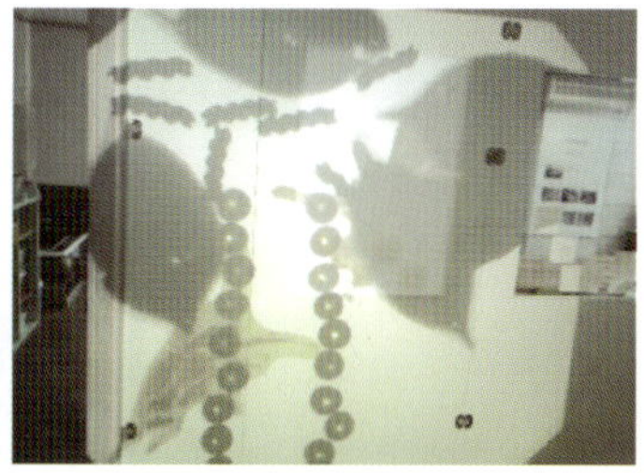
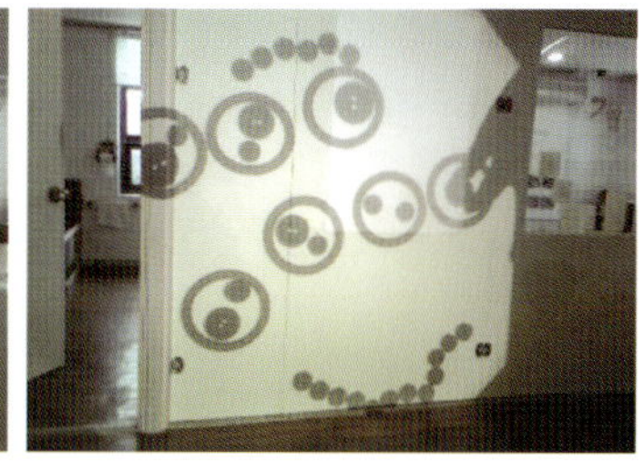

숨은 별자리 찾기, N어린이집 5세

숲 구성하기, D어린이집 5세

다양한 나뭇잎들을 이용하여 유아들은 협의, 재협의하면서 숲을 구성한다.

노을 지는 들녘

여러 가지 매체를 OHP 위에 한 가지씩 더해 나가면서 빛을 통해 점차적으로 달라지는 느낌에 이미지를 부여해 간다. 빨간색 셀로판지는 해가 저물어 가는 붉은 노을을 표현하였으며, 벼는 저물어 가는 가을 들녘에서 일하고 있는 농부의 모습을 나타내 보려 하였다. 호스를 이용하여 날아오는 잠자리를 표현하기도 하였다. 최종 구성된 장면을 '노을 지는 들녘'이라 이름하였다.

투사된 2차원

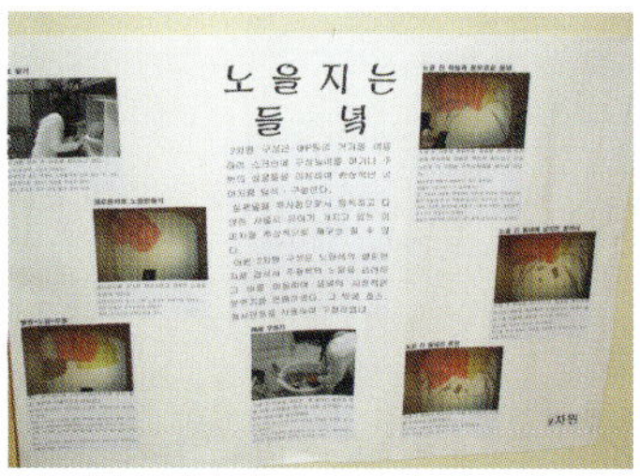

탐색 · 구성 과정의 기록

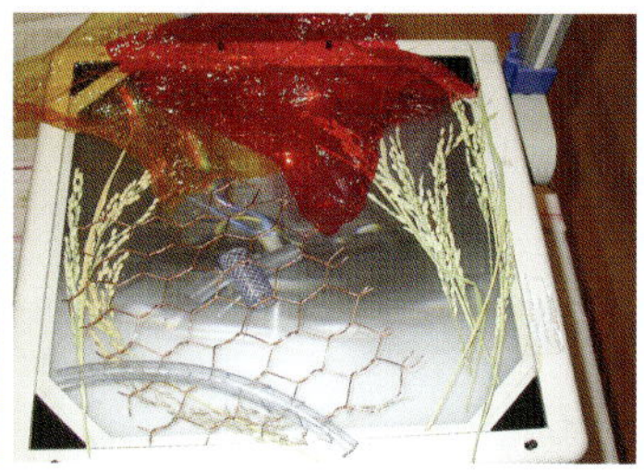

OHP 위에 놓여진 매체

조합되고 합쳐지는 영상, G어린이집 4세

눈 내리는 에펠탑

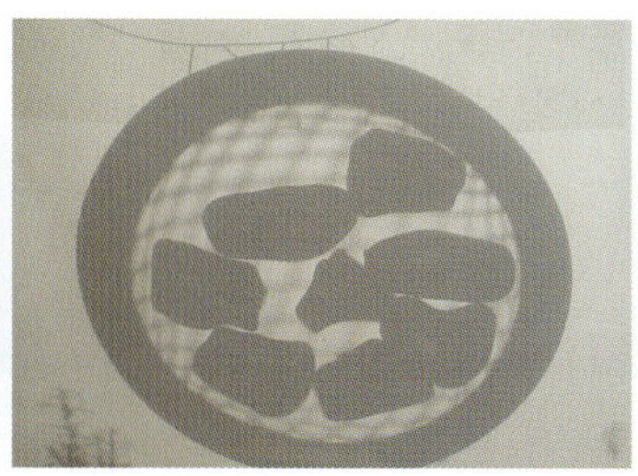

야채, 고기가 있는 피자

눈사람

비오는 날의 자동차

▶ 해질 무렵

가을은 우리를 시인으로 만든다. 빛을 투과하는 다양한 매체들은 OHP 위에 올려져 '해질 무렵'의 이미지로 탄생되었다.

▶ 서리 내린 땅

입동 절기에 즈음하여 다양한 매체를 이용하여 서리가 내리는 땅을 표현하였다. 입동은 서리가 내리고 땅이 얼어붙는 시기로 언 땅을 표현하기 위해 철망과 솜을 이용하였으며, 탐색 내용에 따라 여러 가지 매체를 첨가해 나갔다.

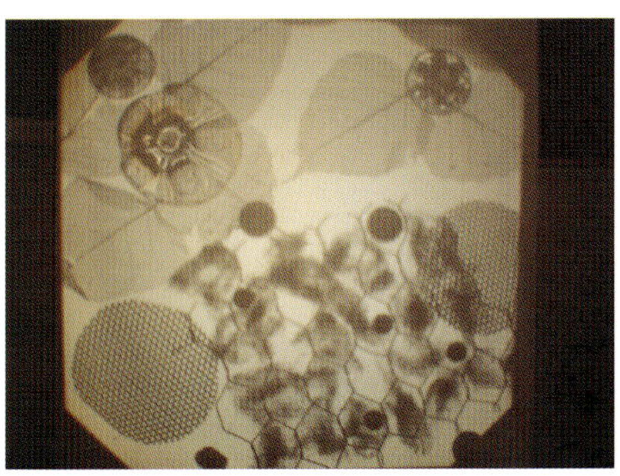

투사된 '서리 내린 땅'

입동의 갈까마귀를 표현하기 위해 나뭇잎 위에 구슬을 놓아 까치밥을 표상했다.

▶ 커다란 사자, G어린이집 2세

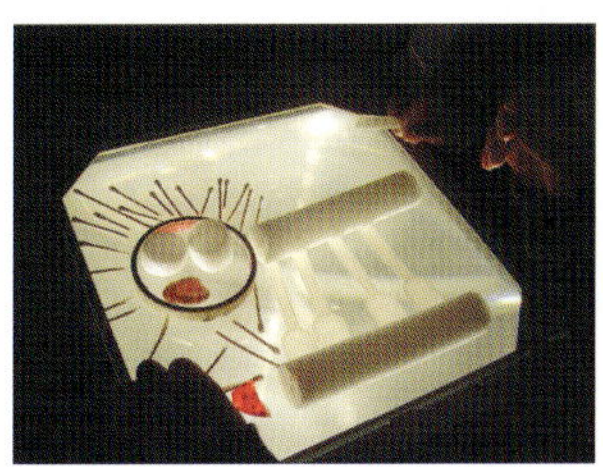

무서운 커다란 사자가 우리를 잡아먹으려고 하는 거야.

▶ 다양하게 변신하는 2차원 구성 영역, D어린이집

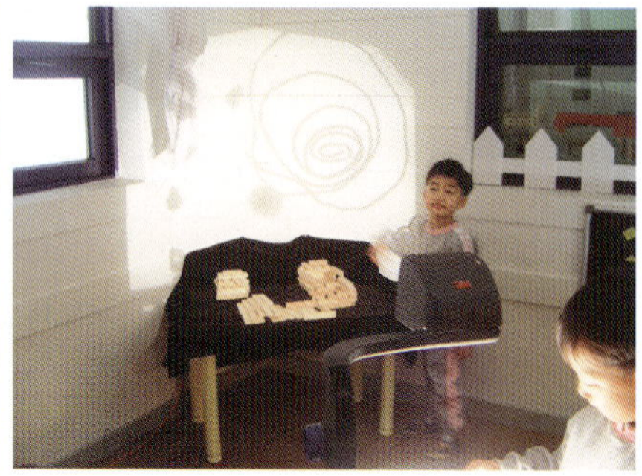

▶ 우리 몸 속은 어떻게 생겼을까?, J어린이집 5세

정말 심장에 뼈가 들어 있는 것처럼 보인다.

▶ 겨울 바다

OHP위에 파란색과 노란색, 초록색의 셀로판지를 활용하여 겨울 바다를 구성하였다. 흰색 셀로판지는 잘 보이지 않지만 빛을 받으면 셀로판지의 구김이 2차원 벽면에 투사되어 추상적인 분위기를 더해 준다.

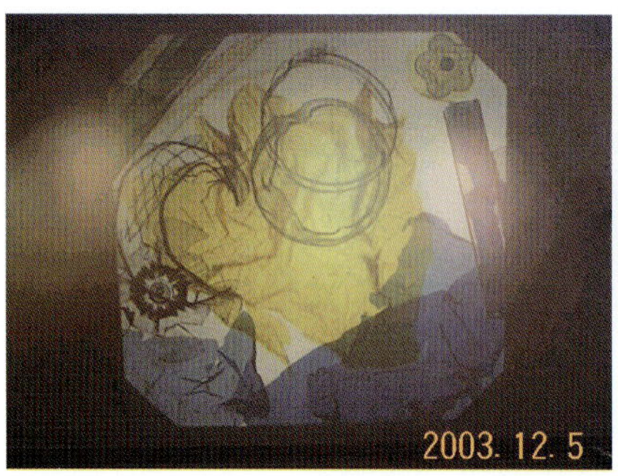

투사된 2차원 벽면

OHP 위

2.4 3차원 구성놀이

흔히, 교실의 한 코너에 빛이 차단될 수 있는 공간을 3차원 구성놀이에 이용한다. 천장 · 벽 · 공간 · 바닥을 모두 활용하여 다양한 매체를 매달고 쌓아 올리고 늘어뜨려 특정한 주제에 대한 표상이 3차원 공간에 구성된다. 사실적인 구성보다는 유아들의 탐색에 근거하여 구성하고자 하는 이미지를 정형화된 틀 없이 창의적으로 설치할 수 있다. 구성한 공간의 구조물에 OHP나 라이트 리플렉터를 사용하여 빛과 색을 투사하여 그림자를 만들고 의미와 이미지를 구체화한다.

▶ 인간 세상

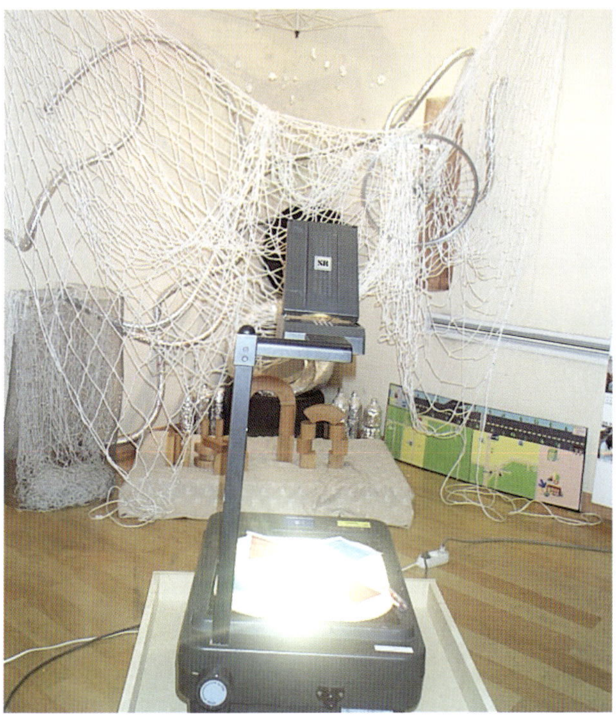

3차원 구성 공간은 개별 또는 집단 프로젝트와 관련된 구성활동 중에 미처 끝나지 않은 구성물들을 그대로 보존할 수 있는 기능성 또한 갖고 있다.

그물, 닥트호스, 블록 등을 이용한 2차원 구성

3차원 구성물에 이미지를 더해 주는 OHP

▶ 봄

봄의 느낌을 표현하기 위해 노란 전구, 금빛을 칠한 철망, 연둣빛, 노란빛, 흰색 빛의 망사천 등의 재료를 사용하여 봄의 따뜻한 느낌을 표현하였다. 나뭇가지 사이사이에 달아 놓은 전구는 조명에 반사되어 화사하면서도 환상적인 봄꽃의 느낌을 준다.

철망으로 구성한 나뭇가지에 매달린 봄꽃을 표상한 전구

▶ 깊은 바다 속 잠수함

깊은 바다 속의 캄캄한 느낌을 필름을 사용하여 표현하였으며, 철망을 이용하여 물고기를 구성하였다. 잠수함에 그물 덮개를 씌워서 어두운 바다 속을 다니는 잠수함을 표상하였다.

바다 속 잠수함

철망으로 만든 물고기

▶ 바다 속 꾸미기, D어린이집

탐색이 깊어 감에 따라 바다 속 3차원 공간도 구체화되어진다.

바다 속에는 어떤 것들이 있을까?

▶ 춤추는 가을 나무

'춤추는 가을 나무' 라는 주제로 큰 구리철망을 이용해서 나무 모양을 구성하였다. 공간에는 단풍잎, 은행잎 등을 이용하여 나뭇잎이 춤을 추는 모습을 형상화하였다. 컴퓨터 화면을 편집하여 가을 낙엽이 떨어지는 동영상을 더하여 나뭇잎이 춤을 추는 모습을 더욱 구체화하였다. 바닥에는 나무토막을, 공간에는 나뭇잎으로 가을 느낌을 더하였다.

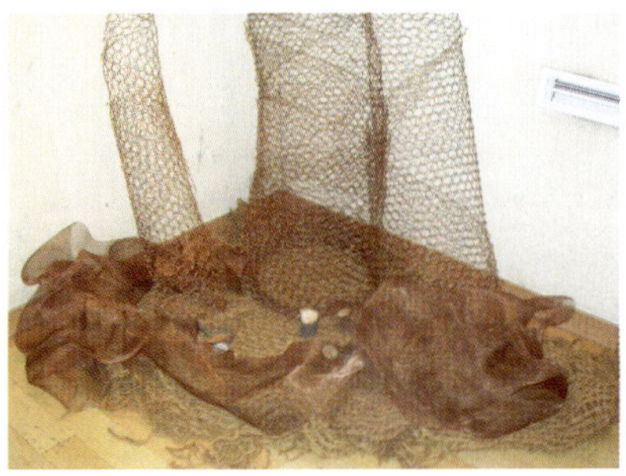

나뭇잎과 나무토막을 늘어놓아 가을 숲 느낌 더하기

공간에 춤추도록 매단 나뭇잎들

▶ 가을 나무 3차원 구성, G어린이집

3차원 공간에 구성된 가을 나무

▶ 가을 농촌

추석을 맞아 시골에서 모아 온 소품과 자연물들로 '가을 농촌' 을 3차원 구성하였다. 거친 질감의 그물을 천장부터 늘어지도록 달았으며, 감나무와 밤나무를 매달고 자전거를 타고 있는 농부를 형상화하였다. 바닥의 돗자리 뒤에는 가을걷이 한 열매, 곡식들이 마르고 있다.

▶ 우주

벽면에 우주 공간을 투사하여 배경을 만들어 둔다. 검은 천과 스티로폼 공을 낚싯줄로 엮어 별을 표현하고 우주에 있는 여러 행성들을 만들어 매달았다. 행성 표면은 신문지, 지점토, 그물, 타이어 등을 활용하여 구성하였다. 3차원으로 상상의 공간을 표현할 수 있고 극놀이로 연결할 수 있으며, 유아들의 작품이나 실생활 물건들을 더하여 확장할 수 있다. 여러 가지 사물들의 가용성을 탐색하고 재활용하여 구성해 본다.

은박지로 싼 폐타이어와 링거줄, 그물, 구리망 등으로 구성된 행성의 표면

석고로 형태를 만들고 물감으로 색칠하여 표현한 분화구

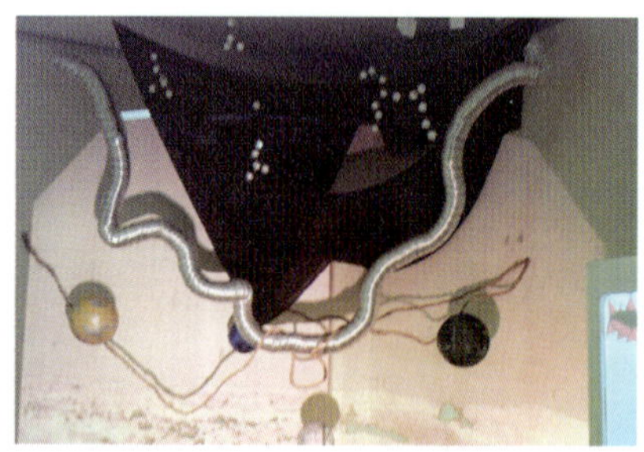

여러 가지 별과 행성

▶ 가을밤 저수지

그물, 짚, 볏단, 비닐, 헝겊, 나뭇가지 등으로 '가을밤 저수지'를 구성하였다. 슬라이드를 통해 시골 풍경 '황토길', '밤나무', '논의 벼', '한옥 마루' 등의 장면을 벽면에 투사하여 이미지를 더하고, 3차원과 연합하여 극놀이로 연결할 수 있다.

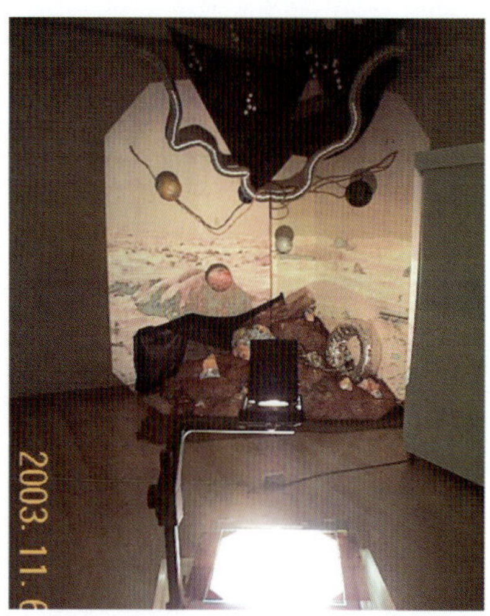

▶ 겨울 새벽녘

OHP를 이용하여 파란 빛을 쏘아 새벽녘의 달빛을 표현하였다. 겨울 이미지를 나타내기 위해 상자와 자전거 타이어를 모두 은색으로 칠하고 바닥은 은박지를 이용하였다. 은색 스텐 주름관이나 철사, 낚싯줄은 겨울의 차가운 분위기를 표상하며, 천장에는 아세테

이트지와 철사로 만든 구조물이 빛을 받아 만들어 내는 그림자가 어울려 도시를 연상하게 한다.

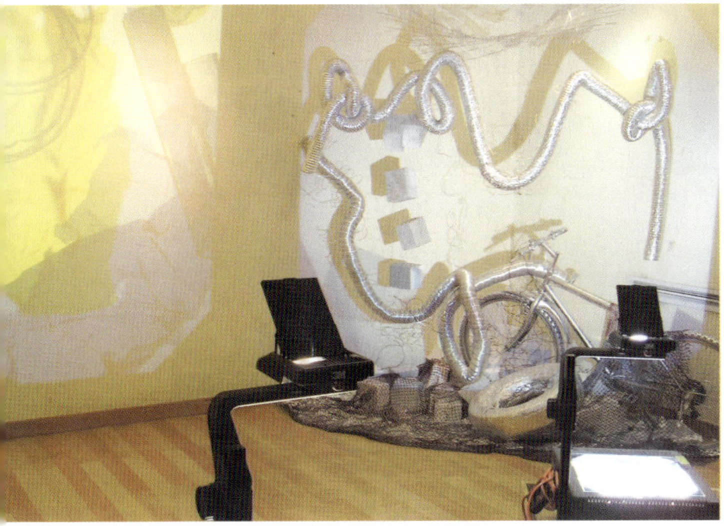

▶ **겨울 초가집**

입구를 보드판으로 구성하였고 바닥은 서리가 내린 모습을 표현해 보았다. 입동을 알리는 듯한 서리와 고드름을 초가집이라는 공간에 표현하였다. 초가집 위로는 보드판으로 굴뚝을 표현하여 따뜻한 연기가 피어오르는 느낌을 보여준다.

고드름이 매달린 지붕

초가집 문

▶ **연 날리는 날**, T유치원 4세

겨울에 할 수 있는 연놀이를 탐색하고 연상되는 이미지를 공간에 구성하였다.

공간에 구성된 나무

구성된 동산

연 탐색 과정의 기록

겨울 속으로,
T유치원 5세

입동 · 소설 · 대설 · 동지 · 소한 · 대한을 거치는 겨울 절기의 생활을 3차원 집을 배경으로 구성 · 전시하였다.

겨울 절기 탐색 과정 기록

정겨운 한옥 공간 구성

기와의 미학

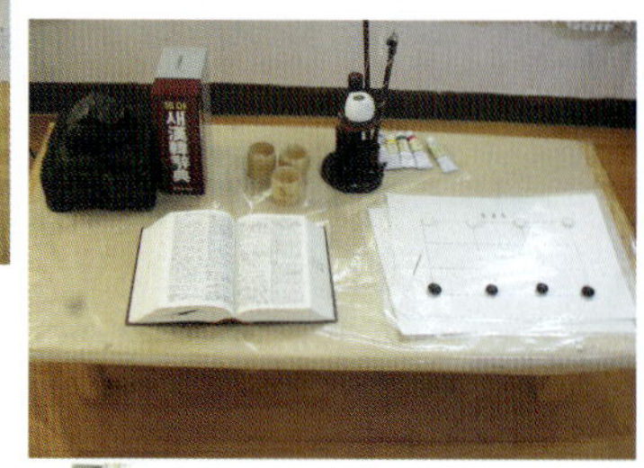

겨울 절기에 옛 선조들의 생활 기록

동지에 나오는 팥죽귀신

팥죽귀신을 물리치기 위해 유아들이 고안 구성한 '애심용'

기록

'용'의 공간 구성

▶ 북극 탐험

북극의 생태를 탐색한 후, 3차원 공간에 북극을 구성하였다.

북극 이미지를 나타내는 공간 구성

얼음 공간 표상

공간에 이미지를 더해 주는 OHP

▶ 음악이 함께하는 도시

악기, 하드보드 상자, 포장지, 끈 등의 주변 매체를 이용하여 음악이 흐르는 도시를 구성하였다.

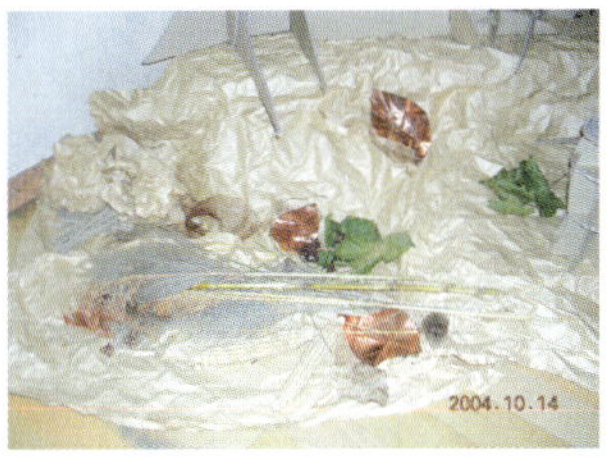

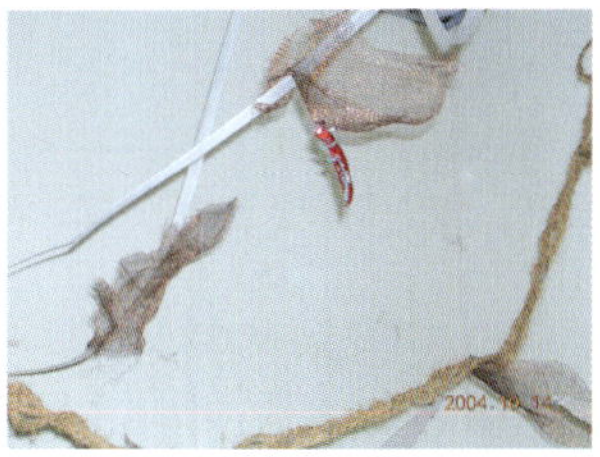

공간

바닥

▶ **이야기 꾸미기 구성,** H유치원 3세

유아들이 일상에서 만드는 이야기를 극화하기 위해 협의를 통해 3차원 공간에 배경을 구성할 수도 있다.

▶ **링컨기념관,** I유치원 5세

미국 역사를 탐색하고 유아들은 나무 블록으로 자신들이 알아본 링컨기념관을 구성하였다. 배경을 연결하여 극화놀이에 활용하였다.

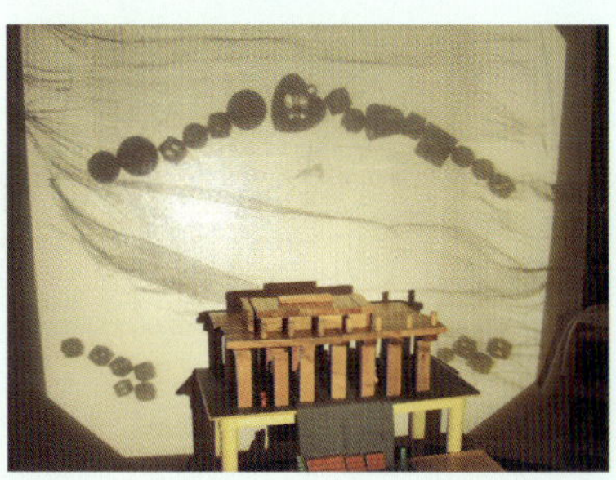

▶ **내가 사는 동네 만들기,** T유치원 4세

우리가 사는 동네를 탐색한 후 점토와 사진 매체를 활용하여 공동 구성하였다.

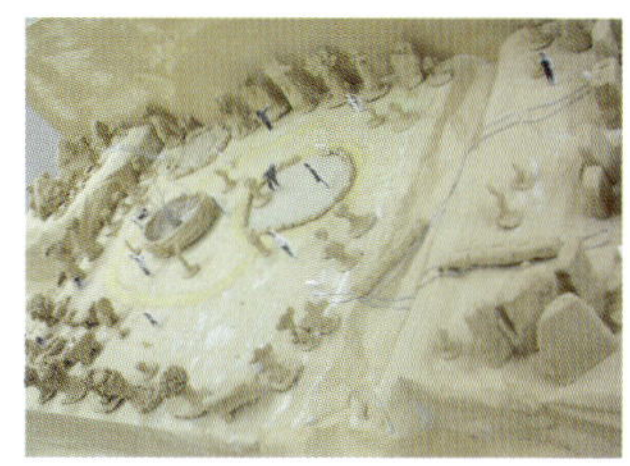

▶ **이글루 구성하기,** T유치원 4세

북극 탐색 후 이글루를 구성하고 뼈를 이용하여 북극에 사는 사람과 썰매 끄는 모습을 표상하였다.

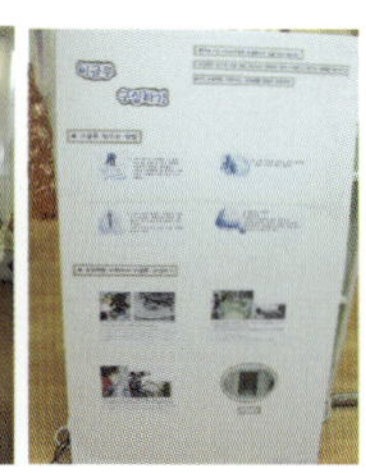

기록

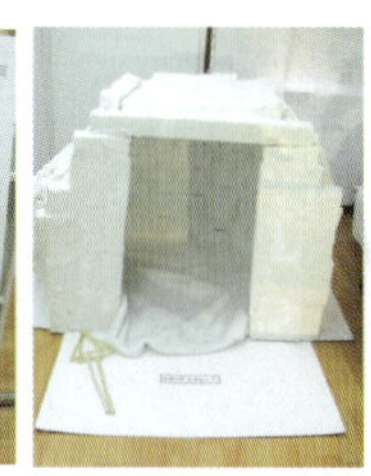

이글루

뼈로 만든 구성물

겨울 놀이 세상, T유치원 5세

겨울에 할 수 있는 다양한 놀이들은 유아들 손에 의해 3차원으로 구성되었다.

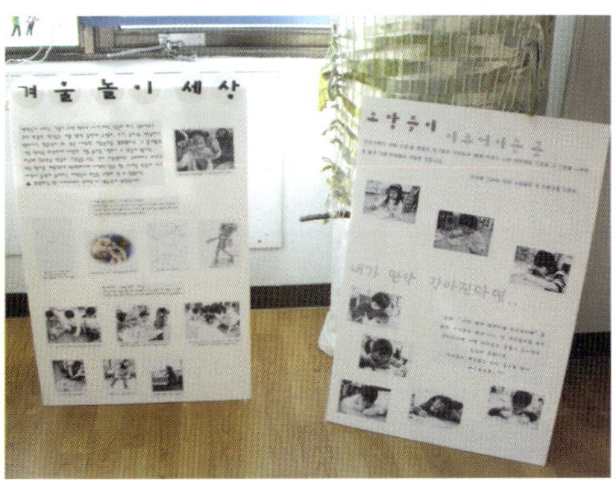

겨울 놀이 기록

놀이하는 사람들은 은박 호일로 표상

놀이하는 유아들의 사진을 실외와 연결하여 구성

2.5 그림자 극놀이

스크린을 교실 천장에 매달아 설치하고 필요할 때 내려서 사용한다. OHP나 라이트 프로젝터를 통해 빛이 투사되는 스크린의 이면에서 유아들은 몸동작, 인형, 실제물, 극화자료 등을 활용하여 스크린에 그림자를 구성하는 놀이를 즐긴다. 필요한 경우 라이트 프로젝터의 전면에 색 셀로판지를 덧대어 색 스크린을 구성하기도 한다.

▶ 음악 연주자

스크린의 뒷면에서는 라이트 리플렉터, OHP, 실물 환등기, 슬라이드 프로젝트 등의 기기를 이용해 빛을 투사하고, 유아들이 자유롭게 그림자를 만들어 놀이를 할 수 있도록 한다. 실물 또는 극화자료 등을 그림자 극놀이에 활용한다.

몸과 악기로 구성

▶ 빨간 망토, P어린이집 2세

영아들은 빨간 망토 이야기를 그림자극으로 공연하고 공유하였다.

투사된 극놀이 배경

빨간 망토가 할머니에게 드릴 꽃을 들고 가고 있어요.

늑대와 할머니가 만났어요.
늑대가 할머니를 잡아먹어요.

사냥꾼이 나타나 빨간 망토와 할머니를 구해 드리러 가요.

무서운 늑대에게서 할머니와 빨간 망토가 다시 돌아왔어요.

▶ 금도끼 은도끼

「금도끼, 은도끼」 동화를 그림자 극놀이로 확장하였다. 나무꾼의 특징과 산신령의 특징을 살릴 수 있는 소품을 만들어 사용한다. 소품 제작 시 그림자로만 보여지기 때문에 색감의 선택 또한 고려해야 한다. 예를 들어, 금도끼의 경우 금색이 보이게 하여 금도끼임을 알 수 있게 하는 내용 등이 협의될 수 있다.

동화를 듣고, 시나리오를 만들어 유아들이 직접 그림자 극놀이에 필요한 소품을 준비한다. 역할을 정하여 극화하는 등의 극놀이 경험을 통해 자신의 역할을 마음껏 표현하는 과정에서 누구나 자신감을 가질 수 있는 좋은 기회가 된다.

스크린 뒤의 조명

▶ 공룡시대, M어린이집 5세

옛날 옛날에는 공룡이 혼자 살았어요.

그러다가 친구가 나타났지요.

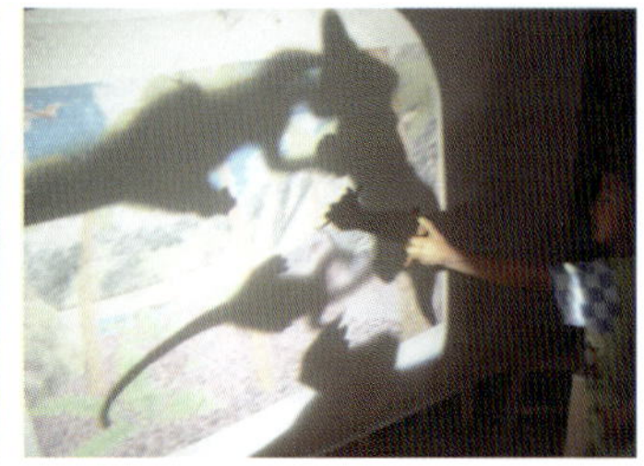
점점 많아진 공룡들은 서로 싸워요.

육식공룡이 초식공룡을 잡아먹다가 결국 세상에는 공룡들이 모두 사라져버렸답니다! …

▶ 봄을 깨우자

유아들은 봄과 어울리는 이야기를 구성한다. 풀, 곰, 나무, 벌, 나비 등 여러 가지 생물들이 기나긴 겨울잠에서 깨어나는 이야기… 빛의 밝기와 빛의 색, 음악의 빠르기 등에 따라 다양한 동작들이 표상된다.

개구리 표상

나비 표상

▶ 비가 내려요, H어린이집 3세

비오는 동네 풍경을 배경으로 극화하는 유아들

▶ 나비가 되어 보자, L어린이집 3세

여기다 나뭇가지 놓자.
난 여기에다 놓을래.

그림자 극 배경 만들기

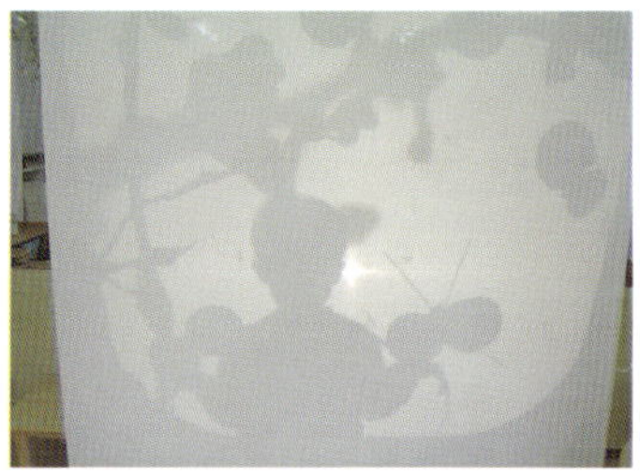

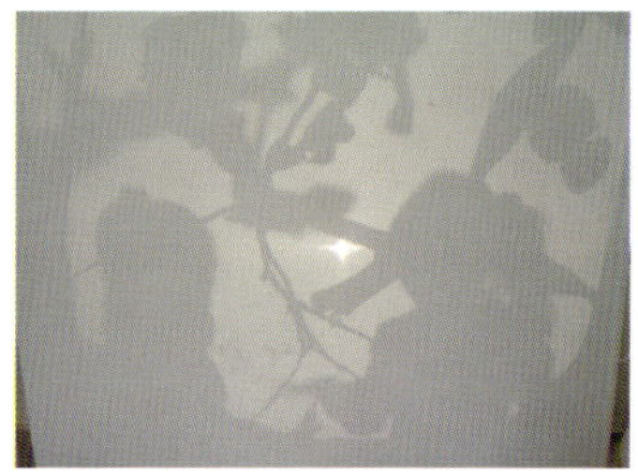

우리도 나비 하자.
너 먼저 날아가. 나 날면 너도 날아와.

▶ 장끼야, 까투리야 놀자

의상 영역에 비치된 옛날 옷을 입고 적합한 소품을 사용하여 스크린 뒤에서 표현해 보았다. 직접 제작한 까치와 까마귀 의상을 입어 보고 움직여 보면서 그림자를 크게, 작게 표현하였다.

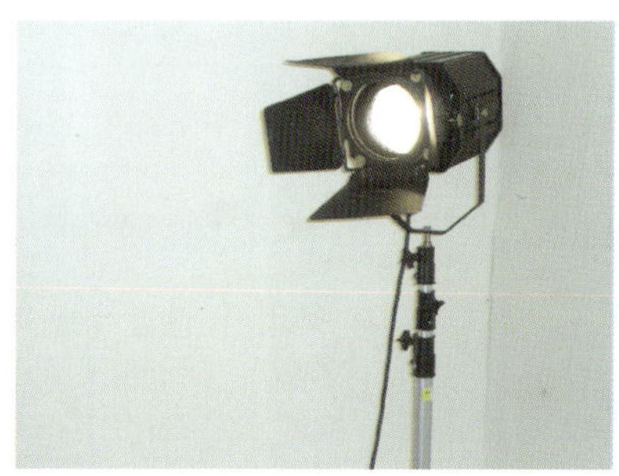

그림자 스크린 뒤의 소품들

투사된 그림자

▶ **가위,바위,보,** L어린이집

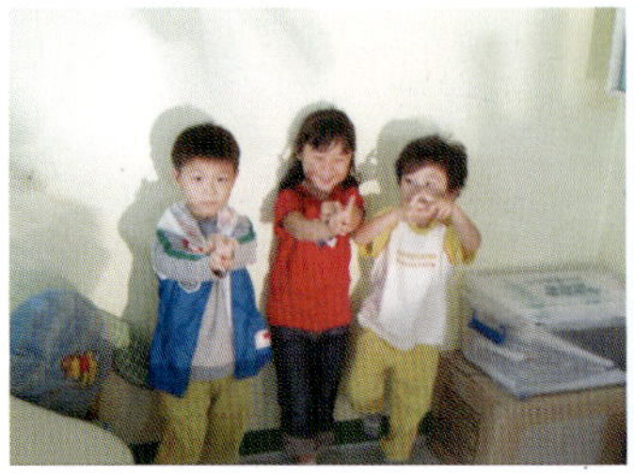

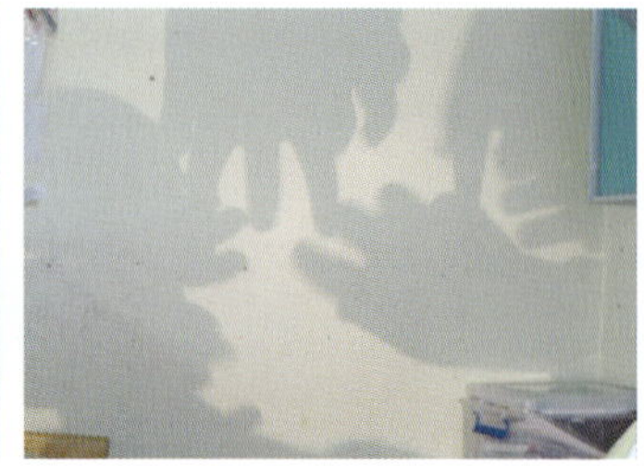

▶ **바다 속에는,** T유치원 5세

바다 속 배경을 투사하고 유아들은 물고기, 잠수함 등의 역할극을 한다. 바다, 산, 도시 등의 배경화면을 클리어 파일에 미리 비치해 두면 유아들이 선택하여 놀이를 구성하도록 도울 수 있다.

▶ **우리가 인형극을 하자,** J어린이집 4세

그림자극 공간 탐색하기

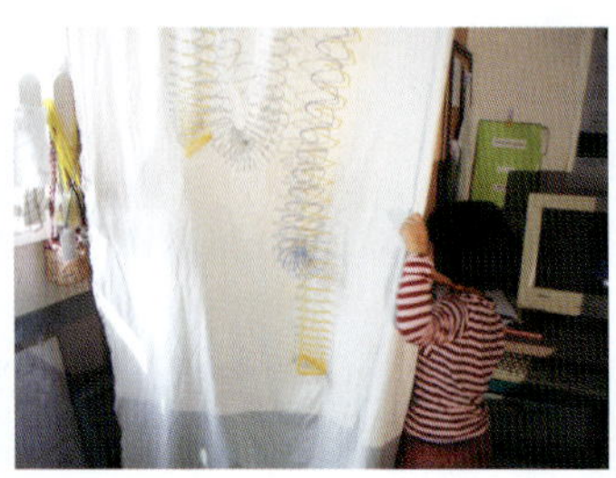
인형극을 해보자.

막대인형 그림자극이야.

▶ 시골 농부

슬라이드로 시골 마을 전경을 투사하고 허수아비, 지게 등의 소품을 준비하였다. 농부의 여러 가지 생활상을 그림자극으로 구성해 보았다.

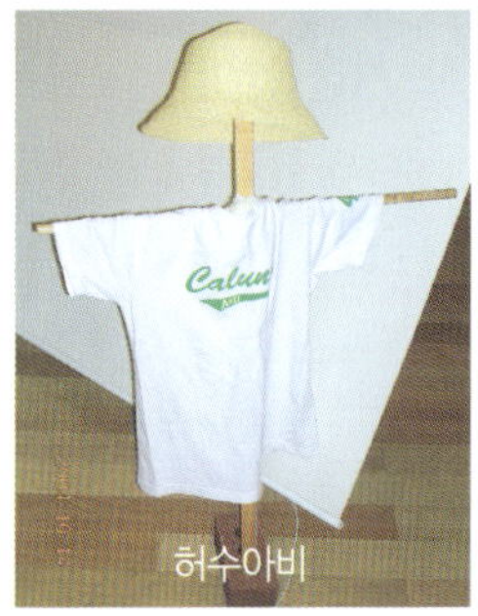

허수아비

지게

▶ 잠자리 잡자, B어린이집 3세

OHP 위 구성

투사된 배경화면 스크린 뒤에서
극놀이 하는 유아들

▶ 나는 들꽃이고 싶어, E어린이집 3세

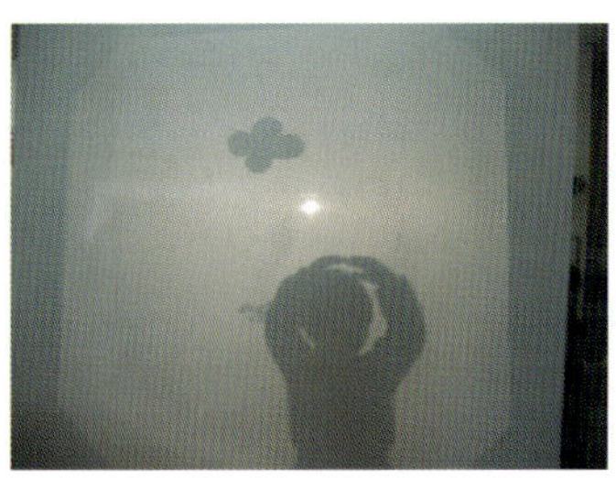

▶ 장수풍뎅이가 되어 보자, D어린이집 3세

장수풍뎅이가 사는 나무를 투사하고 나무 진을 먹는 장수풍뎅이 신체 표현을 해 보았다.

나는 나무 진을 먹는 장수풍뎅이

▶ 겨울 놀이

다양한 겨울철 도시 배경을 투사하고 겨울생활과 놀이를 극화할 수 있다. 썰매 타기, 연날리기, 팽이치기 등 겨울철 놀이를 탐색하고 필요한 소품도 만들어 본다.

▶ 기차 소리 듣고 신체 표현하기, S어린이집 2세

달리는 기차 배경을 만들고 교통 규칙을 표현하는 유아들

▶ 손으로 만드는 '호두까기 인형' 그림자극, T유치원 4세

이 음악 '백조의 호수'야. 백조가 날개를 핀 거야.

백조 두 마리가 있는 거야.

백조가 호수에 있는 거야.

2.6 그림자 인형극장

소집단 유아들이 들어갈 수 있는 그림자 인형극장을 제작, 활용한다. 전면에 아크릴을 부착하고, 내부에 전기 장치를 설치한다. 극화하고자 하는 이야기에 적합한 막대인형, 손인형 등의 다양한 인형과 대본을 비치해 두어 언제든지 유아들이 직접 극화놀이에 활용할 수 있도록 한다. 학습 내용과 관심 주제에 따라 스토리를 구성하고 인형을 제작하여 인형극을 연출하는 활동도 계획해 본다. 대사를 더빙하여 효과를 더할 수도 있다.

▶ 혹부리 영감

그림자 인형은 검은 도화지에 색 셀로판지를 붙여서 만들고 투명 아크릴 막대를 붙인다. 우리에게 익숙한 '혹부리 영감' 이야기를 그림자극으로 연출해 보았다. 그림자 인형극장 안에는 인형극뿐 아니라 다양한 이야기를 구성할 수 있고, 손을 이용한 그림자놀이도 할 수 있다.

인형극 틀 속에 준비된 인형들과 대본

▶ 바다가 오염되었어요.

환경 오염에 대한 탐색을 토대로 유아들과 그림자 인형극을 위한 이야기를 구성하였다. 등장인물은 셀로판지와 검은 도화지로 구성하고 역할을 나누어 극화한다. 이후 동극으로 연장할 수도 있다.

인형극 틀 속의 막대 인형

▶ 벌과 벌꿀

유아들이 좋아하는 벌을 주제로 이야기를 구성하여 그림자 인형을 계획해 본다. 등장하는 인형마다의 특성이 드러날 수 있도록 적합한 색 셀로판지로 특징을 보여주고 검은색 도화지를 이용해 막대인형을 만들었다. 인형을 조정할 때 쓰이는 막대기는 투명한 아크릴을 길게 잘라 만들어 붙인다.

▶ 봄을 깨우는 봄비

빛을 이용하여 불투명한 아크릴판에 그림자를 만들어 내는 그림자 인형극은 자칫 만들어진 인형과 조명의 밝기, 아크릴판의 재질 등에 따라 뚜렷한 그림자를 만들기가 어려운 경우도 있다. 이를 문제해결의 기회로 활용하여 유아들과 함께 선명한 그림자 만들기를 연구 · 실험해 본다.

▶ 커다란 사과

그림자 인형극 틀 안에서 유아들이 배경과 인물을 자유롭게 움직일 수 있고, 이야기를 사전에 더 빙하여 어려움 없이 인형극을 꾸며볼 수 있다.

인형극 틀 안 아크릴판에 붙인 배경

▶ 개미와 베짱이

유아들에게 익숙한 '개미와 베짱이'를 그림자 인형극으로 연출하였다. 동화 내용은 연출할 극의 종류에 따라 스크립트의 구성이 달라진다. 그림자 인형극에 적합한 시나리오를 구성해 본다.

▶ 도깨비와 범벅장수

호박범벅은 늦가을부터 겨울 동안에 잘 익은 늙은 호박에 쌀과 콩, 팥을 넣어 어우러지게 쑨 죽으로 충청도 지방의 향토음식이다. 옛 백제의 땅인 충청도는 오래 전부터 쌀이 많이 생산되어 주식이 되어 왔으며, 호박을 재료로 한 죽, 국수, 수제비, 범벅 같은 음식들을 즐겨 먹었다. 어떤 지역에서는 호박범벅을 호박풀떼기라고도 한다. 열심히 땀 흘려 일하고 거두어들인 곡식으로 만든 호박범벅과 도깨비를 소재로 우리의 전통을 가미하여 그려 낸 '도깨비와 범벅장수' 동화를 그림자 인형극으로 구성해 보았다.

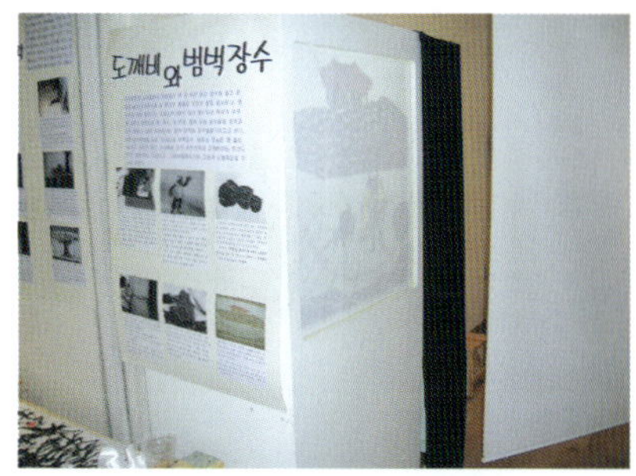

극놀이 준비 과정의 기록화

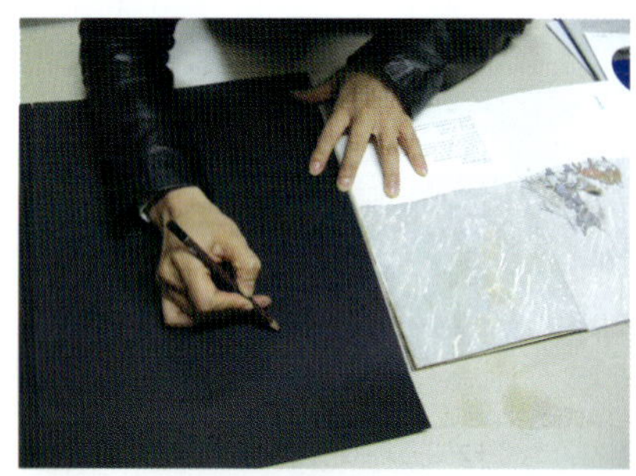

동화를 토대로 장면 구성하기

호박범벅을 팔러 나와 소리치는 범벅장수, 도깨비를 보고 놀라 넘어진 범벅장수, 도깨비의 친구 호랑이

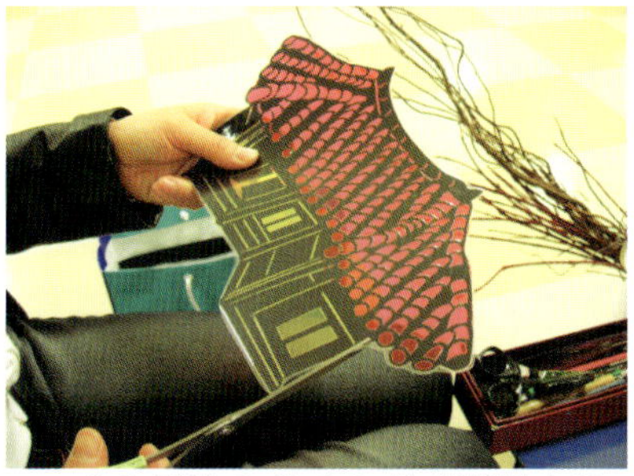
도깨비 덕분에 부자가 된 범벅장수의
큰집 화려하게 꾸미기

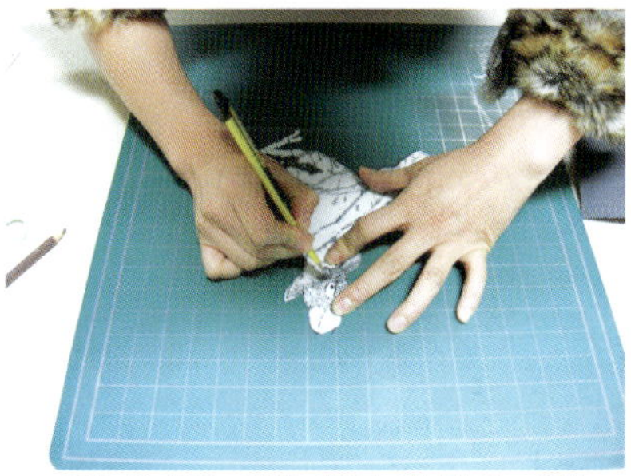
배경 구성을 위한 작업 및 협의 과정

나뭇가지와 새끼줄을 엮어 표현한
겨울 농촌

첨가된 논과 밭,
원 · 근을 고려한 구성 배경

할머니

전통이야기 '할머니'를 극화한
그림자 인형극

숲속 마을 친구들

창작한 동화 '숲속마을 친구들'을 극화한
그림자 인형극 틀

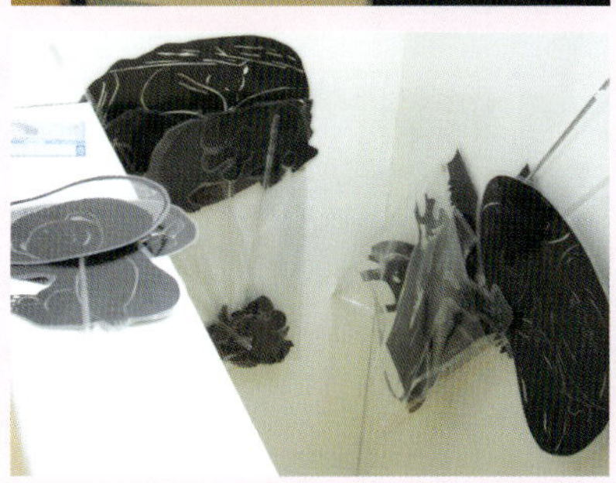

인형극 틀 속에 준비된 그림자극을 위한 막대인형들

색깔 도깨비,
P어린이집

실제 유아교육기관의 경우, 소집단 유아들이 들어가는 그림자 인형극장은 유아들의 키를 고려하여 높이를 낮추고 다소 폭을 넓게 제작한다.

딸국딸국 그림자 인형극,
P어린이집 4 · 5세

유아들은 상황과 지형, 지물을 탐색 · 실험 · 재구성 · 문제 해결 과정을 거치면서 그림자극에 적합한 인형들을 만들어 나간다.

선생님 손이 보여요.

빨대를 붙여 볼래요.

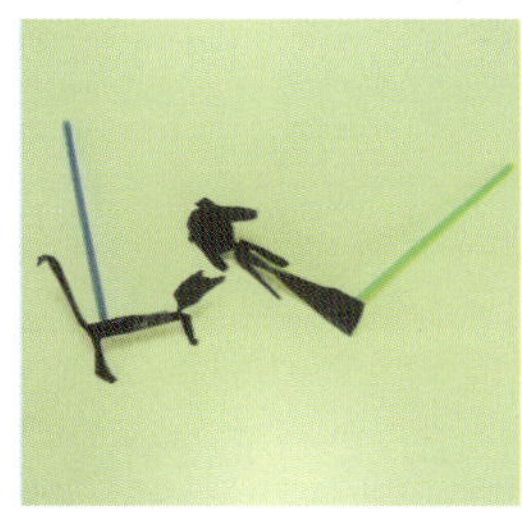
다시 만든 그림자인형

이제 막대의 그림자가 안 보인다.

색 셀로판지 색 그림자 인형 만들기

인형극 대본 연습

인형극 대본 연습하기

인형극 공연

친구들의 피드백

아기돼지 삼형제,
G어린이집 5세

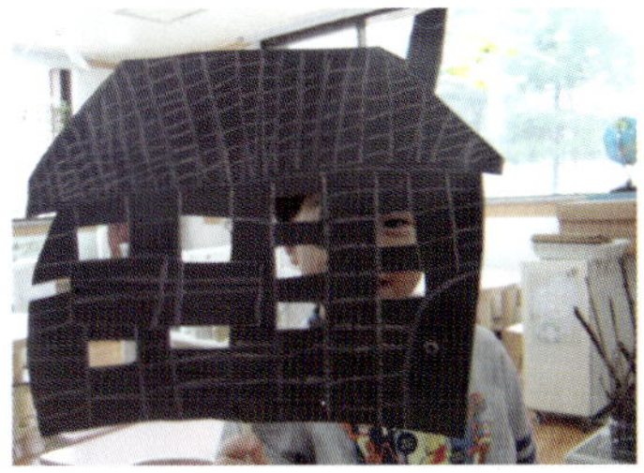

인형극 배경 만들기

등장인물 만들기

손발이 움직이도록 만들기

아기돼지 삼형제 친구들과 공유하기

그림자 인형극 틀이 준비되지 않은 경우 그림자 스크린을 이용할 수도 있다.

2.7 감각상자

감각상자 아래의 매체 바구니에 촉감각을 느낄 수 있는 매체들을 변화 있게 준비한다. 준비한 매체들을 감각상자에 넣고 뚜껑을 닫은 다음 구멍에 손을 넣어 감지되는 촉감각을 통해 다양한 사물을 지각하며 추리하는 탐색활동이 이루어진다. 탐색 주제에 따라 다양한 사물을 사용하여 감각 지각은 물론 대상물의 이름, 느낌, 형태, 특성 등에 대한 언어적 상호작용 또한 이루어질 수 있다.

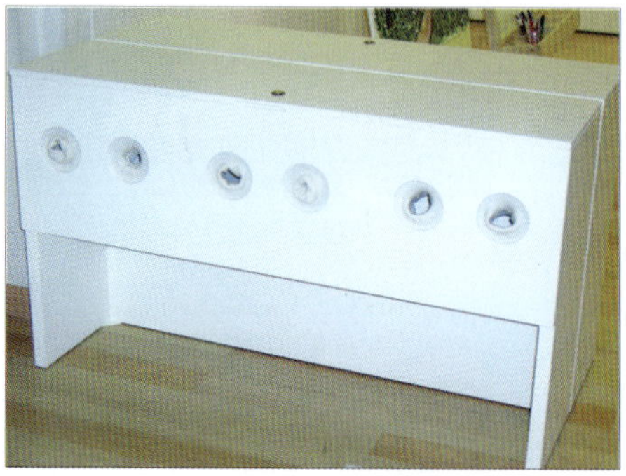
손을 집어넣을 수 있는 감각상자

▶ **이 안에 뭐가 있을까?**

감각상자 구멍에 양손을 넣어 손에 느껴지는 촉감으로 어떤 물건인지 추측한다. 촉감각을 키우고 물건에 대해 표상하는 과정에서 촉감에 대해 사고하고 다양한 어휘 사용 기회를 갖는다.

감각상자 아래의 매체 바구니

조작 영역과 함께 마련된 감각상자

감각상자 내부

2.8 직조 및 조작 영역

상품화된 직조 틀보다 나뭇가지와 줄을 이용하여 직조 틀을 구성한다. 나뭇가지를 유아의 키를 고려하여 위, 아래로 달고 면실로 날줄을 걸어 유아들이 다양한 천연 매체들을 엮어 직조할 수 있도록 준비해 둔다. 직조 방법을 정하지 않고 자유롭게 엮는 활동에서 시작하여 점진적으로 직조 방식을 발달시켜 나간다. 그 외, 조작활동을 위한 구리철사, 타일 등의 다양한 주변 매체를 함께 제시하고 조작한다. 이러한 과정을 통해 유아가 매체의 서로 다른 가용성을 탐색, 재탐색, 표상하면서 문제를 해결하는 한편, 소근육 운동과 조작 경험을 갖는다.

직 조

▶ 염색한 천을 이용한 직조

거즈, 붕대 등의 면천에 쑥, 당근, 오미자, 치자 등 다양한 자연 물을 들인다. 물들인 천은 직조하기에 적합한 길이로 잘라 바구니에 담아 두거나 막대에 매어 둔다. 자유롭게 엮어 나가면서 소근육 운동 능력을 기르고 직조물에 이름을 붙여 본다. 여러 유아가 함께 작업할 수 있다.

직조를 할 수 있는 베틀에 날실을 매거나 천정에 매단 나뭇가지에 날줄을 묶어 천정에 매달아 두고 유아들이 수시로 직조할 수 있도록 한다. 천연 재료를 이용하여 하얀 천을 염색한다. 염색한 횟수에 따라 염색 천의 색은 달라진다. 다양한 색으로 염색된 천을 대나무에 풀어 쓰기 좋게 말아 놓는다. 또한 계절에 맞는 자연물(벼, 갈대 등)을 준비하여 자연물을 직조에 이용할 수 있다.

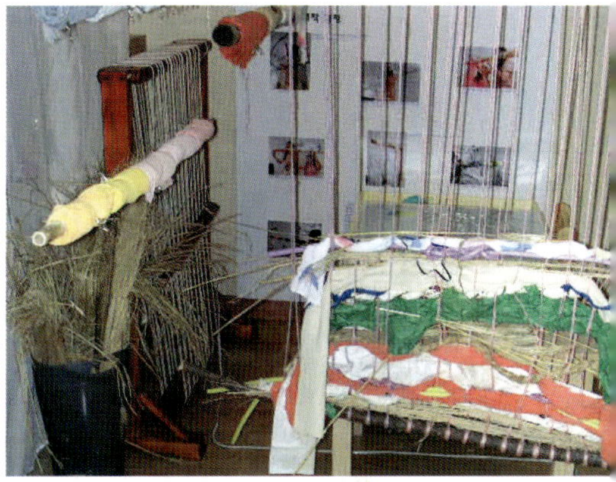

직조 틀과 씨줄로 사용된 매달린 염색 천과 항아리에 담긴 볏단

▶ 치자 염색 천으로 직조하기, D어린이집 5세

철망에 치자물로 염색한 거즈를 이용한 직조

▶ 염색 천으로 묶기

규칙적으로 구멍이 있는 구리철망을 적당한 높이에 매달아 둔다. 묶기에 적당한 크기로 염색 천을 잘라 준비해 둔다. 베틀에 수를 놓듯 원하는 구멍에 준비된 염색 천을 묶어 나간다. 묶기를 통해 소근육 운동과 감각 경험의 기회를 가지며 염색 천으로 구리철망에 창의적인 구성력을 표출할 수 있다.

염색 천을 묶을 수 있도록 한 원통 철망

▶ 신발끈 묶기, T유치원

철망에 묶기

우산살 모빌대에 묶기

▶ 짚으로 묶기, T유치원

다양한 묶기 매체

▶ 염색한 마끈으로 묶기, T유치원

유아의 작업 높이가 고려된 묶기망

수직으로 늘어뜨린 묶기망

수평 원통 묶기망

▶ 매듭 묶기로 만든 나무,
Y어린이집 2세

구성중인 개나리 나무

▶ 끈 묶기를 이용한 나무 구성,
T유치원 4세

리본 묶기로 구성중인 나무 기둥

매듭 묶기로 구성중인 나뭇가지

묶기 코너가 마련된 교실

▶ 끈 묶기를 이용한 겨울 나무 구성,
T유치원

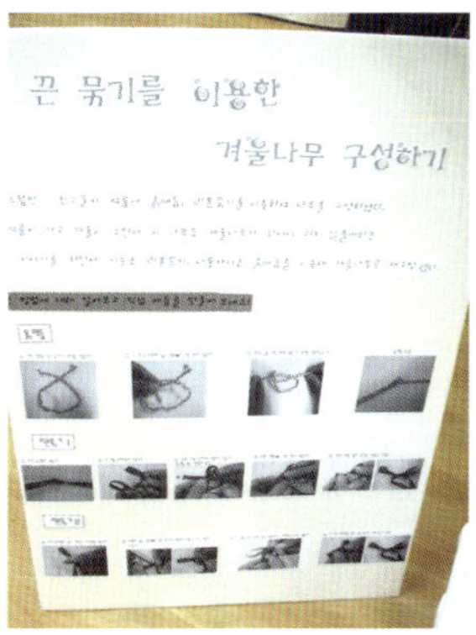

묶기를 위한 실들

만물이 깨어나는 봄

봄색으로 물들인 천들로 구성된 직조 영역

실외 영역에서 봄을 맞아 활동이 많아진 닭의 움직임을 발견한 것이 직조 영역 구성의 동기가 되었다. 협의를 통해 닭이 사는 집을 나뭇가지, 천, 밧줄을 이용하여 만들고 울타리도 나무로 엮어 구성하였다. 구성된 닭집은 염색된 거즈 천으로 재미있게 엮을 수 있는 틀이 되었다.

직조 틀로 사용하기 위해 만들어진 닭장

닭장 위에 드리워진 직조 지붕

주변에 피는 봄꽃들은 좋은 천연 염료가 된다. 흐드러지게 피었다 떨어지는 봄꽃들을 주워 모아 꽃잎 따로 풀잎 따로 염색 재료로 사용되었다. 염색된 천들은 그야말로 봄기운 가득한 직조를 만들어 내었다.

고기 잡는 바닷가

한여름 바닷가 어부들이 배를 타고 바다로 향하는 모습을 구성하여 시원한 바다를 느낄 수 있다. 고깃배에 높이 올린 돛은 직조 틀로 활용된다. 바다에 담겨진 고기를 낚을 수 있는 그물망도 직조 틀로 활용한다. 바닥에는 고기를 가득 낚아 올린 그물망의 모습을 연출하였다. 큰 그물망 위에서 금방 잡힌 물고기의 모습을 신체로 표현해 볼 수도 있다.

돛 직조 틀

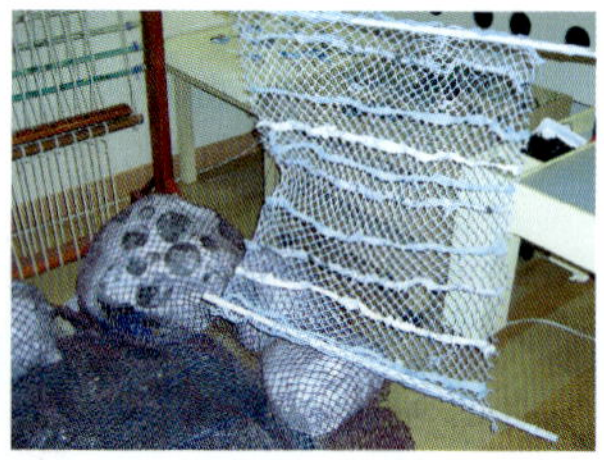

그물망 직조 틀

노란꽃이 피었어요, Y어린이집 4세

철망에 가지 세우기

노란 끈으로 개나리 묶기

교실에 핀 개나리

여름을 직조하기,
T유치원

여름 정서를 직조로
담아 내는 유아들

가을을 엮어요

말린 고추와 호박, 볏단을 이용해 모빌대를 만들어 두었다. 모빌에는 조작 영역에서 구성된 구조물들을 매달아 전시한다. 영역 구분을 위해 큰 발을 내려 염색 천을 엮어 볼 수 있는 공간을 구성하였다. 그 밑쪽에는 직조 틀을 놓아 또다른 직조 환경을 구성하였다.

직조 틀로 이용된 드리워진 발

무지개 미로,
J어린이집 5세

이제 위에서부터 한번 해보자.

밑에서 하는 게 더 쉬워.

'무지개 미로'라고 하자.

울긋불긋 물드는 가을

직조 영역에는 온갖 과일과 치자, 당근, 커피, 오미자등과 같은 식물, 그리고 여러 가지 자연물로 염색한 천을 준비해 둔다. 여러 가지 굵기의 대나무에 천연 염색한 천을 말아 놓았고, 철망에 잘라진 천 조각들을 묶어 볼 수 있으며, 갈대를 씨줄로 이용해 직조할 수도 있다.

▶ 지끈을 이용한 묶기, Y어린이집 2세

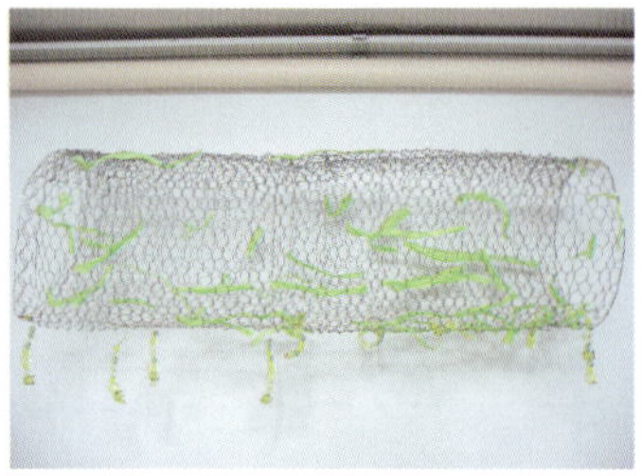

▶ 고향 냄새 나는 직조 영역

문 틀을 이용한 직조 틀

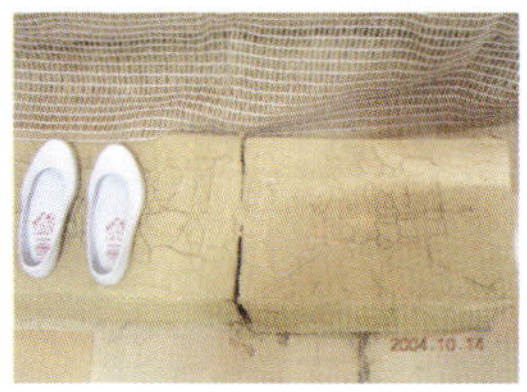

댓돌 위의 신발

갈대 이용한 직조 틀

▶ 겨울 이야기

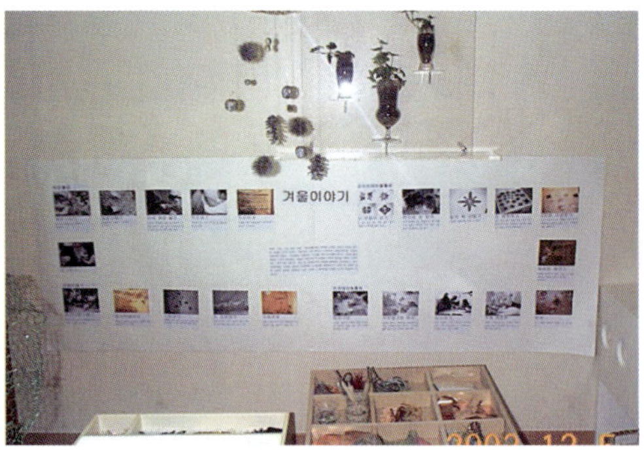

구리판, 구리철사, 솔방울 등의 주변 매체를 준비해 둔다. 겨울 탐색이 이루어진 후 조작 테이블에서는 겨울을 상징하는 2차원 구조물을 만들거나 트리장식물, 눈송이 모형 등이 만들어진다.

겨울을 주제로 한 직조 영역에서는 짙은 갈색 틀을 준비하여 겨울의 느낌이 나도록 하였다. 씨줄은 고무호스, 갈대, 털실 등이 씨줄로 이용되었다. 여러 가지 털실을 고무호스에 넣어 끼우고, 사이사이에 갈대를 넣어 겨울 느낌을 나타내었다.

치계미

입동 절기에 대해 탐색하는 과정을 통해 입동의 풍습 중 하나인 '치계미' 에 대해 알아 보았다. 이는 옛 어른들이 감사의 마음으로 선물을 보내는 것으로, 이때 썼던 비단 천들을 모아 직조 틀에 제시하였다. 그 외 털실, 뜨개질, 퀼트, 바느질 등 겨울 준비를 위한 다양한 주변 매체를 준비하여 매체의 서로 다른 가용성을 탐색하는 한편, 소근육 운동과 감각 경험이 이루어지도록 한다.

직조틀은 상품화된 것이 아니더라도 다양한 매체를 이용하여 만들 수 있다.

비단 천으로 직조하기

여러 가지 재료를 이용한 직조, T유치원

포장끈 직조

지푸라기 직조

볏단 직조

염색 천 직조

거즈 천 직조

만들어 가는 직조 영역

묶기망

직조 틀

직조와 묶기를 위한 실들

▶ **링거줄에 곡식들을 채워 직조 경험하기,** T유치원 3세

링거줄로 엮은 직조

조 작

▶ **구리철사 조작하기**

조작 작업을 할 수 있는 라이트 테이블과 작업대 의자, 매체장을 준비해 둔다. 매체장에는 손으로 쉽게 구부릴 수 있는 여러 가지 색의 구리철사와 가는 철사, 가는 고무 튜브와 빨대를 두어 유아가 각 매체를 탐색하고 다양한 표상을 할 수 있도록 한다. 구리철사를 이용하여 표상한 공룡을 라이트 테이블 위에 올려 놓아 빛을 투과함으로써 다양한 연장활동을 해볼 수 있도록 하였다.

▶ **설 수 있는 공룡 만들기,** M어린이집 5세

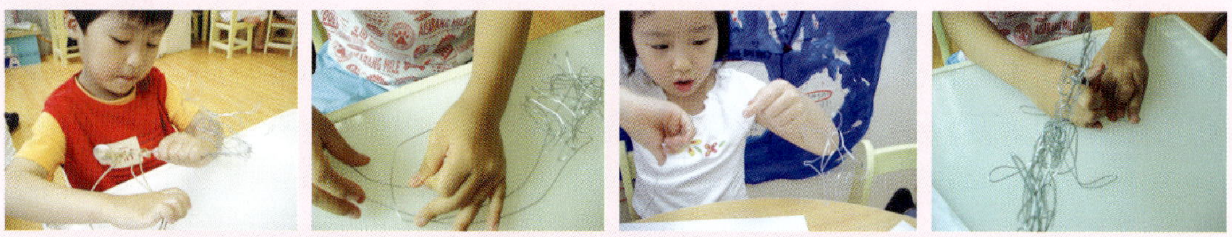

철사로 공룡 뼈 만들기

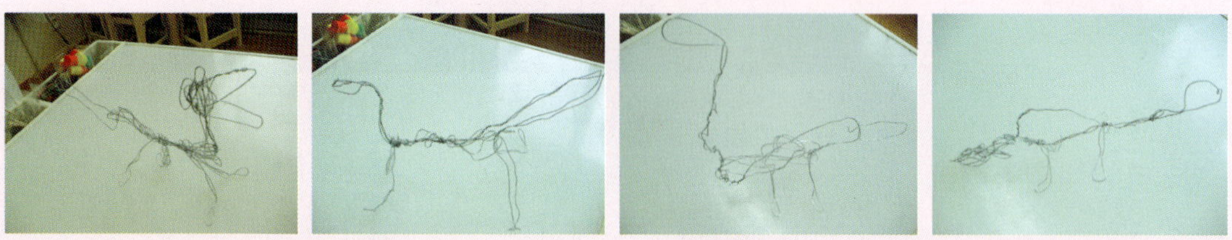

공룡 종류에 따라 다른 뼈대

점토로 공룡 만들기

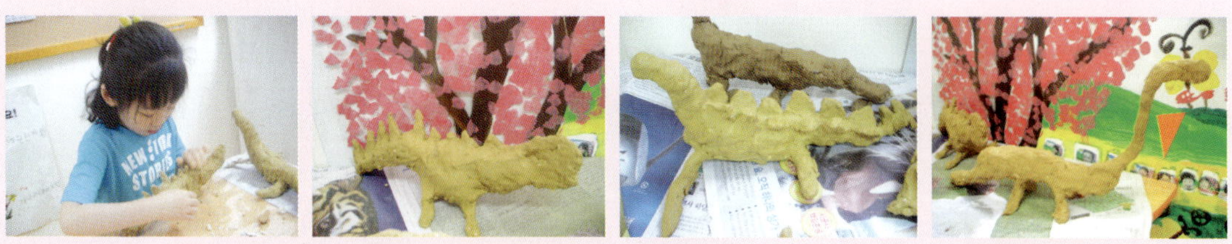

뼈대에 점토를 입혀 세운 공룡

▶ 여름 풍경

바닷가를 다녀온 친구들이 수집해 온 조개껍데기를 잘 씻어 말리고, 자갈에 색을 입혀 조작 영역에 준비해 두었다. 라이트 테이블과 작업대에서 다양한 여름 풍경을 조작 · 구성하였다.

조개껍질로 구성한 표상물들

주워 온 조개껍데기, 자갈 등이 정리되어 있는 매체장

▶ 자연물로 여름 벌레 구성하기, D어린이집

수집된 자연물 분류하기

여름 자연물로 만든 2차원 벌레들

3차원 구성물이 매달린 모빌

▶ 타일 모자이크

라이트 테이블 위에는 조각낸 타일을 준비하여 모자이크할 수 있도록 하였고, 작업대에는 밀가루 점토를 이용한 조작활동을 할 수 있도록 있게 하였다.

타일 모자이크와 점토 작업대

조각 타일 잠자리 모자이크

▶ 곡식을 사용한 모자이크

곡식을 사용한 모자이크

조작 영역에서는 조, 쌀, 귀리 등과 같은 여러 가지 색의 곡물과 빈 CD케이스를 두어 모자이크 해볼 수 있도록 구성하였다. 곡물이 섞이지 않도록 종류별로 매체장에 준비하고 CD케이스와 풀을 놓아 둔다.

색 셀로판지로 구성하기

색 철사로 만든 조작 영역 모빌

셀로판지를 이용하여 나무, 집, 꽃, 새, 가로등 등 디자인한 형태를 라이트 테이블 위에 구성해 볼 수 있다. 구성물을 빛을 통해 보면서 표상활동에 이미지를 더한다.

여러 가지 굵기와 색깔의 철사로 물고기, 꽃, 달팽이 등을 표상하였다. 표상물을 철망으로 만든 조작 영역 모빌대에 매달아 전시한다.

▶ 내 얼굴을 꾸며요, Y어린이집 3세

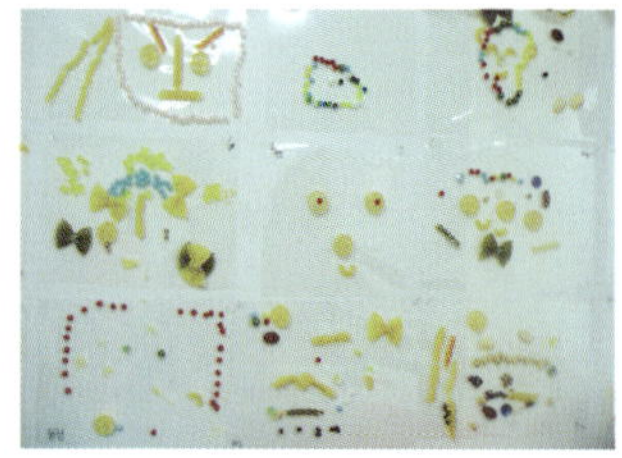

씨앗과 곡물로 구성한 내 얼굴

▶ 씨앗은 무엇이 되고 싶을까? Y어린이집 4세

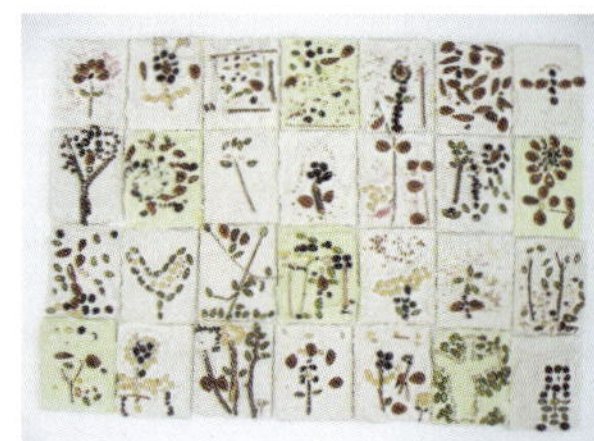

씨앗은 꽃이 되고 싶어.
우리의 생각을 모아 보자.

씨앗이 되고 싶은 것을 상상해서 꾸며 보았어요~ 그리고 우리들의 생각을 합쳐 보았어요.

▶ 곡식으로 잠자리 만들기, B어린이집 3세

잠자리는 종류가 많아.

가을을 만들어 보자

그물망을 원통으로 매달고, 유아들이 구리로 만든 조작물을 매달아 모빌을 구성하였다. 조작 영역의 한쪽 작업대에는 찰흙으로 만들 수 있는 환경을 구성하고 다른 쪽에는 우리 주변에서 볼 수 있는 병뚜껑, 철사, 구리 등의 매체를 다양하게 준비하여 조작하도록 하였다.

찰흙놀이를 할 수 있는 조작 영역 작업대와 병뚜껑, 철사, 구슬, 등으로 구성할 수 있는 라이트 테이블 작업대

조작 영역 작업대로 활용되는 라이트 테이블

지렁이를 쌓아서 만들었어.

난 꽃도 만들었어.

송편이야 맛있게 생겼어~

호스와 철사 조작물이 걸린 모빌, T유치원

가을 자연물이 즐비한 조작 영역

나무토막으로 만들기, J어린이집 4세

나무토막, 지푸라기, 나뭇잎 등의 자연물로 만든 사람

솔방울로 만들기, T어린이집 3세

아이스크림

다람쥐

사람

꽃

솔방울 모빌

▶ 청계천 만들기, J어린이집 5세

청계천의 다리를 탐색한 후 다양한 다리를 만들었다.

다리를 놓고 청계천을 만들자.　　물이 있어야겠다 그치?

놀이터에서 청계천 만들기

▶ 겨울 이야기

매체장에는 술이 달린 철사, 금색 · 은색의 철판, 호일, 금박지, 여러 가지 색의 끈 등이 준비되어 있어 유아들의 조작을 지원한다.

여러 가지 반짝이는 종이, 호일 등을 이용하여 눈의 이미지를 구성하였다. 철사를 이용해 눈꽃 모양으로 만들어진 눈송이가 놓여진 라이트 테이블을 들고 반짝이는 종이를 여러 번 겹쳐 접어 오려서 눈꽃 모양을 만들었다.

만들어진 눈송이가 놓여진 라이트 테이블

조작 영역 위 나뭇가지로 만든 모빌에 매달린 표상물들

▶ 겨울 나기

공간에는 겨울 느낌이 나는 흰 나무를 이용해서 직조 틀을 만들고 염색 천을 준비하였다.

털실, 단추, 철사, 천 등을 이용하여 구성한 라이트 테이블

다양한 털실, 단추, 철사 등이 준비된 매체장

털실로 뜨개질하기

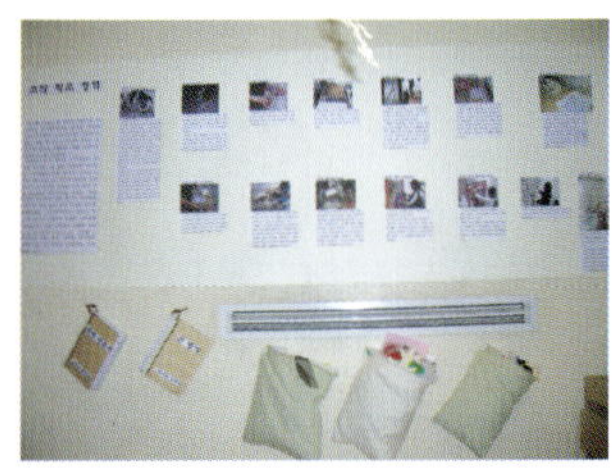

간단한 뜨개질과 바느질용 자료와 책자

흰 나무로 만든 직조 틀

다양한 매체가 한계 없이 활용되는 조작 영역

막대와 색도화지

타일, 철사 구리판들

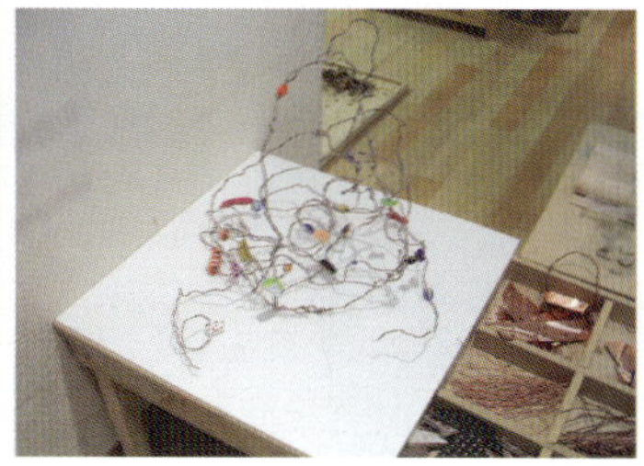

철사와 비즈

자유롭게 전시할 수 있는 모빌대

철사놀이, H유치원 4세

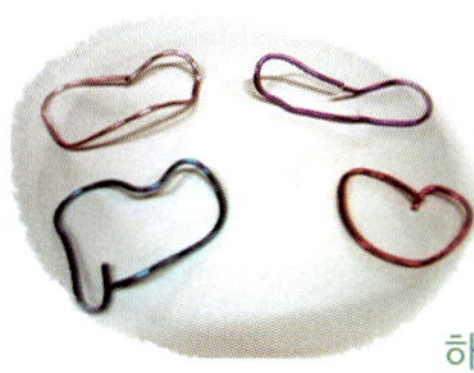

하트

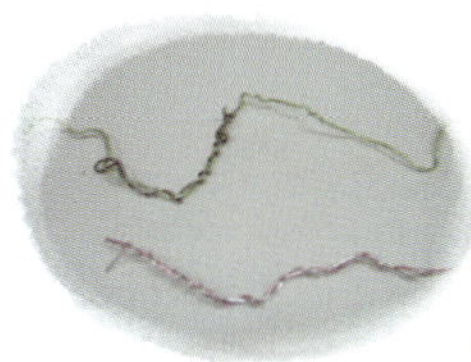

뱀

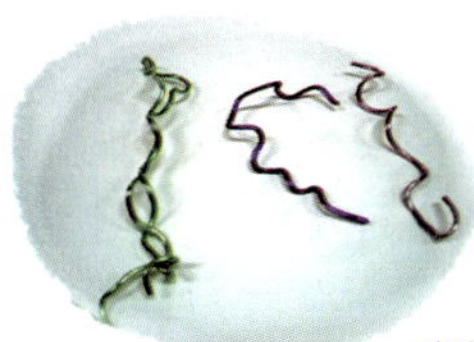

지팡이

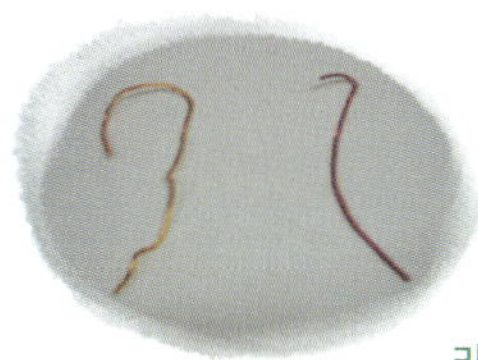

라면

사람

구리판 요술에 빠지다, T유치원 4세

구리판과 구리철사로 구성한 표상물들을 모아 공유하는 전시회를 열었다.

▶ 봄에 꽃이 핀 보리밭, T유치원 4세

점토를 밀어 슬라브를 만들고 만든 슬라브에 그림을 그려 벽 작업 기록화를 구성하였다. 함께 디자인한 보리밭을 나누어 작업하였다.

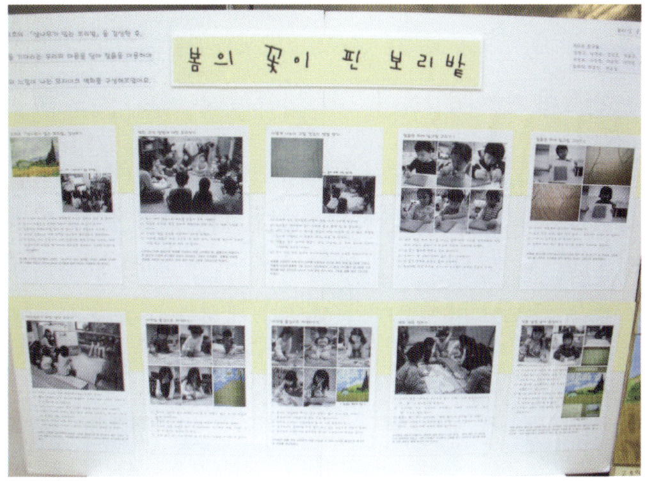

작업 기록

2.9 역할놀이 영역

"우리는 가상놀이의 중요한 역할을 잊어서는 안 된다. 이런 종류의 상징적 놀이는 유아의 경험을 위해 필요한 기술의 습득, 유아들이 대화와 활동을 지속시킬 수 있는 잠재능력의 발달, 그리고 상징을 창조하는 능력의 발달에 도움이 된다."

로리스 말라구찌

만들어 가는 역할놀이

레지오 환경 원리의 특징이라 할 수 있는 변형, 관계, 다감각성, 빛, 공간 활용 등을 활용하여 교실의 영역은 항상 변화한다. 다음의 T유치원의 4세 교실에서는 유아들의 놀이를 위해 비워 둔 2차원 벽면을 향해 유아들이 OHP를 이용하여 원하는 장면을 구성하고 친구들과 역할을 나누어 자신들만의 상상의 세계를 극화한다. 유아들의 관심에 따라 함께 준비된 디지털 카메라는 유아들의 교실에 「동화 속 사진관」을 만들어 간다.

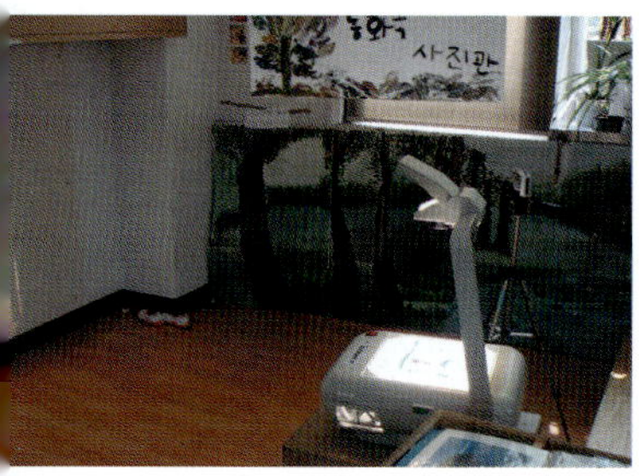

유아들과 만들어 간 공간

OHP를 이용한 배경 선정

벽면에 만들어진 배경

협의를 통해 만들어 가는 역할놀이

어떻게 찍는지 가르쳐주세요

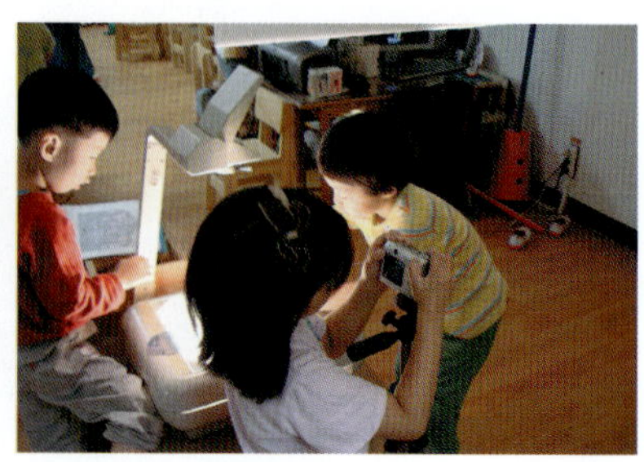

우리는 성에 사는 공주

선반, 커튼, 벽화, 모빌, 발 등으로 영역을 구분하고 실제물을 사용하면 일상생활의 다양한 장면을 극화하고, 역할놀이, 상징놀이, 가장놀이가 이루어진다.

▶ **안방놀이**

반투명의 하얀색 천으로 영역을 구분하고 실제물을 사용하여 일상생활에서의 다양한 장면을 가장한다.

준비된 가정에서 사용하는 생활용품들

하얀 반투명 천으로 구성된 역할놀이 영역

안방놀이에는 실제 가정과 같은 느낌이 들도록 바닥에는 천을 놓고 폭신한 쿠션을 놓는다. 단위 박스로 장을 만든 선반에는 실제 화장품 케이스, 거울, 스탠드, 유모차, 컵, 옷, 신발 등을 두어 실제를 가장한 상상놀이의 동기가 되도록 한다.

▶ **미용실**, J어린이집

다가가도록 만든 역할놀이 영역

부모들이 보내온 화장품 용기들

부엌놀이

유아들이 좋아하는 부엌놀이가 이루어질 수 있도록 영역을 재구성하고, 실제물을 사용하여 일상생활에서의 다양한 장면을 극화한다. 냄비, 후라이팬, 국자, 주걱, 숟가락, 그릇 등 실제 가정의 부엌에서 볼 수 있는 다양한 조리기구를 수집하여 사용한다. 식당놀이로 확장시킬 수 있다.

주방용품들

선반에 즐비한 부엌놀이 용품

차려진 식탁

음식 만들기, J어린이집 3세

부엌이야.

우리집이다.

아빠 요리사야.

호떡집을 꾸미자, T유치원 5세

우리들이 구성한 호떡집

▶ 목욕놀이

유아들에게 익숙한 '목욕'을 주제로 수건, 로션, 세면대, 슬리퍼, 욕조, 거울 등 욕실에서 볼 수 있는 매체들을 이용하여 일반 가정의 욕실과 유사하게 구성하였다.

유아들과 목욕놀이를 하면서 혼자서도 잘 씻을 수 있도록 생활습관 형성을 위한 규칙을 정해 본다. 비눗방울을 만들어 보는 놀이활동 등도 해볼 수 있다.

유아의 키를 고려하여 욕실의 세면대와 비슷하게 칫솔, 칫솔 컵, 비누, 수도꼭지, 세면대야를 준비하여 세면대를 구성하였다. 세면대 옆에는 여러 가지 장식물을 놓아 두어 심미감이 있다.

알록달록한 볼풀을 이용하여 욕조 속의 거품을 나타내었고, 수납장 속에는 욕실에서 일반적으로 사용되는 수건, 로션, 샴푸, 오일 등 여러 가지 물품들을 준비하고 벽면에는 거울을 걸어 놓았다.

세면대

그 외 욕실용품

▶ 빨래방놀이, J어린이집 3세

아기 옷이 너무 더러워. 빨아야 해.

다 빨았다. 이제 널어야지.

▶ 세탁소놀이, J어린이집 4세

이 옷은 전체적으로 세탁해야겠어….

얼룩을 없애자.

▶ 반짝 깨끗 세탁소, J어린이집

▶ 목욕탕,
J어린이집

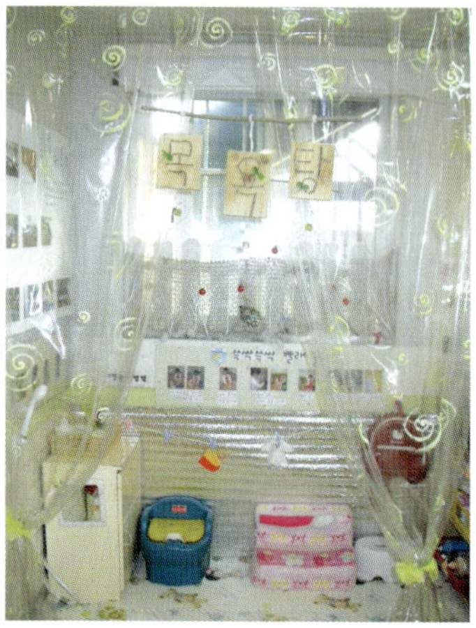

▶ 다솜 병원 놀이,
T유치원 5세

초콜릿을 넣어 만든 약

집에서 만들어 온 봉투

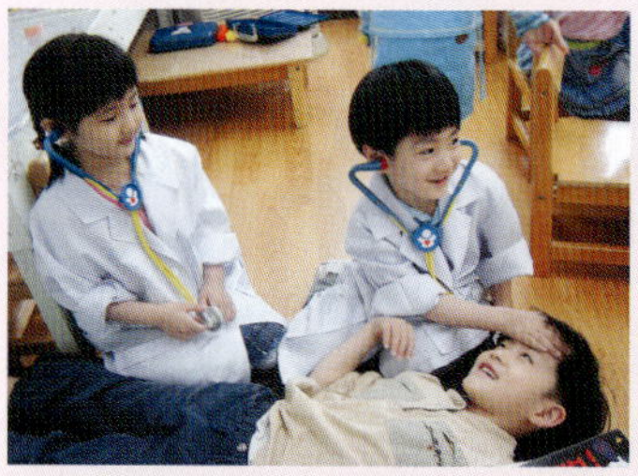

▶ **함박웃음 무지개 소아과,**
T유치원 3세

활동이 잘 이루어지지 않던 역할놀이 영역을 병원놀이로 바꾸기로 하였다. 안과, 피부과, 소아과 등 여러 병원 역할 중 우리들이 가장 많이 가는 소아과놀이를 계획하게 되었다. 처음에는 주사기와 청진기 등의 기본적인 것들만을 가지고 놀이하다가 필요한 것들이 생겨나면서 하나씩 채워 나갔다. 그리고 소아과는 어떤 병원인지 어디가 아플 때 가는지 등에 대한 궁금증도 탐색을 통해 해결해 나갔다.

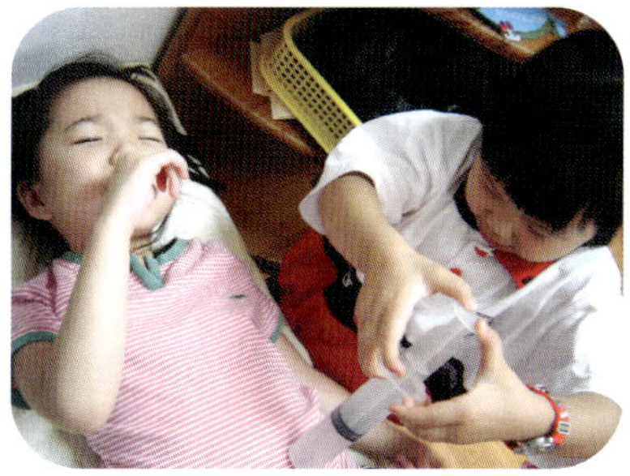

옷이 필요해! 옷이 있어야 의사인지 알지~.

여기는 약국이라고 하자! 병원 밑에 1층에는 약국이 있어~ 그러면 종이도 들고 가야 해! 거기에 이름도 적혀 있고 도장도 찍혀 있고 글씨도 쓰여져 있어~.

약은 약국 뒤에 있어야 약을 꺼내 주지! 이렇게 해서 약을 채워 주자! 약봉투도 있어야 해! 큰 약을 샀을 때에는 약봉지! 비닐봉지~.

어디가 아파서 오셨어요~? 배도 아프고 머리도 아파요!

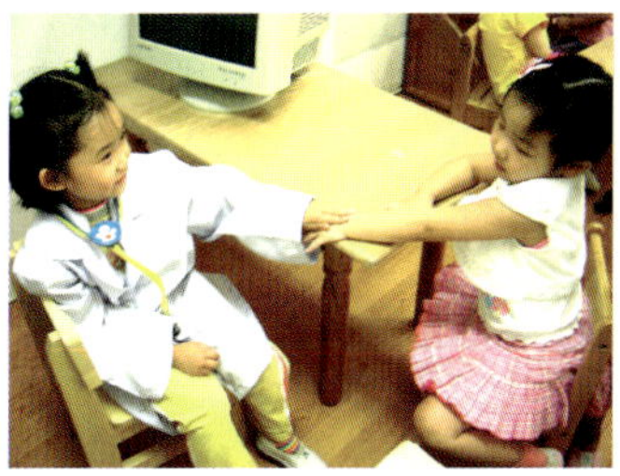

주사를 맞아야겠어요! 열도 재야겠는 걸!

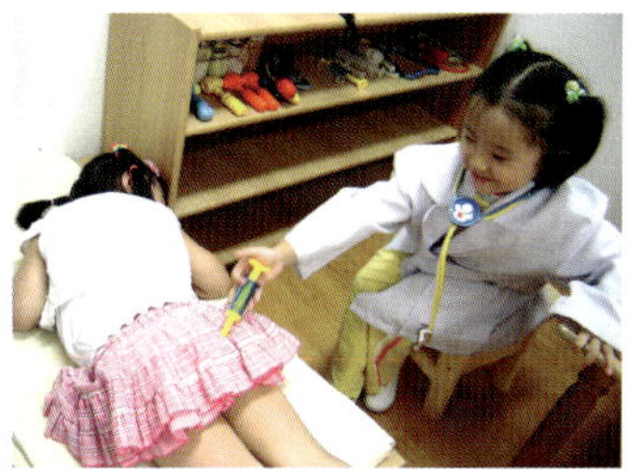

으아아아아~~ 주사다~. 꾸욱 참으면 선물 줄게~.

처방전에 약 색을 색연필로 표시하기로 하였고, 글씨는 교사가 컴퓨터로 뽑아 주면 풀로 붙이기로 하였다.

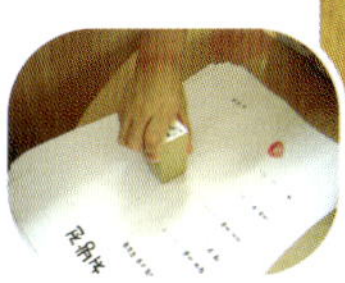

이거 들고 약국으로 가서 약 받으세요~.

여기요~ 약 주세요! 어?! 빨간약을 주어야겠네~.

약 먹고 빨리 나아~~. 봉투에 넣어 줄게~.

▶ 우체국, J어린이집

▶ 봄이 오는 거실과 정원

봄이 오는 '거실과 정원' 이라는 주제로 화사하고 생동감 있는 봄의 계절을 표현하였다. 티 파티를 할 수 있도록 노란색과 연두색이 어우러진 테이블보, 커피잔, 커튼, 쿠션, 액자, 꽃, 책 등을 구성하였다. 바닥에는 카펫을 깔아서 좀 더 아늑하고 포근함을 준다. 정원은 나무, 돌, 화분, 잔디, 물 등의 자연물로 봄에 새싹이 돋아나는 모습과 나뭇가지에 새싹이 돋아나는 모습을 표현하고 허브를 이용하여 봄의 푸르름을 나타내었다.

가족의 서로 다른 역할을 극화하거나 유아들이 계획한 다양한 역할놀이를 주제로 의사소통하고 상호작용하며 다양한 사회적 관계 형성의 기회를 가질 수 있다.

자연물로 봄을 나타낸 정원

양귀비 봄꽃이 드리워진 공간

벽면 장식

티 파티 등 봄의 담소에 사용될 소품들

▶ 여름의 시원한 공간

역할놀이 영역은 계절의 변화 또는 주제에 따라 다양한 소재로 실내를 구성한다. 시원하고 투명한 느낌이 나는 파란색과 흰색의 소재를 이용하여 여름 공간을 구성하였다.

벽면에는 구멍이 뚫린 망 소재를 걸고 나무와 돌에 파란색과 은색의 락카를 뿌려서 전체적으로 시원한 느낌을 주었다. 큰 나뭇가지에는 파란색과 흰색의 비즈를 달았으며, 파란색 pvc를 원으로 잘라서 매달아 물방울을 표상하였다.

영역 사람들 간 관계를 형성하는 탁자, 의자 등이 있

거실 바닥과 베란다의 연결

관계 형성이 이루어지도록 구성한 실내 바닥

투명한 반구에 모형 물고기가 들어 있는 어항

켜와 양파가 걸려 있는 긴 발

상자에 흙을 발라 만든 아궁이

고추, 호박을 말리고 있는 부엌 바닥

는 바닥은 꽃과 풀 등의 자연이 있는 베란다와 거실로 구성하였다. 여러 모양의 자갈과 돌에 파란색 락카를 뿌렸으며, 시험관 속에 하얀색의 자갈을 넣고 꽃을 넣었다. 그리고 은색의 구를 놓았다.

▶ 할머니의 부엌

고향 가는 추석 명절에 가을 느낌을 살릴 수 있는 여러 가지의 소재를 모아 와 영역을 구성하였다. 제목은 '할머니의 부엌'으로 전통적인 시골을 연상케 하는 소재를 많이 사용하였다. 바닥에는 고추와 호박 등을 말리고, 나무를 지게에 올려놓은 모습이 인상적이다. 유아들은 직접 준비된 매체 등을 이용하여 부엌놀이를 해 볼 수 있다. 벽면에는 탐색, 재탐색하면서 영역 구성이 이루어지기까지의 프로젝트 진행 과정에 대한 내용을 패널로 전시해 놓았다.

▶ 전통 부엌에서 이루어지는 놀이

부엌에서는 많은 놀이들이 이루어진다. 밥 짓기, 음식 만들기, 밥상 차리기, 식단 정하기, 저장음식 만들기 등 다양한 매체와 재료 등을 활용하여 계획, 구성, 실행, 극화해 보는 과정에서 몸으로 하는 표상, 대화 나누기, 다양한 사물 개념, 정서적 교감, 사회적 상호 관계를 공유한다.

농사일을 위한 도구들

식단 정하기

밥상 차리기

음식하기 위한 아궁이

가사 일을 위한 지게와 물동이

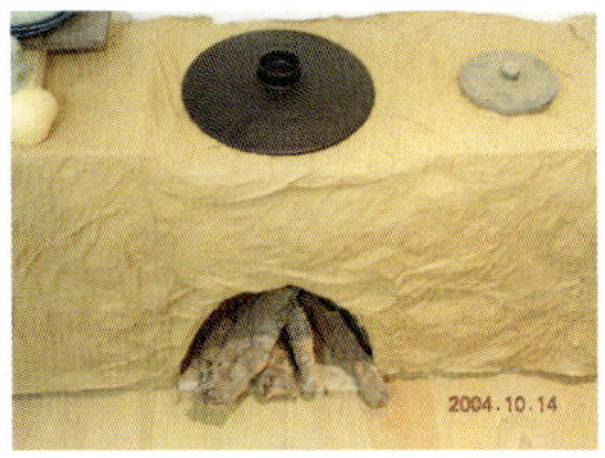
불 지피는 아궁이

거두어들인 곡식들

저장음식 만들기

상달고사

추석이 지난 후 입동에 맞추어 추수에 대한 감사한 마음을 갖고 가족을 위한 안녕을 비는 옛 풍습인 상달고사를 탐색, 재현해 보았다. 상달고사를 주제로 전통의례를 경험해 볼 수 있다. 상달고사는 집에서 지내는 고사인데 주방과 방에서 지낸다.

주방과 방에 각종 햇과일과 햇곡식, 만든 음식들을 놓고 고사를 지낸다. 주방에서는 아궁이를 피우는 전통적인 모습과 햇곡식과 햇과일 등으로 한해를 무사히 보낼 수 있고 무병할 수 있도록 고사를 지낸다고 한다.

방 안에서도 고사를 지내는데 쌀로 떡을 만들고 쌀 안에는 초나 흰 실로 맨 숟가락을 꽂아 고사를 지낸다. 술을 그 옆에 둔다.

막걸리를 표상한
뿌연물과 두레박

고사에 쓰이는 쌀과 술

불 지핀 아궁이

고사를 위한 햇과일, 햇곡식들

볏짚

곡식 넣은 항아리를 두른 볏짚

▶ 김장 담그기

김장 문화가 사라져 가는 이즈음, 전통 한옥 마당을 배경으로 김장 담그기를 해봄으로써 겨울 준비, 김장의 의미, 김치의 발효 과정 등 우리의 고유한 음식과 문화를 탐색할 수 있는 기회를 갖는다.

한옥문

호박, 고추 말리기

고추, 배추, 무, 파, 배추 절이기
마늘 등 김장재료 준비

배추 절이기

수도

배추

▶ 크리스마스

유아들은 크리스마스를 커다란 기대를 가지고 기다린다. 트리, 포장된 선물 꾸러미, CD, 인형, 천 등을 이용하여 크리스마스 느낌이 물씬 풍기는 거실로 꾸며 보았다. 유아들과 함께 크리스마스의 유래에 대해 알아 보고 탐색할 수 있으며, 트리 꾸미기, 크리스마스 카드 쓰기 등의 활동으로 연결시킨다.

크리스마스의 느낌이 들도록 우유곽으로 만든 붉은 벽돌을 쌓아 벽난로를 구성하였고, 벽난로 위에는 앙증맞은 러시아 전통인형을, 벽난로 위쪽 벽면에는 산타가 그려져 있는 천으로 만든 액자를 걸었다.

거실의 벽난로

크리스마스 트리와 눈썰매, 선물
꾸러미 등

다양한 포장지와 포장끈이
마련된 포장 코너

▶ 중국 거리의 이발사놀이, T유치원 4세

머리 자르는 장면

만리장성 구성

▶ 시끌벅적 시계마을, T유치원 4세

유아들은 시계의 작동 원리를 탐색한 후 갖고 싶은 시계를 디자인하고 개별적으로 시계를 만들었다. 만들어진 시계를 친구, 부모들과 공유하기 위해 전시회를 준비하였다.

2.10 블록영역

블록 영역 또한 교실에 부속하는 구성놀이 공간이다. 일반적으로 문은 없으나 단이나 계단 등을 함께 사용하여 별도의 공간으로 구조화한다면 방해 받거나 방해를 주지 않고 블록 구성을 지속할 수 있다. 벽면은 구조물의 그림자를 투사할 수 있도록 하고, 바닥이나 단 위에 원하는 상황을 입체적으로 구성하며, 전시물을 천장에 매달 수 있도록 하는 등 공간 그 자체를 3차원으로 활용한다. OHP를 이용하여 이미지를 부가할 수도 있다. 개별 또는 집단 프로젝트와 관련된 구성 활동 중에 미처 끝나지 않은 구조물들을 그대로 보존할 수 있는 기능성 또한 갖고 있다.

▶ 이 성에는 누가 살까?

▶ 달나라로 가는 기차

바닥에서 이루어진 블록 구성이 경우에 따라 단으로 연결되고, 다시 2, 3차원 구성물과 연결되기도 한다.

바닥 기찻길 구성

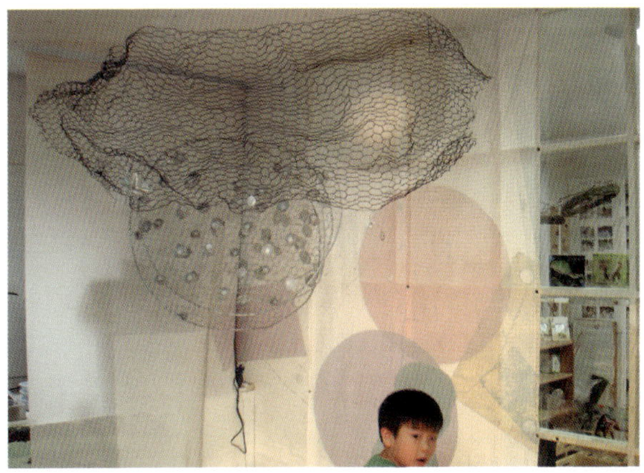

구성된 3차원 달나라

바닥과 단의 연결

달나라로 가는 기차

겨울나무

이동 가능한 3단 의자를 블록놀이 단으로 활용하였다. 흰 천을 씌워 눈 온 바닥을 표현하고, 블록으로 마을을 구성하였다. 솜으로 눈 내린 마을 전경을 표상하였다. 평평한 단을 블록 영역 구성을 위해 활용할 수도 있다.

풍차

배경화면으로 날개가 3개인 풍차 위에 노란색 자석으로 태양을 표현했으며, 눈에는 보이지 않는 바람의 기류를 나타냈다. 2단 계단에 하얀 천과 녹색 천을 펼치고 그 위에 블록으로 풍차를 구성함으로써 마치 언덕 위에 풍차가 서 있는 것처럼 보인다.

배경화면

바다

하얀색, 파란색 천을 이용하여 바닷가의 모습을 표현하고 그 위에 나무 블록으로 모래성을 만들어 한껏 바다의 모습을 느낄 수 있다.

바닷가 모래성을 표상한 블록

자석 구성놀이와 함께한 블록 구성

다리 밟기

입동 절기에 이루어졌던 풍습을 탐색하면서 접하게 된 '다리 밟기'는 블록으로 구성되었다. 다리 밟기는 한해의 무병장수를 기리기 위한 풍습이다. 이에 착안해 아래에는 우리가 사는 마을과 상단에는 우리가 이상으로 통할 수 있는 문, 그 사이에 다리를 구성해 보기로 하였다.

계단식으로 되어 있는 영역을 이용하여 각 층이 연결되는 징검다리 식으로 다리를 이어갔다. 다리가 시작되는 곳에는 우리가 살고 있는 마을을 표현하여 무병을 기원하며 아래에서 위로 다리 밟기를 해나가는 모습을 표현하였다. 다리가 끝나는 부분에는 2가지의 문을 만들어 우리가 원하는 곳으로 선택하여 갈 수 있음을 나타내었다.

▶ **가을 들판 허수아비**

짚으로 표상된 벼 위에 서 있는 허수아비들을 나무 블록으로 구성하였다.

▶ **우리의 성**

찰흙 점토와 나무 블록을 연합하여 성을 구성하였다. 점토로는 사람들의 생활 모습을 빚고, 블록으로는 성을 쌓아 연합하였다.

▶ **높게 높게 쌓아라,** J어린이집 5세

▶ **문수산성 만들기,**
G어린이집 5세

공주하고 왕자하고 같이 사는 성 만들어요.
긴 네모 모양.
넘어질 것 같다.
성은 세모로 쌓아야 해.
침대도 만들자.
이게 뭐야~ 다시 만들자!

▶ **워싱턴 기념관,**
I유치원 5세

▶ **링컨 기념관,**
I유치원 5세

▶ 피사의 탑,
I유치원 5세

이탈리아의 피사대성당에 있는 피사의 사탑이다. 원래는 바로 서 있었는데, 탑을 만들 때 땅이 내려앉아 기울어진 탑이 되었다. 이에 관심을 가진 유아들은 기울어진 피사의 탑을 구성하기 위해 문제를 해결해 나갔다.

그런데 어떻게 삐뚤어지게 쌓을 거야?

다 쌓은 다음에 맨 밑에 블록을 하나만 빼면 돼!
그럼 쓰러질 거야!

종이에 본드를 붙여서 만들어 보자.
근데도 자꾸 쓰러진다….

자석에 삐뚤어진 네모와셔를 계속해서 붙였더니, 피사의 사탑처럼 쌓아졌어!

피사의 사탑은 원래 땅이 기울어서
그렇게 된 거니까 바닥을 기울게
만들자! 블록을 밑에 대는 건 어때?

기울어진 책상 위에서 피사의 탑 완성

2.11 자석 구성놀이 영역

자석 구성놀이는 답이 없는 창의적인 표상과 함께 영아들의 손과 눈의 협응력을 기를 수 있는 영역이다. 떼었다 붙였다 할 수 있는 자석 매체는 실수를 두려워하여 시도하지 못하는 유아들도 시도해 볼 수 있는 융통성 있는 매체이다.

함석판을 따로 준비하거나 빈 벽면에 함석판을 부착하여 자석 구성놀이 공간을 구성한다. 자석이 들어 있는 납작한 검은색 고무판에 다양한 색을 덧대거나 색고무자석을 이용하여 원하는 모양이나 동그라미, 세모, 네모의 기본 단위를 오려서 사용한다. 정해진 답이 없는 다양한 형태를 구성, 재구성하면서 창의적인 표상이 이루어진다. 재미있는 구슬이나 유리 등에 자석을 부착하여 사용할 수도 있다.

▶ 풍차와 바람

바람의 성질, 원리, 기능 등의 탐색은 풍차에 대한 유아들의 관심을 불러온다. 블록으로 구성된 풍차와 연계하여 바람에 돌아가는 풍차를 자석판에 구성하였다.

배경을 구성하기 위해 준비된 고무자석

▶ 봄이 왔어요~, T유치원 3세

관련 배경을 제시함으로써 시도하는 데에 두려움이 있는 유아들의 구성놀이를 도울 수 있다. 봄 나뭇가지를 배경으로 만들어 붙여 유아들의 봄나무 구성을 지원하였다.

▶ 꽃밭 꾸미기, E어린이집 2세

난 노란 접시꽃을 만들었어.
내 꽃은 빨간 튤립.

▶ **봄 동산,** E어린이집 5세

나뭇가지에 새순이 돋아나고 있어.

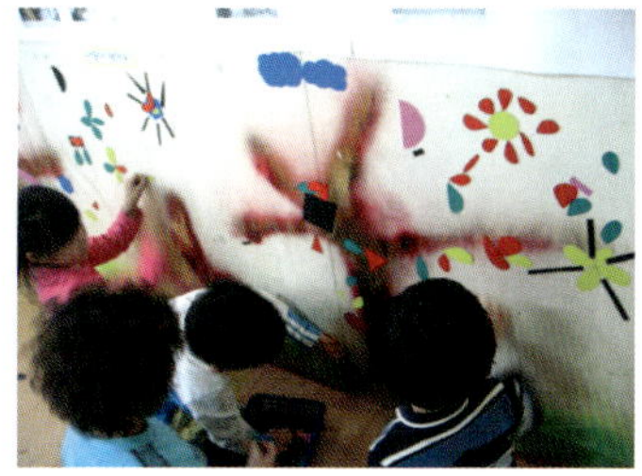

벌집도 나무에 있어~.
벌도 윙윙 날고 있어.

▶ **자동차 길,** G어린이집 3세

제시된 찻길에 자동차 구성하기

▶ **개구리,** Y어린이집 4세

▶ **풍차,** T유치원

▶ **파도치는 바다**

여름 계절에 적합하도록 자석 매체 색을 흰색과 파란색으로 제한하여 준비해 둔다. 파란색으로 파도치는 바다를 흰색으로 물방울을 구성하였다. 어우러지는 갈매기는 바다를 실감나게 한다.

바다와 파도 그리고 갈매기

▶ 비가 내려요, E어린이집 3세

배경 없이 자석 구성놀이하기

배경판 만들기

배경판에 꾸미기

비가 온다~ 그럼 우산 써야지~.

▶ 비가 왔어요, L어린이집 1 · 2세

선생님 오늘 아침에 비가 왔어요! 여기 구름에서 이렇게 똑똑~.
난 저기 위에 붙여야지. 구름이 높이 올라가야 해~.

▶ 가을 나무와 고추잠자리

가을에 생각나는 색깔, 가을에 많이 볼 수 있는 색깔을 중심으로 자석에 한지를 붙여 매체를 제시하였다. 서늘한 가을 하루의 낮과 밤이 모두 표현되어 있으며, 시골 앞마당 넓은 뜰에서 높이 날아오르는 잠자리를 상상하여 구성해 보았다. 하늘 높이 솟아오른 잠자리가 어딘가에 내려앉으려 할 때의 모습도 표현해 보았다. 어릴 적 시골집 마당에서 뛰어놀던 옛 기억을 되살려 자석판을 구성하였다.

▶ 땅 속 개미 세상

유아들은 마을을 자석으로 구성하고 개미 사진을 붙이자고 제안하였다.

▶ 놀이터 꾸미기,
J어린이집 2세

▶ 개미,
L어린이집 1 · 2세

▶ 단풍으로 물든 산

함석판을 벽면에 부착하고 판 고무자석을 잘라 구성놀이 할 수 있도록 하였다. 동그라미, 세모, 네모 모양으로 판 고무자석을 잘라 매체 정리장에 색깔별로 담아 둔다.

산이 여러 가지 단풍으로 물든 모양을 표현하기 위해 보라색과 분홍색 자석판을 사용하였고, 검정색판 고무자석으로는 낙엽진 나무 숲을 표현하였다.

▶ 문수산성,
G어린이집 5세

유아들이 문수산성을 다녀온 후, 탐색해 간 그 역사적 고찰은 자석을 통해 표상, 재표상 된다.

성에서 만났다고 하자. 나는 대포를 쏠거야. 내 칼을 받아라~.

▶ 허수아비

가을 농촌의 허수아비를 표상하였다. 잠자리와 새의 나는 모습도 재미있다.

매체장

표상된 잠자리

▶ 관악산에 올라갔어요~,
Y어린이집 3세

땅을 기본 배경으로 제시하였더니.
유아들이 풀과 나무, 꽃, 하늘을
구성했어요.
노란색 구성물은 텐트래요.

▶ 우 주

우주 탐색과 함께 우주에서 연상되는 다양한 이미지를 자석판에 자유롭게 구성하였다.

▶ 거인이 사는 성,
Y어린이집 5세

'거인이 사는 성'을 배경으로 주었다. 유아들은 성 주변의 나무와 꽃 그리고 새 등을 표현하고 등장인물들도 표현했다.

▶ **우주와 수성,** D어린이집 5세

우주선이랑 별이 있어.

이건 외계인 같아 운석이 떨어진다.

떨어질 때 빛이랑 불이 나와.

▶ **도로에 있는 것,** G어린이집 3세

자석판에 제시된 도로는 자동차를 불러오고 신호등을 불러오며, 가상의 상황극을 연출하게 한다.

▶ **눈 내리는 마을**

공간 모빌과 어우러진 자석판

눈 내리는 모양을 표상한 모빌

자석매체가 준비된 매체장

▶ **겨울나무**

블록 영역의 눈 내린 마을과 연계하여 검정 고무자석을 이용하여 눈 쌓인 숲 배경을 자석판에 구성하였다. 검정색 고무자석을 이용하여 잎이 다 떨어져 앙상해진 나무를 표현하였고, 크기가 다른 발자국 모양은 원근감을 느끼게 한다.

팽이치기

입동을 맞아 전통놀이 '팽이치기'를 탐색하면서 구성되었다. 전통적인 팽이와 오늘날의 팽이의 변화된 모습을 표현하였다. 긴 팽이채를 가운데 표현한 후 위에는 전통적인 팽이의 모습을, 아래에는 현대의 진화된 팽이의 모습을 구성하였다. 전통적인 팽이의 모습을 갈색으로 하여 폭이 좁고 길이가 긴 전통의 팽이가 그대로 돌아가는 모습을 표현하였다. 현대팽이는 노란색으로 표현하였고 폭이 넓어지고 길이는 짧아진 변화된 현대의 팽이 모습을 표상하였다. 팽이가 돌아가는 모습은 팽이의 줄이 감긴 모습으로 표현되었다.

돌아가는 팽이

현대의 팽이

우리가 생각하는 새로운 용의 모습

전통놀이를 고찰하면서 알게 된 용은 자석 구성으로 디자인, 재디자인되었다.

물고기 닮은 용

구불구불 키다리 용

구슬이나 유리로 만든 자석 매체

03 아뜰리에

아뜰리에는 언제든지 교사와 유아들의 프로젝트 관련 탐색활동이나 여러 가지 표상활동 시에 실험실로 사용된다. 아뜰리에에는 잘 정돈된 다양한 미술자료가 항상 준비되어 있어서 유아들이 교사의 도움을 받아 익숙하거나 새로운 도구 · 기술 · 자료들을 탐색하면서 생각하는 공간이다. 시각적이고 표현적인 다양한 종류의 미술 매체가 끝없이 더해진다. 조개껍데기 · 구슬 · 털실 · 단추 · 거울 조각 · 구리 조각 · 곡식 · 벨 · 리본 · 점토 · 철사 · 보석 · 다양한 종이 등 재료의 다양함이나 방대한 양보다는 얼마나 그 자료들이 창의적으로 활용되는지, 작업 과정이 얼마나 즐거움, 따뜻함, 상호 관계와 사랑의 느낌을 갖도록 하는지가 중요하다. 아뜰리에에는 카메라, 녹음기, 촬영기, 복사기, 컴퓨터 등이 설치되어 프로젝트를 지원하고 기록화를 수행하는 데 활용할 수 있다.

기관 단위의 아뜰리에 또는 교실에 부속하는 미니 아뜰리에로 활용되고 있다. 충분한 공간이 확보되지 못하는 기관의 경우 소규모의 여러 공간을 '빛과 그림자 아뜰리에', '매체 탐색 아뜰리에', '생각하는 아뜰리에' 등으로 특색있게 구성해 본다.

3.1 매체장과 작업 보드
3.2 벽화
3.3 이젤 및 공동작업대

3.1 매체장과 작업 보드

교실에 배치된 부속 공간으로서 소집단 프로젝트를 할 수 있는 작업대와 자료 선반 등이 있다. 프로젝트 관련 표상을 위한 사고를 자극하도록 하고 다양한 자연물과 매체들을 풍부하게 탐색할 수 있도록 지원한다. 쌀 · 보리 · 옥수수 · 팥 등과 같은 곡식, 스티로폼, 링거줄 등과 같은 구성 매체, 털실류, 마른 꽃잎이나 나뭇가지 등과 같은 식물류, 마카로니 · 색 테이프류 · 색실 · 볼트와 너트 · 구리철사 · 구리판 · 다양한 철제품 등과 같은 재료들을 미학적으로 배열하여 유아들의 표상활동과 탐색을 돕는다. 작은 매체들을 구성할 수 있도록 한 나무 보드를 준비해 둔다.

▶ 아뜰리에 매체장과 보드

다양한 매체들이 미학적으로 준비된 선반

곡식으로 구성한 '시골집'

기계 부품들로 구성한 '놀이공원'

▶ 자연물로 구성된 초가집 작업 보드

아뜰리에 매체장

교실에 구성한 미니 아뜰리에

교실 한모퉁이에 'L' 자 격자 유리벽을 만들어 미니 아뜰리에를 구성하였다.

자연물로 유아들이 구성한 아카시아 나무

매체장들

유아들이 모아 온 자연물들

투영성과 자연이 살아 있는 아뜰리에

봄이 오는 아뜰리에

수집된 매체 선반

봄 주제와 관련된 여러 가지 매체를 수립하였다. 선반에는 봄에 주변에서 볼 수 있는 다양한 꽃, 잎, 씨앗, 풀, 나뭇잎 등이 수집되어 정리되었다. 투명 용기에 담겨진 매체들은 유아들의 탐색을 불러일으킬 수 있도록 실물 사진과 이름을 기록하여 두었다.

갖가지 종류의 씨앗

말린 꽃

벽화, 공동이젤, 공동작업대, 놀이판에는 준비된 매체들을 사용하여 개별 또는 그룹으로 봄을 표상하였다.

여름이 오면

숲과 바다가 공동 표상된 보드

여름 휴가를 맞아 유아들이 수집해 온 매체나 부모들이 보내 준 매체들로 준비해 본다. 유아들은 관련 경험들을 이야기하고 시·감각적 탐색과 함께 경험 내용을 공동 표상하기 위한 작업을 디자인하고 수행한다.

풀잎과 자연물로 구성된 숲

락카로 색을 입힌 조개껍데기로 구성된 바닷가

색색의 비즈, 단추 등이 담겨진 투명 용기

투명 유리 보울에 모아진 조개껍데기들

공동으로 구성한 점토작업, T유치원 4세

점토작업이 준비된 아뜰리에

점토작업 도구들

공룡마을.

▶ 정글에서의 축제

유아들은 정글을 탐색하고 아뜰리에를 정글로 구성하였다. 이후, 유아 · 교사 · 부모가 함께하는 정글 축제로 확장되었다.

유아들이 정글로 구성한 아뜰리에

열매 따기 돕기

재활용품으로 만든 악어

나무에 매달린 나무늘보

열매 따기

나무에 매달린 열매

▶ 가을 아뜰리에

가을에 만날 수 있는 자연물을 비롯한 다양한 주변 매체들이 새로운 자리를 차지한다. 모아진 매체들은 유아들의 생각하기와 탐색을 돕고 표상을 지원한다.

교실에 부속한 미니 아뜰리에

가을 곡식, 열매, 나물 등이 즐비한 선반

혼자 또는 공동 작업하여 구성하는 보드 「숲」

호일 · 셀로판지 · 클립 · 철사 등으로 구성한 가을산

아뜰리에 벽면 1층 선반에는 나무로 짜서 만든 바구니에 조롱박, 투명한 유리병 등, 2층 선반에는 투명한 유리병에 코르크 마개를 닫아서 작게 자른 색색의 수수깡, 조개껍질 등이, 3층 선반에는 투명한 패트병을 유리병 높이로 잘라서 쌀, 조, 땅콩, 수수, 보리 등 여러 가지 곡식들이 담겨져 있다. 마지막 선반에는 나무로 짜서 만든 나무 쟁반에 밤, 땅콩, 호두, 대추 등이 수집되어 있다.

선반에는 투명한 유리 용기를 사용하여 필요한 재료들을 선택하여 사용할 수 있다.

고추와 말린 나물

투명 용기에 담긴 매체들

투명한 플라스틱 용기, 나무 바구니
나무 채반에 담긴 자연물들

마우스, 전선, 볼트와 너트, 이어폰, 각종 나사, CD, 건전지, 코드, 못 등의 매체와 뻥은 나뭇잎으로 '우주'를 구성하였다.

기계 부품과 자연물로 구성한 우주

구성된 보드의 좌측 한 면

▶ 내가 만든 풀종이, T유치원 5세

유아들이 재활용품으로 만든 풀종이에 자연물로
꾸민 표상물들이 전시된 아뜰리에

풀종이와 활용

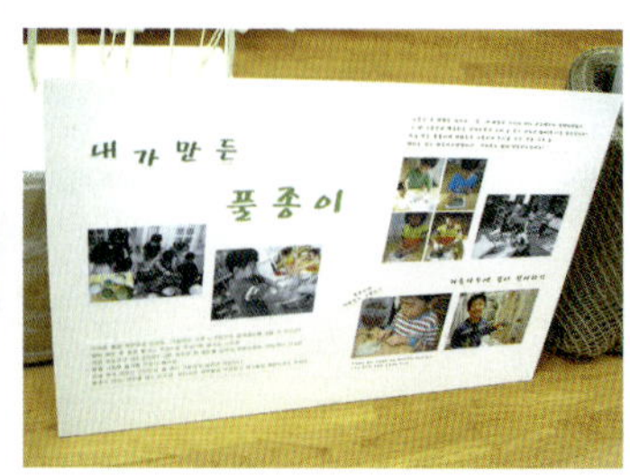

재활용한 풀종이에 대한 기록

▶ 크리스마스의 아뜰리에

매체장은 겨울에 볼 수 있는 견과류, 저장식품, 다양한 종류의 구슬, 단추, 2차원 · 3차원 매체들로 채워졌다.

보드에는 유아들이 좋아하는 사탕, 과자, 초콜릿 등을 사용하여 눈 쌓인 거리, 입체적인 집, 루돌프 사슴, 썰매, 나무들이 있는 크리스마스 마을을 구성하였다.

과자로 구성한 '산타가 찾아오는 마을'

▶ 가을에 다시 본 아뜰리에

수확의 계절인 가을은 아뜰리에 선반에서도 느껴진다. 다양하고 풍부한 매체들은 아뜰리에를 유아들의 생각하는 공간으로 만든다.

고추, 밤, 여러 가지의 나뭇잎 등

말린 자연물로 구성된
가을 나무와 고추잠자리

콩 · 조 · 수수 · 좁쌀 등의 곡식
벼, 단추 · 구슬 등의 매체

▶ 갈대숲

갈대숲 새들

▶ **겨울 나기**

작은 선반에는 솜, 천, 솔방울, 연근 등을 나무 바구니에 담아 전시하고, 높은 선반에는 투명하고 다양한 크기의 유리병 속에 옥수수, 좁쌀, 콩, 대추, 호박, 귤 껍질, 감, 벼, 구슬, 끈 등의 자연물이 전시되어 있다. 선반 앞에는 작업을 할 수 있는 책상을 배치하였다. 공간에는 바구니에 자연물을 담아 낚싯줄로 다양한 매체로 표상한 솔방울 사람과 철사로 표현된 자전거 등을 매달 수 있도록 하였다.

2차원으로 놓여진 놀이판에 구성된 '시골 겨울'

바구니를 이용하여 만든 과일

낮은 선반 옆에는 김장에 사용되는 배추와 무, 소금 등의 재료들을 준비하여 탐색하고 놀이에 활용할 수 있도록 하였다. 두 개의 놀이판에 다양한 자연물을 활용하여 짚으로 만든 집과 마당에 곡식 등을 말리는 모습을 표상하였다.

▶ **지판화 전시 · 공유하기,** T유치원 3세

입체감이 있는 두꺼운 종이로 원하는 모양을 구성한 후, 물감을 바르고 찍어 낸다.

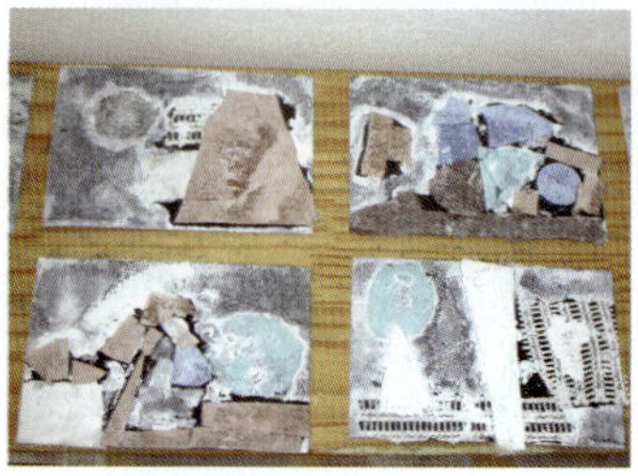

▶ **카시미로 말레비치처럼…**, T유치원 3세

추상화 「카시미로 말레비치처럼…」의 기법을 본따 구성된 유아들의 작품이 이 아뜰리에에 전시, 기록되어 있다.

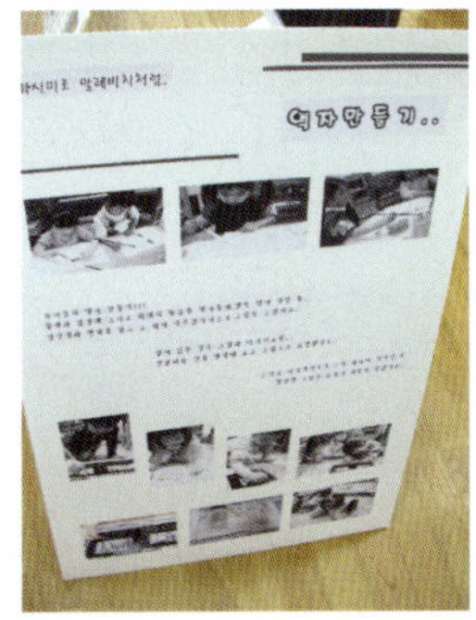

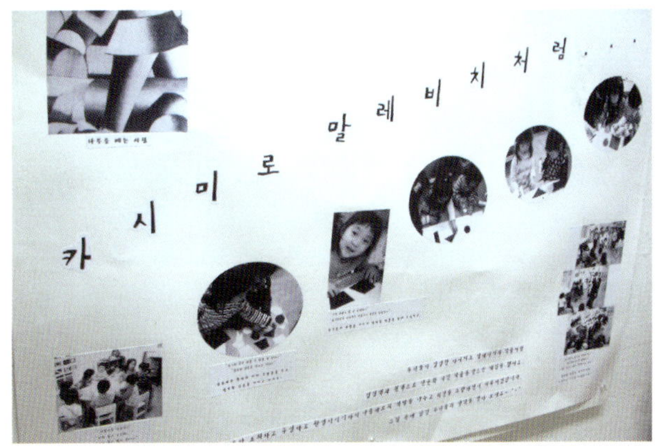

▶ **다솜반 추억 여행**, T유치원 5세

졸업을 앞둔 유아들이 겨울방학에 경험한 내용들을 모아 전시 · 공유하였다.

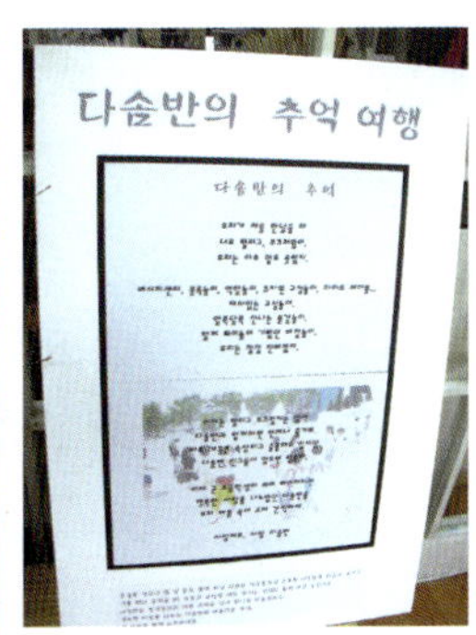

매체를 모으자

재활용품을 이용한 3차원 구성

가정에서 보내온 재활용품들

매체 재활용 공간

종류별로 분리 수납된 공간

3.2 벽화

벽화는 탐색하면서 만나게 되는 다양한 관심거리를 향해 공동으로 계획 · 디자인하여 함께 작업하는 공동 표상이다. 투영성의 원리가 내재될 수 있도록 교실 주변의 자연이나 유아들의 경험 내용을 커다란 아세테이트 등에 공동 작업한다. OHP로 정글 그림을 투사하여 커다란 아세테이트에 라인드로잉을 한 다음 아크릴 물감으로 협력하여 벽화를 구성하였다. 벽화는 유아들 간 협력적으로 상호작용을 하게 하고, 전시되었을 때 긍정적 확인감을 갖게 한다. 영역을 구분하거나 빛이 드는 창가에 걸어 빛을 투과시켜 다양한 이미지를 연상할 수 있다. 벽화는 영역과 영역을 자연스럽게 구분해 줄 뿐만 아니라, 교실 전체 분위기를 만들어 준다. 또한 투영성을 지녀서 어떤 매체와도 잘 어울린다.

▶ 배나무와 봄

봄을 주제로 철망에 전체 배경을 구성하였다. 흰색 배꽃이 피는 나뭇가지에 파랑새가 날아들어 앉아 있고, 노란 나비도 날아들며 나무 밑에는 바람에 날아갈 듯한 민들레 홀씨가 자리를 잡고 있다. 투명 유리구슬로 봄비를 구성하였다.

나뭇가지에 푸른 싹과 흰 꽃
그리고 파랑새 한 마리

나는 모양을 입체적으로
구성한 나비들

하얀 민들레 홀씨와 봄바람에
나풀거리는 녹색 풀

▶ 봄 벽화, T유치원 5세

유아들은 봄의 식물, 동물 등을 탐색하면서 탐색 내용을 모아 그리기, 사진, 자연물 매체를 연합해 봄 벽화를 구성하였다.

자연물 · 사진 · 그림 매체로 구성되어 창가에 실외와 연결한 봄 벽화

자연물로 나무 만들기

사진 찍어 사람 구성하기

겨울잠에서 깨어나는 동물 그리기

▶ **영아들이 만든 예쁜 벽화,** B어린이집 2세

찍기는 어린 영아들이 하기에 좋은 표현기법이다.

▶ **활짝 핀 벚꽃 나무,** B어린이집 3세

활짝 핀 벚꽃을 팝콘으로 표상하였다.

▶ **알에서 깨어나는 병아리,** B어린이집 3세

부모와 함께 달걀 껍질로 알에서 깨어나는 병아리를 표상하였다.

▶ **진달래 꽃,** B어린이집 4세

쌀 강냉이에 파스텔로 물을 들여서 진달래 꽃을 만들었어요.

▶ **우리가 재구성한 봄,** S어린이집 5세

아르침볼도의 명화 「봄」을 재구성하여 말린 꽃과 나뭇잎으로 색을 입히고 '봄' 이라는 제목을 붙였다.

▶ **나비가 찾아왔어요,** S어린이집 2세

▶ 개나리 벽화, Y어린이집 4세

개나리가 피어요. 교실에도 있으면 좋겠다.

▶ 시원한 정글

여름에 연상되는 아프리카의 정글을 탐색한 후 밑그림을 그리고 크게 투사하여 아크릴 물감으로 칠하였다.

▶ 아프리카 코끼리, A어린이집 2세

동물원에 다녀온 후 코끼리에 대한 관심은 아크릴 물감을 사용하여 벽화로 구성되었다.

▶ 여름 나뭇잎 찍어 벽화 만들기, D어린이집 3세

주변에 무성한 나뭇잎들을 종류별로 탐색 · 수집한 후 흰 무명 천에다 대고 망치 등으로 두드려 탁본을 만든다. 염색물감을 칠하여 찍어도 본다.

나뭇잎 탐색 및 수집

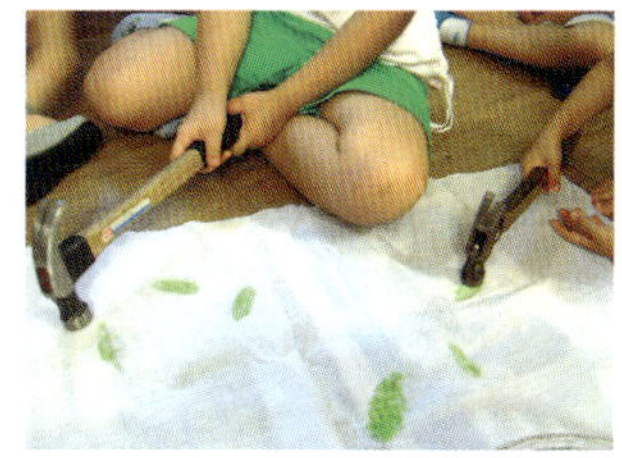

나뭇잎 탁본

나뭇잎에 염색물감 칠하기

천에 나뭇잎 찍기

나뭇잎 찍어 벽화 구성하기

▶ 냄새를 표현하자, T유치원 3세

냄새' 라는 프로젝트와 연결하여 기분이 좋아지는 색들과 냄새가 날 것 같은 색을 찾아 물감 불기로 공동작품을 구성해 보았다.

▶ 불고, 굴려서 구성한 숲속, T유치원 3세

부모를 초대하여 함께 아세테이트지에 물감을 올리고 빨대로 후~ 불어 빨대 그림과 공과 구슬 등 동그란 것들을 굴려서 구성하였다.

▶ 비 내리는 창

창문에 내리는 비를 표현하였다. 시트지를 사용하여 창문살을 만들고 구슬을 낚싯줄에 엮어서 흘러내리는 빗물을 표현하였다. 한여름에 내리는 빗줄기를 창문으로 바라보는 상상놀이, 극놀이의 배경화면으로 이용된다.

▶ 장미꽃 비가 내려요, Y어린이집 4세

다른반 창문에 붙인 장미꽃잎을 보고 우리반에도 있었으면 좋겠다고 생각한 유아들은 물감으로 나뭇잎을 표현하고 비즈도 달아 교실에 달았다.

우리반 교실 예쁘지요?

▶ 대나무 벽화, Y어린이집 5세

한 친구가 대나무 책을 가져왔다. 친구들은 쭉 쭉~~ 뻗은 대나무를 보며 색깔, 크기, 모양 등에 많은 관심을 가졌다. 땅속에서 뾰족 나온 죽순의 모양, 며칠 만에 몇 미터를 자라나는 대나무에 흠뻑 빠져서 벽화를 구성해 보기로 했다.

▶ 가을 들녘

들판에 허수아비가 서 있고 고추 잠자리가 날아드는 가을 들판을 구성하였다. 나무껍질을 이용하여 나무를 만들고 아크릴 물감으로 나뭇가지를 그렸다. 실제 단풍잎을 이용하여 찍어서 잎을 구성하였다. 나뭇가지로 만든 허수아비에 하얀색 천으로 옷을 입혔다. 고추와 나뭇잎을 이용하여 고추잠자리도 구성해 보았다.

▶ 할아버지와 새, S어린이집 5세

아르침볼도의 「가을」 명화를 라인드로잉하여 밑그림을 그리고 곡식과 나뭇잎 등의 자연물로 색을 입혀 제목을 재구성하였다.

호박씨로 얼굴 따라 붙여 볼까?

할아버지수염이 아주 길게 났어.

은행과 잣, 솔방울의 색이 꼭 노랑과 갈색으로 염색한 것 같아.

할아버지와 새 완성

▶ 낙엽 지는 가을 나무

투영성이 최대한 살도록 잎맥으로 구성된 나뭇잎을 이용하여 낙엽 지는 가을 나무를 표현하였다.

▶ 가을 고추잠자리

다양한 가을 자연물을 이용하여 가을 나무와 고추잠자리를 구성하였다.

▶ 가을 나무, D어린이집 2세

산책길에 본 가을 나무를 표현하기 위해 나무에 색을 칠하고 수집한 나뭇잎을 붙여 가을 나무를 꾸며 보았다.

주워 온 나뭇잎을 붙여 만든 가을 나무

▶ 분홍색 꽃, L어린이집 4 · 5세

산책길에 찍어 온 분홍 꽃 사진은 벽화로 교실에 재현되었다.

분홍꽃 색깔이 다 똑같지가 않아.
그럼 빨강색에 하얀색을 조금씩 섞어 보자.

▶ 인간 세상

네덜란드 그래픽 디자이너 어셔의 「결혼관계」 작품에서 영감을 받아 서로 다른 언어와 문화를 가지고 어울려 살아가는 인간 세상을 표상하였다.

▶ 개미집을 만들자, L어린이집 1 · 2세

유아들이 탐색한 개미집을 다양한 자연물 매체로 구성하였다.

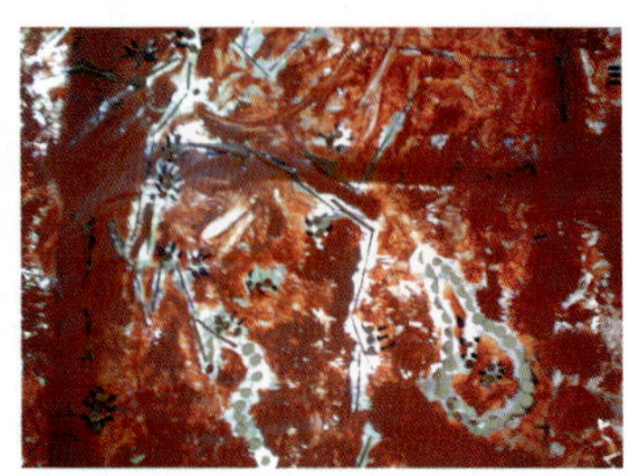

▶ **장화 모양 이탈리아 땅,** I유치원 5세

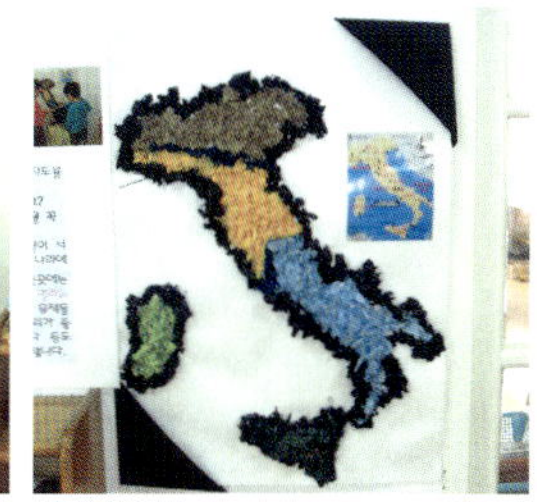

▶ **소원의 입을 만들자,** I유치원 5세

이탈리아 문화 탐색 후 유아들이 관심을 갖게 된 진실의 입을 '소원의 입'으로 재구성하여 축제 놀이에 활용하였다.

'소원의 입' 디자인

트리톤의 '진실의 입'

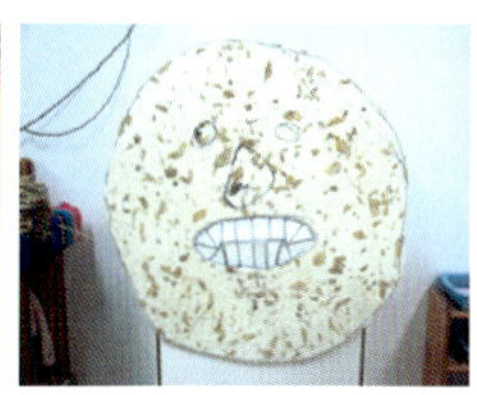

'소원의 입' 꾸미기

▶ **앨범,** T유치원 3세

아크릴 물감으로 이어 그리기를 한 후 앨범 속 사진 같다며 '앨범'이라는 제목을 붙였다. 무지개반 아뜰리에에 달기로 하였다.

갈까마귀와 목화 풍년

무수히 쌓인 낙엽 위에 찬 서리는 내리고 집 한쪽 감나무 끝엔 까치밥만이 남아 홀로 외로운 때가 입동이다. 입동은 겨울을 앞두고 한 해의 마무리를 준비하는 시점이다. 푸르게 자라나던 풀이며 무성하던 나무들은 왕성한 자람을 멈추고 잎을 떨군 채 겨울의 채비에 들어가는 것이다. 경남 여러 섬에서는 입동에 갈까마귀가 날아온다. 밀양 지방에서는 갈까마귀의 흰 뱃바닥이 보이면 목화가 잘 될 것이라 한다. 따라서 경남 밀양 지방의 목화 풍년을 기원하는 입동을 맞아 까치밥을 남긴 감나무와 목화와 흰 뱃바닥이 보이는 갈까마귀를 표현하기로 하였다.

흰색과 분홍색 아크릴 물감을 찍어 풍년을 이룬 목화밭을 표현

나뭇가지를 붙여 목화나무를 표현

감나무 가지 만들기

터진 목화솜

흰색 한지에 솜을 넣고 감색 물감을 뿌려서 투박하면서도 잘 익은 감을 표현

목화솜이 최고조로 솜을 터트린 목화밭과 갈까마귀를 위해 감을 남겨 둔 경남 밀양의 풍경이 완성

수성에 운석이 떨어졌을 때, D어린이집 5세

갖가지 곡식으로 운석이 떨어진 수성을 표상하였다.

밑그림 라인드로잉

곡식으로 꾸미기

2차원 벽면 작업

완성된 곡식 벽화

▶ 살며시 고개 내민 겨울, T유치원 5세

겨울방학 전 눈이 펑펑 내린다는 대설이 되어 눈 오는 날 하고 싶은 일들과, 눈이 내리면 세상이 어떻게 변하는지 이야기를 나누는 과정에서 우리들의 생각을 담아 공동으로 벽화를 하기로 결정하였다. 우리의 고민을 해결하기 위해 여러 사람이 그린 풍경화와 풍경 사진을 인터넷으로 찾아 감상하였으며 전문가의 조언을 듣기도 하였다. 주변의 아름다운 경치를 소재로 하여 우리가 구성한 겨울 풍경을, 계절이나 날씨의 변화에 따른 특징을 자유롭게 표현하기 위해 협력하였고, 그 과정에서 같은 풍경이라도 보는 각도와 거리, 시간에 따라 그 느낌이 다르게 나타난다는 것도 알게 되었다. 가깝고 멀리 보이는(근경, 중경, 원경) 것의 표현에 유의하여 원근감이 잘 나타나도록 하기 위해 여러 번 재수정의 과정을 거쳤으며, 겹쳐 칠하기, 매체 붙이기, 같은 매체 변형하여 사용하기 등 다양한 기법을 이용하여 벽화를 완성할 수 있었다. 수정 · 재수정의 과정을 거쳐 다솜반 전체 친구들이 참여한 벽화는 '살며시… 고개 내민 겨울' 이라 제목 지었고 완성된 벽화는 교실 창가에 전시하여 많은 사람들과 함께 공유하였다.

창가에 전시한 벽화 「살며시 고개 내민 겨울」

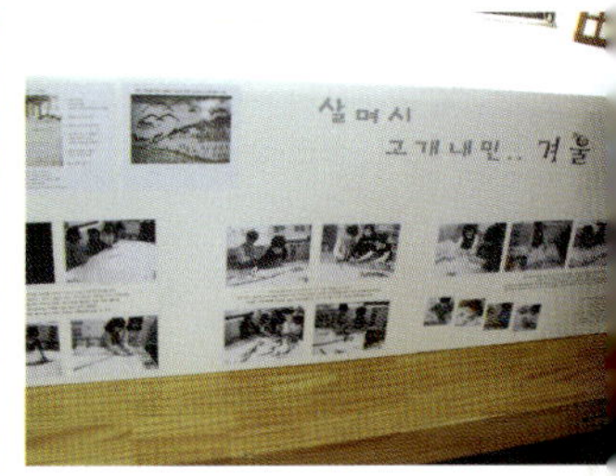

탐색 기록

▶ 눈 내리는 마을

눈이 내리는 겨울 마을의 풍경을 표현하였다. 글루건을 활용하여 여러 가지 모양의 눈 결정체를 탐색, 표현하였다.

▶ 겨울 풍경, B어린이집 4세

눈이 내리자 눈 쌓인 시골 마을 풍경으로 구성해 보기로 하였다.

솜을 많이 붙여야 돼~그래야 눈이 많이 쌓인 거 같잖아.

글자,
T유치원 3세

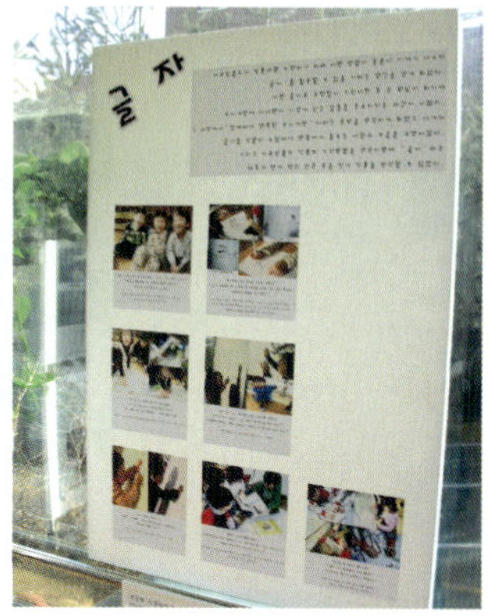

추운 겨울날

전체를 검은색으로 하여 추운 겨울을 표현하였으며, 찍기를 이용하여 원근감을 주었다. 글루건으로 고드름을 표상하여 추운 느낌을 더하였다.

설날,
T유치원 3세

3.3 이젤 및 공동작업대

항상 협력학습이 이루어지며 다양한 매체를 활용하는 레지오 학교에서는 모든 매체들이 공동으로 작업할 수 있도록 제공된다. 이젤과 작업대 역시 2명 이상의 유아가 함께 계획, 디자인, 표상할 수 있도록 준비한다.

▶ 공동작업대

벽화에 밑그림을 그리거나 유아들이 공동작품을 구성할 때 협력하여 작업할 수 있도록 긴 종이가 연결된 롤 테이블과 다양한 매체들이 준비된다. 표상작업에 사용될 기본적인 매체들을 테이블 아래에 정리하여 유아들이 쉽게 보고 꺼내 쓸 수 있도록 한다.

- 다양한 모양의 여러 가지 종류(도화지, 한지, 색지, 머메이드지, 그래프용지)의 종이
- 3~4가지 색의 그리기 매체(연필, 색연필, 사인펜)
- 가위, 풀
- 찍기 작업을 할 수 있는 스탬프와 다양한 물감

▶ 공동이젤

2명 이상의 유아가 함께 협의하여 디자인하고 공동으로 작업할 수 있도록 유아의 키와 충분한 폭을 고려하여 공동이젤을 제작한다. 이젤 아랫부분에는 물감, 물감을 희석한 병, 붓 등의 매체를 놓을 수 있도록 선반을 만든다. 물감 색이 서로 혼합되지 않도록 해당 붓에는 색 테이프를 붙인다. 이젤 주변에는 주제나 표상 대상물과 관련하여 그리기 표상을 도울 수 있는 관련 자료들을 둔다.

바퀴 달린 물감 카트를 함께 사용하면 좋다.

▶ 봄이 오는 길목

주변에서 봄의 변화를 느끼면서 산책을 계획하였다. 뒷산을 산책하고 돌아와 보고 온 이미지를 도화지에 디자인하고 수채화 물감으로 채색 · 구성하였다.

수채화 물감으로 '봄이 오는 길목'이 그려진 공동작업대

공동작업대 옆 색연필, 지우개 등의 그리기 매체

물감을 희석해 둔 병들

공동작업대 아래에 준비된 붙이고, 찢고, 자르고, 뿌려서 활동할 수 있는 매체들

선반에 비치된 점그림을 그릴 수 있는 물감과 그리기 매체

점그림으로 봄길을 표현한 공동이젤

▶ 봄동산이다~, E어린이집 5세

한지를 놓고 먹과 물감을 이용해서 아이들이 '봄'이라는 주제로 공동작업을 하였다.

산에 놀러 왔어!

봄바람이 불어서
꽃잎이 날아가고 있어~.

완성된 벽화와 기록

▶ 먹, 꽃, 풀잎을 이용해 그리기, J어린이집 4세

주변을 돌면서 꽃과 풀잎 등을 수집하고 공동작업대에 비치하였다.

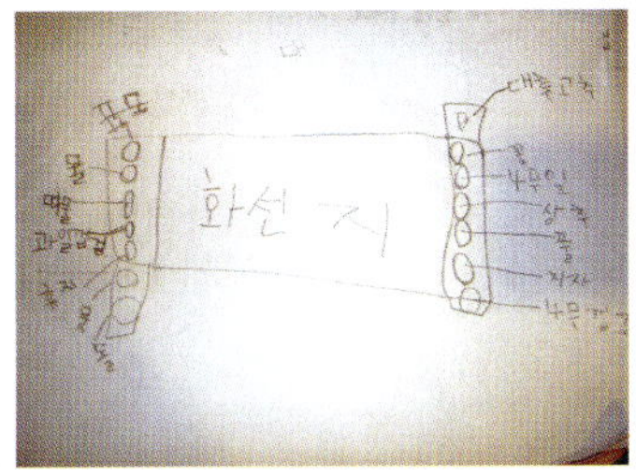

유아들이 합의한 공동작업대 매체 배치도

밑그림 그리기

먹으로 칠하기

풀과 꽃으로 꾸미기

▶ 나비, S어린이집 5세

세밀한 나비를 그리자.

라인드로잉

칠하기

▶ 여름 바다와 원두막

여름 바닷가에 다녀 온 유아들은 자신들이 보고 온 바닷가를 함께 디자인하였다. 원두막과 수박밭은 어른 · 아이 할 것 없이 여름에 떠오르는 고향과도 같다.

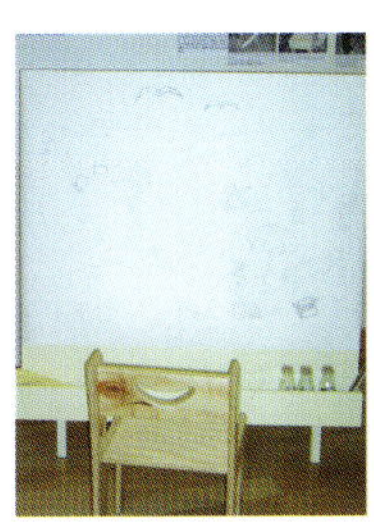

여름 수박밭과 원두막

▶ 달팽이, S어린이집 2세

비오는 날 달팽이를 탐색한 후, 달팽이를 그리고 달팽이의 생태를 가시화하였다.

▶ 선과 도형 그리기, T유치원

울퉁불퉁한 선, 뾰족뾰족한 선, 빙글빙글 선, 동그라미, 세모, 네모…너무 재미있어.

▶ 모양 도장 찍기, T유치원

여러 가지 모양이 그려진 도장을 쾅쾅 찍어서 우리들만의 세상을 만들자.

▶ 여름방학, T유치원

▶ 시골 풍경

벽화의 밑그림을 위해 오랜 탐색과 협의를 통해 시골 풍경을 공동으로 그렸다. 함께 협력하여 작업함으로써 아이들은 자연스럽게 협동하는 방법을 알게 되고, 다른 사람의 의견을 존중할 줄 알게 되며 자신의 생각을 다른 사람과 함께 표현하는 방법을 배우게 된다.

공동으로 그린 시골 풍경 중 일부를 구체화한 공동이젤

시골집 장독대가 있는 풍경

▶ 시골집 풍경

가을의 시골집 풍경을 그려 보았다. 뒤뜰에는 장독대가 놓여 있고 싸리나무로 집 울타리가 쳐져 있는 정겨운 시골집이다. 대청마루에서 훤히 보이는 논에는 가을 추수를 마친 볏단이 가지런히 세워져 있다. 정 많은 할머니, 할아버지가 사시고, 소박한 마음과 따뜻함을 느낄 수 있는 시골집 풍경이다. 채색 방법은 협의를 통해 정해진다.

▶ 콜로세움의 다른 이름으로는 플라비우스라 원형극장, I유치원 5세

교실에서 유아들이 탐색하는 대상물은 곧장 이젤에 제시되어 또 다른 디자인이 탄생된다.

▶ 나뭇잎 찍기, T유치원 5세

'숲' 탐색 프로젝트 시 뒷산에서 주워 온 나뭇잎들을 이젤에 찍어 본다.

색을 선택하여 물감 준비

나뭇잎 그리기

친구와 함께하는 즐거움

찍기를 이용한 나무 구성

종이를 작게 찢어 붙여 그림을 만들 수 있어.

▶ **벽화 감상 후 모자이크 활동, T유치원**

화가의 작품에서 얻은 영감을 이젤에 다시 구현된다.

▶ **'비 내리는 날'**, T유치원

'비 내리는 풍경'을 스크래치 한다.

알록달록 크레파스로 색을 칠하고, 그 위에 검정색 크레파스를 그린 다음 뾰족한 것으로 긁어 내면 그림이 그려져요.

▶ **세계의 친구들 모자이크 구성하기,** T유치원 4세

반편견 프로젝트와 관련해 피부색이 다른 친구들 사진을 잡지와 색종이를 이용해 모자이크 기법으로 구성하면서 피부색이 다른 친구들에게 좀 더 친숙해지는 기회를 가졌다.

모자이크로 구성하기

표상할 사진 선정하기

완성된 모자이크

▶ **가을 낙엽길**

'가을 낙엽길'은 수채화 물감 등을 이용하여 가을 느낌을 표상하였다. 이에 영감을 받아 이후, 낙엽 날려 보기, 낙엽 붙이기, 낙엽이 날리기 등의 활동이 확장되었다.

▶ 가을 추수

허수아비

▶ **크리스마스에 눈 내리는 겨울 마을**

크리스마스에 즈음하여 '눈 내리는 겨울 마을' 풍경을 표상하였다. 파스텔과 물감, 크레파스로 칠하고 하얀 솜을 이용하여 눈의 입체감을 살렸다. 크리스마스 불빛의 화려한 효과가 날 수 있도록 반짝이를 뿌려 주었다. 산타할아버지에 대한 이야기를 탐색하면서 수정 · 재수정하는 기회를 가졌다.

▶ **우리가 만든 케이크,** S어린이집 4세

크리스마스를 맞이하여 유아들은 큰 케이크 그림을 그려 파티를 열기로 하였다. 밑그림을 디자인하여 OHP로 투사하여 라인드로잉하고 아크릴 이젤에서 모자이크 하였다.

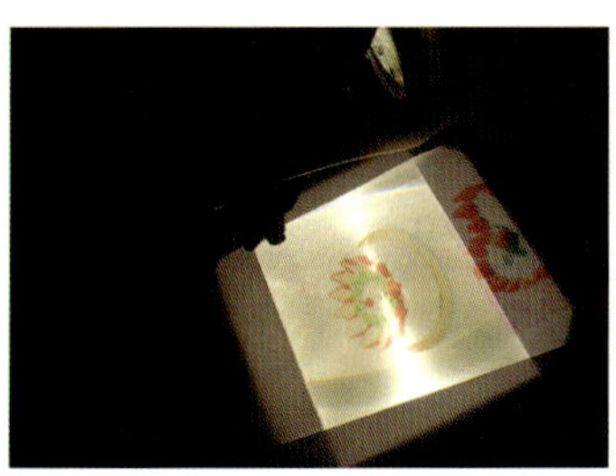

디자인한 밑그림 투사하기

라인드로잉

모자이크하기

완성된 크리스마스 케이크

▶ 눈과 동물들의 겨울잠

눈길

▶ 눈 내리는 날, T유치원 4세

어른들의 문화는 유아들에게 새로운 창안의 기회를 갖게 한다. 화가의 훌륭한 작품은 유아들을 통해 재해석되고 재창조된다. 그리고 새로운 문화를 만든다.

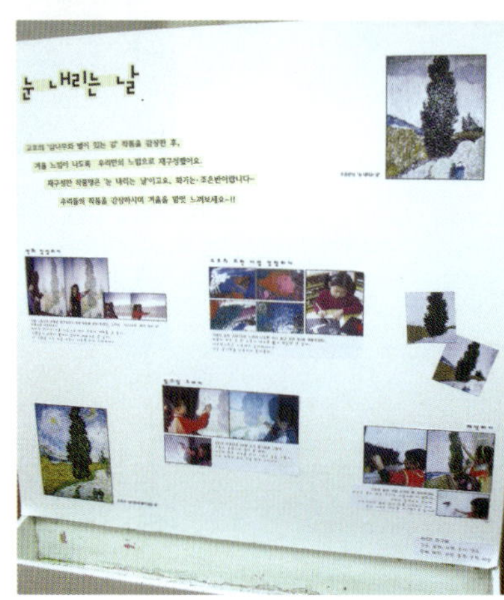

▶ 크리스마스 트리, T유치원

▶ 겨울잠

겨울잠 자는 동물들

동물들의 겨울잠을 표현한 공동이젤

참고문헌

이현수(2006). 이현수 교수의 도시색채 이야기. 서울: 도서출판 선.

이연숙(1997), 삼성복지재단(엮음). 외국 어린이집 실내환경디자인 지침의 체계화. 서울: 교육과학사.

박병희, 박선희(2002). 유아, 공간, 관계, 유아를 위한 포괄적 교육환경 프로젝트. 서울: 다음세대.

함정도, 손유찬(2003). 공간디자인과 조형 연습. 서울: 기문당.

Bennett, C.(1992). 인간을 위한 공간(김광문 건축설계 연구서 역). 서울: 기문당

Ashihara Yoshnobu (1992). 외부공간의 미학(강건희 역). 서울: 기문당(원저 1979 출판).

Ashihara Yoshnobu (1991). 속 · 외부공간의 미학(정무웅 역). 서울: 기문당(원저 1983 출판).

Ashihara Yoshnobu (2005). 건축의 외부공간(김정동 역). 서울: 기문당(원저 1970 출판).

Bowers, R.A.(1992). Formative evaluation: A revised descriptive theory and a prescriptive model. In M.R. Simonson andd K.A. Jurasek (Eds.), *Proceedings of selected research and development presentations at the 1992 convention of the Association for Educational Communications and Technology* (pp.70-85). ERIC Document Reproduction Service Nos. ED 347 970 to ED 348 041.

Faber Birren(1994). 빛 · 색채 · 환경(박홍, 권영삼, 이성민 역). 서울: 기문당.

Gentry, C.(1991). Educational technology: A question of meaning. In G.J.Anglin (Ed.), *Instructional technology: Past, present, and future*. Englewood CO: Libraries Unlimited, Inc.

Gagne, R.M. (Ed.).(1987). *Instructional technology: Foundations*. Hillsdale, NJ: Lawrence Erlbaum Associates, Publishers.

Geis, G.L. (1986). Human performance techology: An overview. In M.E. Smith (Ed.), *Introduction to performance techology*. Vol 1. Washington, D.C.:National Society for Performance and Instruction.

Heinich, R.;Molenda, M.; and Russell, J.D.(1993) *Instructional media and the new technologies of instruction* (4th Ed.).New York: Macmillan Pulishing Company.

Hlynka, D.(1991). Postmodern excursions into educational technology. *Educational Technology,* 31(6), 27-30.

McLuhan, M.(1984). *Understanding media: The extensions of man.* New York: McGraw Hill.

Saettler, P.(1990). *The evolution of American educational technology.* Englewood, CO: Libraries Unlimited.

Seels, B.B. & Richey, R.C(1996). 교수공학: 정의와 영역(김연수, 한정선, 강명삼, 정재삼 역). 서울: 교육과학사(원저 1994 출판).

Winn, W.(1993). Instructional design and situated learning:Paradox or partnership? *Educational Tecnhology*, 33(3), 16-21.

저자 소개 김 은 희

중앙대학교 사범대학 유아교육학과 학사
중앙대학교 대학원 유아교육학과, 아동발달 및 상담 전공 석사
중앙대학교 대학원 유아교육학과, 유아교육과정 및 교수법 전공 박사
현재 : 한양여자대학 유아교육과 교수
관계에 기초한 변형 영유아 교육학회 공동대표

저 서

유아교육과정(공저, 정민사, 1999)
창의적인 유아미술활동(공저, 동문사, 1999)
레지오 에밀리아 접근법의 이해와 현장적용 : 다양하게 표상하며 몰입하여 사고하기(창지사, 2000)
진정한 유아기 : 레지오 에밀리아의 현장적용(공역, 정민사, 2003)
레지오 에밀리아 접근법의 적용과 변형유아교육과정 : 함께 반성하고 지원하며 배우기(창지사, 2006)
반성적인 가르치기 : 탐구를 통한 전문적 예술(역, 정민사, 2006)
가르치기와 배우기 : 레지오 에밀리아 접근법의 협력적 탐구(공역, 창지사, 2006)
레지오 방식의 가르치기 : 변화를 위한 도전 받아들이기(공역, 정민사, 2006)
유아교육과 아뜰리에(공역, 정민사, 2007) 외 다수

논 문

다상징적 접근에 의한 유아의 사고과정 변화(1996)
유아교육에서의 레지오 에밀리아 접근법 고찰(1997)
교수학습의 최근 동향과 레지오 에밀리아 접근법에 기초한 유아교육의 변화 방향 탐색(1998)
협력적 교사교육을 통한 미시수준의 유아교육과정 변형에 관한 연구(2001)
사회적 구성주의 패러다임의 레지오 인터넷 커뮤니티 개발 및 학습공동체 운영방안(2003)
사회적 구성주의 패러다임의 학습공동체 실천을 통한 유아교육과정 변형에 관한 연구(2004)
유아교육과정의 변형 노력과 도전(2005)
자연과 빛이 있는 생각하는 공간 만들기(2006)
관계에 기초한 유아교육과정 변형 여정과 실천 돌아보기 : 학습 공동체를 통한 실천 연구를 중심으로(2007)
외 다수

자연과 빛이 있는 생각하는 공간 만들기 : 레지오 환경 원리의 적용

초판 1쇄 발행 2007년 11월 17일
초판 3쇄 발행 2016년 7월 17일

지 은 이 | 김은희
펴 낸 이 | 김기섭
책임편집 | 최창숙
펴 낸 곳 | 창지사 www.changjisa.com
121-809 서울특별시 마포구 대흥동 161
전화 (02) 719 - 2211~3
팩스 (02) 701 - 9386
등록 1977년 4월 28일 · 제1 - 421호

ISBN 978-89-426-0448-7(93370)

값 19,000원